古代歷史文化 研究輯刊

十一編

王明蓀 主編

第 13 冊

晚清海關稅政研究：
以徵存奏撥制度爲中心（上）

陳勇 著

國家圖書館出版品預行編目資料

晚清海關稅政研究：以徵存奏撥制度為中心（上）／陳勇　著
— 初版 — 新北市：花木蘭文化出版社，2014〔民103〕
目 4+192 面；19×26 公分
（古代歷史文化研究輯刊 十一編：第 13 冊）
ISBN：978-986-322-572-0（精裝）
1. 關稅政策　2. 清代
618　　　　　　　　　　　　　　　　　　103000946

ISBN-978-986-322-572-0

古代歷史文化研究輯刊
十一編　第十三冊　　　　　　　ISBN：978-986-322-572-0

晚清海關稅政研究：以徵存奏撥制度爲中心（上）

作　　　者	陳勇
主　　　編	王明蓀
總 編 輯	杜潔祥
副總編輯	楊嘉樂
編　　　輯	許郁翎
出　　　版	花木蘭文化出版社
社　　　長	高小娟
聯絡地址	235 新北市中和區中安街七二號十三樓
	電話：02-2923-1455／傳眞：02-2923-1452
網　　　址	http://www.huamulan.tw 信箱 hml 810518@gmail.com
印　　　刷	普羅文化出版廣告事業
初　　　版	2014 年 3 月
定　　　價	十一編 24 冊（精裝）新台幣 46,000 元

晚清海關稅政研究：
以徵存奏撥制度爲中心（上）

陳　勇　著

作者簡介

陳勇，安徽桐城人。2007 年畢業於暨南大學文學院，獲歷史學博士學位；2012 至 2013 年北京大學歷史系訪問學者。現爲安徽大學經濟學院副教授，安徽大學農村改革與經濟社會發展研究院研究人員，經濟史方向碩士生導師。主要從事經濟史、財稅史方向的教學、研究工作，近期研習方向爲關稅與晚清財政問題。曾在《近代史研究》、《中國經濟史研究》、《中國社會經濟史研究》、《歷史檔案》等學術期刊發表論文多篇。

提　　要

　　以外籍稅務司爲核心的洋關制度與以海關監督爲中心的常關制度並存，是晚清海關稅政的重要特徵之一。「常、洋並立」格局的出現，對中國傳統的權關體制產生衝擊。原來統一的關權體系發生分解，逐漸演變成具有兩套徵收組織、兩種錄稅方式、兩套徵稅稅則、兩種冊報制度、兩套經費管理渠道的雙重權稅制度。但常、洋海關「並立」並非「分立」，從財政角度來看，它們仍然可視爲是一個統一的財政單位。這種「並立」中的統一性，體現在關稅徵管、奏銷、撥解、考成和庫儲等制度的運作之中。本書試圖擺脫中國近代海關史研究的既有路徑，將研究的重心從稅務司系統落實到海關監督系統，著重利用監督奏銷檔案，以海關稅款的收解支放爲切入點，從制度變遷的視角來探視近代海關稅政的制度規範與運行實態，藉以揭示在晚清內憂外患的大背景之下，「常、洋並立」格局形成與演變的內在動因，以及圍繞關稅資源分配所展現的中央、地方與海關三者之間的錯綜利益關係。

目

次

緒　論

　　鴉片戰爭以後，中外經濟關係開始被納入條約框架之下，朝貢體制日漸崩解，取而代之的是自由貿易秩序，晚清中國被迫捲入以西方爲核心的世界體系之中。在此背景下，中國傳統的榷關體制也失去其憑藉，開始發生嬗變，其中最爲顯著的標誌是，外籍稅務司制度在中國沿海通商口岸的確立和推廣。由於外部因素的強行介入，晚清海關開始在結構上和功能上發生深刻變化。從結構上而言，洋關勢力的拓展，導致傳統常關地位的削弱，原有統一的榷關體系演變成兩套徵管體系的並立，中國沿海通商口岸開始出現常關、洋關並立的「一地兩關」現象；從功能上而言，隨著關稅收入的激增，傳統的財政結構得以改變，海關逐漸淡出懷柔遠人的「撫夷」色彩，財政意義開始彰顯。常、洋並立的雙重體制架構和財政關稅特徵，構成晚清中國海關制度的重要內容。

　　晚清海關的諸多面相是一個值得重新加以審視的歷史現象，也是一個頗具學術意義的論域。雖然，中外學術各有旨趣，自成體系，但對於中國近代海關史的研究，中外學者在認識模式上卻有某些方面的耦合，那就是都自覺不自覺地採取「西方中心觀」的認知理路。在國外「中國研究」領域，無論是費正清所持的「衝擊──回應」模式，還是列文森所主張的「傳統──近代」理論，他們的表述中都隱含著這樣一個觀念，即中國是一個停滯不前的傳統社會，只有等到西方的猛烈一擊，中國才得以向西方所指明的方向前進。言下之意，沒有西方，中國就不能進入近代化。而受到經濟民族主義影響的中國本土學者，大都接受這樣一種理念：中國貧窮落後的根源主要不在於傳統，而在於西方的殖民政策。如果沒有西方勢力的侵入，中國照樣可以實現近代化。因此他們把目光轉向明清，意欲尋找中國本土固有的「資本主義」

萌芽。以上兩種觀念，儘管畛域分明，但都不約而同地體認這樣一個預設：中西社會都有一個共同的發展方向，他們都遵循一個線性發展模式，而西方明顯走在前列，中國必定以西方爲楷模。

不可否認，「西方中心觀」對近代中外關係諸多方面確有一定的解釋能力，它將中西歷史放在同一時間序列中來考察，試圖尋求人類社會發展規律的普適性。但任何一種理論都不可能解決所有問題，這種認知模式體現在近代海關史研究中，容易產生如下兩點不足：

1. 重視洋關，忽略常關。在以「衝擊──回應」爲主題的詮釋體系中，西力東漸對中國是福音，還是災難？是促成還是延緩了中國本土的近代化？這是個必須回答的問題。中國近代通商口岸是近代中國受西力衝擊的前沿，而以稅務司制度爲核心的洋關係統，既是中國近代通商口岸的重要組成部分，又是條約體制的產物，遂成爲「西方中心」論者樂於關注的對象，而傳統的常關自然就逸出了史家的視域。

2. 近代化取向。近代化取向是一種縱向的歷史研究視角，力圖將海關放在一個人類社會從低級向高級發展的廣闊的時代、社會背景去觀照。但這種歷史觀往往將近代與傳統截然兩分，非此即彼，而近代總是比傳統富有效率，並給傳統以示範。在這種理論範式的支配下，比較注重海關的社會屬性、行政結構、政治經濟功能和海關中的近代化因素，卻相對忽視海關本身的複雜性，忽略了其與傳統相關聯的部分，海關內部結構的複雜性、制度運作及其功能，都成爲研究的盲區。

海關制度轉型與近代國家命運休戚相關，它對中國近代經濟變遷和社會發展走向產生深遠影響。由於近代中國海關制度是由西方強力促成，甚至可以說是不平等條約的延伸，因此在其倍加渲染的近代性的表象之外，絲毫也掩飾不了它的殖民性。另外，稅務司制度不僅僅在常關之外營造了一個洋關體系，而且其勢力遠遠溢出海關之外，滲透到近代中國政治、經濟、外交、軍事等諸多領域，因此其影響也是多方面的。治中國近代史者，往往將中國近代工業化的起步維艱與海關主權的喪失相聯繫。但本書對以上各節暫不具論，僅選取晚清這段時域，以東南沿海粵、閩、江、浙四關爲重點考察對象，力求眼光向內，從海關制度入手，將常關、洋關作爲一個統一的財政單位來考察，重點探討在常、洋海關並立的格局之下，海關稅收行政的制度規範與運行實態，以及圍繞關稅資源分配所展現的中央、地方與海關三者之間的錯

綜利益關係。

　　本書所探討的這段時域，是近代海關制度發生豹變的重要階段。道光二十二年《江寧條約》的簽訂，中國海關主權從此遭到威脅，傳統的権關體制開始受到外力的衝擊。其後，外籍稅務司制度在上海發軔並迅速推展到東南沿海乃至全國各通商口岸，又通過鴉片稅釐並徵和兼管五十里內常關等重大舉措，不斷侵奪常關權限，及至宣統三年（1911）晚清王朝覆亡之機，最終奪取中國海關的稅款保管權，從而「完成了對中國關稅從征收權到保管權的全面控制」〔註1〕，相應的，中國近代海關作為一個以海關監督為核心的統一財政實體就此瓦解。晚清海關制度的更張，奠定了「半殖民地」海關的基本形態，對民元以後的中國政治、經濟格局造成深遠影響。研究這段時域的海關史，可以對近代中國海關乃至中國社會諸多「異態」形成、發展的機理獲得一個源頭上的認識。

　　晚清海關大小不下四十餘處，區位各異，情勢亦殊，就地理位置來講，有南洋諸關、北洋諸關和長江諸關；就性質而言，有約開商埠海關、自開商埠海關和租借地海關；就某一海關而言，其內部結構複雜，制度不相統一，整體情況難以概括。本書在晚清海關這一整體集合中，選取粵、閩、江、浙四關為重點考察對象，以期推此及彼，由部分把握全體。何以選擇這四個海關，主要基於三點認識：1. 粵、閩、江、浙四關曾是清前期為數不多的外向型海關。儘管獨口通商時期，閩、江、浙三地作為對外貿易口岸被取締，但仍多多少少與海外諸邦保持經濟聯繫。鴉片戰爭後，四關所在地又被辟為第一批通商口岸，因而就關齡而言，粵、閩、江、浙四關是中國歷時最久、開放時間最長的海關。因而，具有較強的傳統因襲性，其近代化轉型應較其他海關具有典型意義。2. 從一口通商到五口通商再到多口通商，四海關的財政地位發生諸多變化，其中粵海關「天子南庫」、「戶部分司」的獨特地位已名實俱無，邊緣化與地方化趨勢同時存在，江海關憑藉其優越的地理條件，後來居上，實現了強弱易勢。而將四海關作為一個整體來看，其在中國對外貿易中的重要性並沒有改變。事實上，迨至清末，四海關對外貿易總值仍然占全國貿易總值 72% 左右。〔註2〕以他們作為標本，可以較完全地展示近代海關

〔註 1〕陳詩啓：《中國近代海關史》，人民出版社，2002 年，第 476 頁。
〔註 2〕根據宣統二年海關關冊貿易數據計算，中國第二歷史檔案館：《中國舊海關史料：1859～1948》（54），京華出版社，2001 年，第 23 頁。

的全豹。3. 粵、閩、江、浙四關，或瀕臨東部沿海，或比鄰港澳，地理位置獨特，港口眾多，關卡林立，內部建置疊床架屋，較其他海關更具複雜性。

一、晚清「海關」的內部結構與層級

現代意義上的「海關」概念，是指「依據本國海關法律、行政法規行使進出口監督管理職權的國家機關」。〔註3〕也就是說，一個國家的任何地方，不管是陸疆還是海疆，內地還是沿邊，只要有商品通過汽車、火車、輪船、飛機乃至管道等交通工具直接運進國內或運往國外，就必須有相應海關的設置。顯然，海關一詞，已經超越其字面意思而賦予現代內涵，這裡面有一個約定俗成、積非成是的過程。〔註4〕因為清初海關設置伊始，其涵義應該是「瀕海之關」的意思，它與內地鈔關的區別，在於後者徵收內地商人的商品通過稅，而前者則徵收「海稅」，即海船貿易稅。如江海關於「康熙二十四年詔弛海禁，設海關關督於縣治，專司海船稅鈔」；〔註5〕同年，福建總督王安國題奏：「外國進貢船隻，應行抽稅，令其貿易」〔註6〕，並覆准福建沿海無蓬桅捕魚船仍由地方官徵收，有蓬桅商船由監督照例徵收。〔註7〕從這些規定我們可以看出，海關的稅源主要包括：1. 夷人來華的船隻；2. 往來於中國與東南洋之間的華人商船；3. 中國沿海長途運載的商船，如當時來往於浙、閩、粵之間的紅頭船、黑頭船和綠頭船等。可見，清代海關的職責不僅徵收國際貿易關稅即夷稅（1860 年後稱洋稅），而且還徵收國內沿海貿易關稅和華民遠洋貿易關稅。因此《清史稿》稱清初的海關「常、洋不分」，就是這個意思。

五口通商時期，為適應對外開放的要求，海關的職能開始分離，專門徵收夷稅的稱為新關，與新關相對應徵收國內民船貿易關稅的為舊關，或老關。第二次鴉片戰爭後，稅務司制度向全國推展，各地海關或在新關的基礎上，

〔註3〕《中國海關百科全書》，中國大百科全書出版社，2004 年，第 153 頁。
〔註4〕 張彬村：《明清福建的海關制度與貿易變遷》，吳倫霓霞、何佩然主編：《中國海關史論文集》，香港中文大學歷史系，1997 年，第 141 頁。
〔註5〕 應寶時修，俞樾纂：《上海縣志》（卷二，建置），同治十一年刊本，成文出版社影印，第 177 頁。
〔註6〕 清高宗敕撰：《清朝文獻通考》（卷 26，征榷一），第 5078 頁。
〔註7〕 席裕福、沈師徐輯：《皇朝政典類纂》（卷 86，征榷四），臺灣：文海出版社印行，近代中國史料叢刊續輯（881），第 91 頁。

或另立爐竈，建立新的徵稅機關，由外籍稅務司管理，是爲洋關。洋關剛開始的徵收對象僅爲洋人的輪船和帆船，同治十三年爲便於管理，往來於沿海各個港口的中國輪船招商局的輪船也在洋關繳納關稅，原因是其運載工具也是洋船。因此總稅務司署對洋稅的定義是：洋稅即指洋船應納之船鈔、洋船所裝之貨進出應納各稅並洋船所裝之貨出入內地應納之子口稅。〔註 8〕與洋關相對應的，專門徵收內地商民的帆船貿易關稅（包括沿海貿易和遠洋貿易）的舊有海關，即稱常關，所徵之稅即爲常稅。〔註 9〕總稅務司將常稅定義爲：通商口岸進出各華船船料各華船貨稅並一切規費均爲常稅。〔註 10〕因此晚清海關出現這樣一種奇特現象：同一海關名下，存在兩個徵稅機構，即徵收洋稅的洋關和徵收常稅的常關。這兩個機構雖然在徵管、冊報、經費管理等環節上分而不合，但在稅款管理和關稅奏銷等方面卻合二爲一，而且監督一職仍然是海關名義上的統轄者。這種體制，我們稱之爲「常洋並立」的雙重結構。〔註 11〕

　　隨著晚清國門的進一步打開，半殖民地特徵步步加深，內地也開始開埠通商。晚清政府每開一埠，即設立一個新的海關，因此又有沿江海關乃至內陸海關的出現，「海關」一詞漸漸失去「瀕海之關」的本來涵義，而成爲一個特定的名詞。而且，與沿海海關一樣，一些內地海關也有常關與洋關的並立，這樣，「海關」一詞在鴉片戰後涵義上發生了兩個變化：其一，海關不僅指的是瀕海之關，而且還可能坐落在內陸或內陸邊境；其二，同一海關之下，又

〔註 8〕 1901 年 9 月 17 日海關總稅務司署通令第 976 號，海關總署：《舊中國海關總稅務司署通令選編》編譯委員會：《舊中國海關總稅務司署通令選編：1861～1910 年》（以下簡稱《通令選編》）（第一卷），北京：中國海關出版社，2003 年，第 462 頁。實際情況更爲複雜，如暹羅船隻納稅問題：規定暹羅民船，若無洋人船長，由常關管理；是洋式船隻，船長也爲洋人，則爲稅務司管轄（1870 年 12 月 10 日第 11 號通令）。

〔註 9〕 據筆者的觀察，文獻中「常稅」一詞的出現較「常關」爲早，因此常關的概念應來自「歲有常額」之常稅。將常關理解爲「常設之關」（任智勇：《晚清海關監督制度初探》，《歷史檔案》，2004 年第 4 期）固無不可，但理解爲「歲有常額」之關似更要貼些。

〔註 10〕 1901 年 9 月 17 日海關總稅務司署通令第 976 號，《通令選編》（第一卷），第 462 頁。

〔註 11〕 還有一些內地鈔關，也被稱爲常關，但它不處於通商口岸，沒有洋關的設置，因此也就沒有常洋並立的現象，不是本書討論的對象，但本書有時爲了行文的方便，對這些常關也偶有涉及。

有常關與洋關之分，海關成爲常關與洋關的合稱。如果再細加分別的話，則將常關、大關、戶關、舊關、老關、土關、內關歸爲一個範疇，新關、洋關歸爲另一個範疇。而在稅務司系統的文獻中，一般即將洋關直接稱爲「海關」。正因爲中國近代海關有新舊、常洋之別，稱號繁複，指謂不明，爲「顧名思義，耳目齊一，於徵稅前途不無裨益」，民國三年，開始對全國海關名稱進行釐定，認爲洋關一詞有傷國體，規定改稱海關，原有戶、工各關均統稱常關。〔註12〕至此，「海關」一詞才專指外籍稅務司所管理的洋關，所謂關稅，也就指的是海關稅了。

在晚清海關的行政架構中，監督雖然是名義上的首腦，但常、洋兩關基本上是各自爲政，各有自己的職責，其活動空間大體來說，監督視稅口的分佈以定，而稅務司則以通商口岸爲據點，這就導致了常關與洋關在管轄空間上的不對稱和管理層級上的差異。如以粵海關爲例，粵海關是粵海常關與粵海洋關的統稱。從稅務司系統來看，粵海諸關包括粵海洋關、潮海洋關、瓊海洋關、九龍關、拱北關、北海洋關、江門洋關、三水洋關等，它們大致都在同一個行政層級上（雖然重要性各有不同）；而粵海常關則只有一個，常關之下又有很多稅口，分佈於廣東沿海，以上各洋關所對應的所在地常關稅口（民國以後才分別將汕頭口改爲潮海常關、海口口改爲瓊海常關等），都歸於粵海常關的麾下。同樣，閩海關也具有這樣的行政特徵。這種錯綜複雜的層級結構，再加上以監督爲中心的稅政運作制度（同一海關名下所有常、洋諸關稅款的奏銷、撥解均彙於監督），使「常洋並立」的格局既具鬆散性又具統一性。

二、常關的迷失：近代海關史研究述評

學術研究離不開現實關懷，一代學術總會對所處社會問題有所回應。海關史的研究也是如此。從中國史的角度來看，世界一體化進程在晚清已拉開序幕。出於對現實問題的關注，近代海關史的研究，很早就受到中外學者的重視，並一度成爲顯學，如粗略而論，大致湧現了三個研究高潮。現以三高潮爲分期，對近代海關史的研究（側重關稅方面）略做回溯。〔註13〕

〔註12〕黃錫銓、陳星庚等：《海關常關所屬地址道里表》，京華印書局，民國四年印行，第 1 頁。

〔註13〕關於中國近代海關史研究的述評，已有多篇論文刊出，竊以爲以佳宏偉：《近

1. 晚清到二十世紀三十年代

近代中國海關史的研究，可以追溯到晚清。鄭觀應《盛世危言》、劉岳雲《光緒會計表》等書都有專門章節介紹關稅，晚清時期的一些報紙如《申報》、《東方雜誌》等都有時人對海關問題的零星評論，但未有系統研究的專書出現。在中國近代海關史研究領域，馬士實有開山之功。由於有著在中國任稅務司工作的特殊經歷，馬士《中華帝國對外關係史》、《中朝制度考》〔註 14〕等書，都涉及中國海關。這些著作大量利用洋關檔案，並參考英國外交部檔案，具有重要的史料和學術價值。黃序鵷《海關通志》一書，則是國內系統研究近代中國海關問題的第一部專著。黃氏以「我國自新設海關以來垂六十載而記述闕如，用爲歎憾」，乃撰此書，「意欲示司權者以遵守之準繩，且供國人研究關政之一助」〔註 15〕，內容涉及關稅沿革、海關稅之約定、海關稅則、稅種、內部機關以及關稅之抵押外債、關稅改良問題等。其後，特別是二十世紀二、三十年代，爲爭取關稅自主，海關問題開始納入中國學者的視野，湧現了一批著名學者和著作，代表性論著有楊德森《中國關稅制度沿革》、賈士毅《關稅與國權》、武育玕《中國關稅問題》、江恒源《中國關稅史料》、華民《中國海關之實際情況》、周念明《中國海關之組織及其事務》、李權時《中國關稅問題》等等。〔註 16〕重要論文有：鄭友揆《我國海關貿易統計編製方法及其內容沿革考》、湯象龍《光緒三十年粵海關的改革》〔註 17〕等。同一時期，國外也有豐富成果出現，如魏爾特《中國關稅沿革史》，日本學者吉田虎雄的《中國關稅及釐金制度》、高柳松一郎《中國關稅制度論》〔註 18〕等。

---

20 年來近代中國海關史研究述評》（《近代史研究》，2005 年 6 期）一文較爲全面。本節參考了這些研究成果。
〔註14〕馬士的：《中華帝國對外關係史》、《中朝制度考》兩書英文本分別於 1910 年、1913 年由克利──沃斯出版有限公司出版。
〔註15〕黃序鵷：《海關通志》（上），商務印書館，民國六年，第 1 頁。
〔註16〕楊德森：《中國關稅制度沿革》，商務印書館，1925 年；賈士毅：《關稅與國權》，商務印書館，1929 年；武育玕：《中國關稅問題》，商務印書館，1930 年；江恒源：《中國關稅史料》，中華書局，1931 年；華民：《中國海關之實際情況》，神州國光社，1933 年；周念明：《中國海關之組織及其事務》，上海商務印書館，1934 年；李權時：《中國關稅問題》，商務印書館，1936 年等。
〔註17〕鄭友揆：《我國海關貿易統計編製方法及其內容沿革考》，《社會科學雜誌》第 5 卷第 3 期，1934 年 9 月；湯象龍：《光緒三十年粵海關的改革》，《中國近代經濟史研究集刊》第 3 卷第 2 期，1935 年 5 月。
〔註18〕魏爾特：《中國關稅沿革史》一書英文本於 1938 年出版；高柳松一郎：《中國

這一時期海關史研究的特點是：1. 大都關注於關稅問題和稅務司制度。2. 主要利用洋關檔案。其中，鄭友揆《我國海關貿易統計編製方法及其內容沿革考》一文，對稅務司系統的統計報告制度進行了深入研究，對於海關制度研究具有開創作用；而湯象龍《光緒三十年粵海關的改革》一文則從制度層面上，利用故宮文獻館海關監督奏銷檔案，對晚清粵海關奏銷制度的改革做了探討，表現出作者獨特的學術視野。

2. 二十世紀四十年代到七十年代

二十世紀三十年代後，近代海關史研究轉向沉寂，沒有專著出現。五、六十年代，海關史的研究再度活躍。國內，彭雨新《清代海關制度》〔註19〕、姚賢鎬《中國近代對外貿易史資料》〔註20〕先後出版，魏爾特的《中國關稅沿革史》一書也於 1958 年翻譯成中文。繼而，由陳翰笙、范文瀾等一批著名學者組成的中國近代經濟史資料叢刊編委會組織編譯了一套題爲《帝國主義與中國海關》的海關檔案資料叢書，如《中國海關與中法戰爭》、《中國海關與英德續借款》、《中國海關與庚子賠款》、《中國海關與辛亥革命》等〔註21〕，計 10 輯，陸續出版。七十年代後由於國內形勢的變化，海關史研究再度沉寂。國外，費正清《中國沿海的貿易與外交》出版，成爲西方人對中國海關史研究的典範之作。《總稅務司在北京：赫德的中國海關信件》〔註22〕也由費正清整理出版。日人金城正篤《1854 年上海「稅務司」的創設——南京條約以後的中英貿易和稅務司創設的意義》、《清代的海關和稅務司——稅務司制度的確立》，副島元照《帝國主義與中國海關制度——從鴉片戰爭到

關稅制度論》日文本於 1920 年由京都內外出版株式會社出版。

〔註19〕彭雨新：《清代海關制度》，湖北人民出版社，1956 年。

〔註20〕姚賢鎬：《中國近代對外貿易史資料》，中華書局，1962 年。

〔註21〕這套由中國近代經濟史資料叢刊編輯委員會主編的叢書分別爲：《中國海關與中法戰爭》，科學出版社，1957 年；《中國海關與英德續借款》，科學出版社，1959 年；《中國海關與庚子賠款》，科學出版社，1962 年；《中國海關與辛亥革命》，中華書局，1964 年等；《中國海關與郵政》，中華書局，1983 年；《中國海關與緬藏問題》，中華書局，1983 年；《中國海關與中日戰爭》，中華書局，1983 年；《中國海關與義和團運動》，中華書局，1983 年；《中國海關與中葡里斯本草約》，中華書局，1983 年；《辛丑條約訂立以後的商約談判》，中華書局，1994 年。

〔註22〕費正清：《中國沿海的貿易與外交》於 1953 年由哈佛大學出版社出版，另書《總稅務司在北京：赫德的中國海關信件》於 1975 年由哈佛大學貝克那普出版社出版。

辛亥革命》〔註23〕，對以列強爲依託的稅務司制度進行了系統的研究。

　　這段時期的研究旨趣，基本上延續三十年代的套路，仍然以稅務司制度的研究爲中心，而且由於特定的歷史環境，研究中摻雜著較濃的意識形態，影響了學術性。資料整理工作的加強構成這段時期中國海關史研究的顯著特點。

3. 二十世紀八十年代以後

　　進入八十年代以後，由於改革開放的需要，海關的作用得到重視，一些相關歷史問題具有重加審視的必要，中國近代海關史研究重新起步。1985 年中國海關學會和中國海關史研究中心相繼成立，大大推動了海關史研究的發展。其中陳詩啟發表的《中國半殖民地海關的創設和鞏固過程》、《中國半殖民地海關的擴展時期》、《論中國近代海關行政的幾個特點》等一批開拓性研究成果，起了引領風向的作用。此後，大批海關史論著陸續出現，代表著作如汪敬虞《赫德與近代中西關係》、葉松年《中國近代海關稅則史》、陳詩啟《中國近代海關史問題初探》及《中國近代海關史》、戴一峰《近代中國海關與中國財政》〔註24〕等。其中陳詩啟《中國近代海關史》一書，對近代海關稅務司制度的建立與拓展做了全面的闡述，被認爲是「填補了史學領域的空白」的力作。而戴一峰的著作，更注意研究海關與財政的關係，其中對晚清時期的海關與常關、海關與釐金制度、海關與內外債及賠款、海關與晚清的財政整頓和改革做了詳細探討，分別從橫向和縱向兩個緯度把握近代中國海關的眞實面貌。與中國大陸相呼應，海外中國海關史研究成果也不斷湧現。如臺灣趙淑敏《中國海關史》〔註25〕，香港吳倫霓霞、何佩然主編的《中國海關史論文集》等書相繼出版。日本學者濱下武志的《中國近代經濟史研究——清末海關財政與開港場市場圈》〔註26〕一書將海關與晚清的財政問題放在了一個重要的位置。第一章「清末財政與海關」，主要研究晚清財政的總體狀

〔註23〕金城正篤兩篇論文分別載於《東洋史研究》第 24 卷第 1 號（1965 年）和〈琉球大學《法文部紀要——史學‧地理學篇》第 18 號（1975 年）；副島元照的論文載於京都大學人文科學研究所《人文學報》第 42 號（1976 年）。

〔註24〕汪敬虞：《赫德與近代中西關係》，人民出版社，1987 年；葉松年：《中國近代海關稅則史》，上海三聯書店，1991 年；陳詩啟：《中國近代海關史問題初探》，中國展望出版社，1987 年，《中國近代海關史》，人民出版社，2002 年；戴一峰：《近代中國海關與中國財政》，廈門大學出版社，1993 年。

〔註25〕趙淑敏：《中國海關史》，臺北中央文物供應社，1982 年。

〔註26〕濱下武志書日文本於 1989 年由汲古書院出版。另一著作《近代中國的國際契機》日文本於 1990 年由東京大學出版會出版。

況，從關稅、釐金、幣制看中央與地方財政的關係，海關與晚清財政，借款政策與晚清財政，財政整理與海關稅等。濱下武志的另一部著作《近代中國的國際契機》，也涉及晚清的海關與關稅。岡本隆司《近代中國與海關》〔註27〕分爲上、下兩編，上編注意研究晚清海關的起源與稅務司制度，並對粵海關、江海關進行了重點分析。下編則從海關稅與借款、賠款以及中央財政與地方財政的關係著眼，探討晚清以迄民國年間海關體制、海關稅徵收與財政經濟的變化。另外，國外海關史的相關研究成果也被大量翻譯，如魏爾特的《赫德與中國海關》，葛松的《李泰國與中英關係》均被廈門大學出版社出版。〔註28〕

這段時期的重要論文有姚賢鎬《兩次鴉片戰爭後西方侵略勢力對中國關稅主權的破壞》、陳詩啓《海關總稅務司和海關稅款保管權的喪失》、《論清末稅務處的設立和海關隸屬關係的改變》、黃國盛《李泰國與外籍稅務司制度的產生》、夏良才《海關與中國近代化的關係——論中國海關駐倫敦辦事處》、戴一峰《論清末海關兼管常關》、《論晚清的子口稅與釐金》等。〔註29〕值得注意的是，戴一峰在《晚清中央與地方財政關係：以近代海關爲中心》〔註30〕一文中，對近代海關與中央、地方之間複雜關係的形成與演化及其影響進行剖析，展示了晚清中央與地方關係發展中值得進一步探討的若干重要問題。另外，祁美琴《晚清常關考述》、任智勇《晚清海關監督制度初探》以及日本學者飯島涉《中國近代的常關制度》、高橋孝勳《中國的常關、釐金與海關》等〔註31〕是幾篇值得重視的論作，顯露出海關史研究的某些新趨向。任智勇

〔註27〕 岡本隆司：《近代中國與海關》日文本於 1999 年由名古屋大學出版會出版。

〔註28〕 〔美〕魏爾特著、陳敎才、陸琢成譯：《赫德與中國海關》，廈門大學出版社，1997 年；〔加〕葛松著，中國海關史研究中心譯：《李泰國與中英關係：1854～1864》，廈門大學出版社，1991 年。

〔註29〕 姚賢鎬：《兩次鴉片戰爭後西方侵略勢力對中國關稅主權的破壞》，《中國社會科學》，1981 年第 5 期；陳詩啓：《海關總稅務司和海關稅款保管權的喪失》，《廈門大學學報》1982 年第 4 期、《論清末稅務處的設立和海關隸屬關係的改變》，《歷史研究》1987 年第 3 期；黃國盛：《李泰國與外籍稅務司制度的產生》，《內蒙古大學學報》1990 年第 1 期、夏良才：《海關與中國近代化的關係——論中國海關駐倫敦辦事處》，《歷史研究》1991 年 2 期；戴一峰：《論清末海關兼管常關》，《歷史研究》1989 年第 6 期、《論晚清的子口稅與釐金》，《中國社會經濟史研究》1993 年第 4 期）。

〔註30〕 戴一峰：《晚清中央與地方財政關係：以近代海關爲中心》，《中國經濟史研究》2000 年第 4 期。

〔註31〕 祁美琴：《晚清常關考述》，《清史研究》2002 年第 4 期；任智勇：《晚清海關監督制度初探》，《歷史檔案》2004 年第 4 期；飯島涉：《中國近代的常關制度》

的近著亦對近代海關行政體制的二元性做了深入探討，並力圖揭示「晚清的海關由海關監督和稅務司兩個系統共同組成，海關監督在整個晚清五十年中依舊履行著自己的職能」。〔註32〕

這段時期對海關資料整理方面也成果斐然，檔案方面主要有《中國海關密檔》（中華書局1998年）的翻譯出版，湯象龍《中國近代海關稅收和分配統計》（中華書局1992年）也編纂成功。另外《中國舊海關史料：1859～1948》和《舊中國海關總稅務司署通令選編》也分別由中國第二歷史檔案館和海關總署整理髮行，二卷本《赫德日記》也由中國海關出版社編譯陸續出版。在分關方面，津海關、廈門關海關檔案資料都得到整理。粵海關檔案整理工作尤爲突出，《近代廣州口岸經濟社會概況——粵海關報告彙集》、《拱北關史料集》相繼問世。工具書方面：廈門大學中國海關史研究中心編：《中國近代海關地名錄》（英漢對照）、陳詩啟、孫修福編：《中國近代海關名詞及常用語》（英漢對照）、廈門大學中國海關史研究中心編：《中國近代海關機構職銜名稱》（英漢對照）、孫修福編：《近代中國華洋機構譯名大全》先後出版。志書編寫方面：海關學會成立後，大力推動海關志的編寫工作，全國各地海關的海關志陸續編寫並出版。如廣東一地，先後編寫出版的海關志書有：《廣東省志·海關志》、《拱北海關志》、《汕頭海關志》、《九龍海關志》、《廣州海關志》、《黃埔海關志》。〔註33〕海關志書的編寫，對加強地方海關的研究起了一定的促進作用。

通過對近代中國海關史研究脈絡的梳理，我們不難發現，海關史研究的學術重心落實在洋關。且不論馬士、魏爾特等中國海關洋員的著作，均將中國近代海關直接等同於洋關，即就中國本土學者而言，如在黃序鶤《海關通志》和陳詩啟《中國近代海關史》兩部近代海關通史性著作中，也都將洋關置於一關獨大的地位，將外籍稅務司制度的演進作爲海關研究的中心線索，而將近代中國海關的另一部分——常關，置於可有可無的從屬地位，甚至視

日文論文載於《社會經濟史學》56卷第3號；高橋孝勳：《中國的常關、釐金與海關》日文論文載於《移動與交流》。

〔註32〕任智勇：《晚清海關再研究：以二元體制爲中心》，中國人民大學出版社，2012年，第19頁。

〔註33〕廣東省地方史志編纂委員會編：《廣東省志·海關志》，廣東人民出版社，2002年；拱北海關編：《拱北海關志》，海洋出版社，1993年；汕頭海關編志委員會：《汕頭海關志》，1988年；九龍海關編志委員會編：《九龍海關志》，廣東人民出版社，1993年；廣州海關編志辦公室編：《廣州海關志》廣東人民出版社，1997年；黃埔海關志編纂委員會編：《黃埔海關志》，1996年。

而不見，置而不論。在以稅務司制度爲核心的海關史研究範式的規範下，常關被中外學者有意無意地丟失了，這委實與常關在近代海關中的地位不相符節，也造成了研究領域的不完整和研究視角的片面。相比較而言，日本學者對於常、洋兩關的研究用力較爲勻稱，近來也有一些國內學人注意到這一問題，加強了對常關的研究，但大體而言，並不能改變近代海關史研究的整體態勢。學術研究中常關被置於邊緣，久遭冷落，主要有幾個原因：

1. 觀念的限制。正如前文所言，中國近代史的研究，在國外，「西方中心觀」的理論模式頗爲時行，以「西方衝擊——中國回應」爲其詮釋主題；在國內，往往被置於革命史和近代化兩種研究範式中，前者以殖民地、半殖民地的演進作爲近代史的主線索，後者則強調傳統與近代的對立。而無論那一種理論，近代中國通商口岸和外籍稅務司制度，都成爲一種言猶未盡的中心話題。由於存在這樣的理論預設，近代海關史研究中存在一邊倒的格局就見怪不怪了。

2. 常關資料的零散不整。常關資料主要是一些當時海關監督的歷年奏銷檔冊，主要以題本、奏本或奏摺的形式，保存在深宮秘府，非當事人難以接觸。由於近代中國政局動蕩，皇室檔冊輾轉遷移，四處零落，殘損甚多，流失當亦不少。僅軍機處檔案，現就分藏北京、臺北各處，更增添了整理的難度。而相比較而言，洋關資料就顯得系統集中。各關稅務司所呈報的季度、年度報表和貿易報告，都被呈送到海關造冊處集中彙總整理，然後按期出版、存檔，海關資料得以系統保存。研究者咸稱其便。

3. 常關地位的衰落。稅務司制度建立以後，沿海常關收入銳減，如天津一埠，舊時常稅收入常在 4 至 6 萬兩之間，至光緒二十一年竟落至 12880 兩〔註34〕；浙海常關收入在 79000 兩以上，光緒二十一年亦落至 29058 兩；江海常關年度額徵爲 65980 兩，光緒二十一年實收也僅爲 27153 兩。其他各關情況大致相同（見附表二～六）。而洋稅收入，經稅務司的整飭，節節攀升，由咸豐十一年的 500 餘萬兩，增長至宣統二年的 3450 餘萬兩，幾乎增長了 7 倍。〔註35〕在晚清財政中，洋關的地位遠遠高出常關。常關地位的沒落，也是造成常關研究趨於冷僻的重要原因。

〔註34〕江恒源：《中國關稅史料》，中華書局，1934 年，第 2 頁。
〔註35〕湯象龍編著：《中國近代海關稅收和分配統計：1861～1910》，北京：中華書局，1992 年，第 63～66 頁。

三、本書的框架

　　本書試圖擺脫中國近代海關史研究的既有路徑，將研究的重心從稅務司制度落實到海關監督系統，從獨重洋關（即一般人所稱謂的近代海關）轉而常、洋並重，從而突出這樣一個主題，即晚清海關制度是一種「常洋並立」的雙重架構，但常、洋海關「並立」並非「分立」，從財政角度來看，他們仍然是一個統一的財政單位。這種「並立」中的統一性，貫徹於關稅徵管、奏銷、撥解、考成和庫儲等制度的運作之中。因此本書試圖回答這些問題：晚清常洋並立的海關格局是如何生成的？這種格局對傳統的海關制度造成哪些衝擊？常、洋兩關在制度運作上有何不同？這種不同對近代海關格局的演進有無影響？為什麼晚清常洋兩關既具有並立性，又具有統一性？體現在哪些環節？晚清社會中央與地方之間的財政關係是如何演化的，近代海關是如何介入中央、地方之間的既有關係當中的，這對中央與地方關係的走向有何影響？中國海關的近代化，只是一種局部的近代化，傳統常關為何沒有被改造，面對洋關勢力的拓展，常關有無回應？晚清中央政府對海關的控制力到底有多大，對地方財政資源的動員力和控制力是弱化還是加強？等等。

　　本書的框架是：

　　第一章，「常洋並立」格局的展開。清代前期即已有海關之設，它們屬於當時的戶關係列。五口通商後，常、夷兩稅分徵，開始出現兩個徵稅機構的並立。稅務司制度確立後，常洋並立格局形成並得以發展演化。本章重點考察沿海諸關常洋並立格局形成的具體過程，並藉此揭示常、洋兩關勢力消長的動因。

　　第二章，兩種徵管體系。登簿錄稅是關稅徵管工作的基礎。常、洋兩關實行兩套不同的登稅制度。常稅的登填建立在親填、循環、稽考三簿的基礎上，洋稅的稅收登記則依靠一系列貿易單證的鈎稽相聯。常稅適用欽定稅則，洋稅適用協定稅則，兩套稅則在稅種、稅率方面存在差異，由此導致常、洋兩關稅源的變化。洋稅侵奪常稅，對傳統常關體制帶來衝擊，並導致晚清海關管理制度的一系列變動。

　　第三章，奏銷與冊報。晚清海關存在兩套關稅彙報體系，即稅務司系統的冊報制度和海關監督的奏銷制度。稅務司系統的冊報制度建立在貿易統計和貿易報告的基礎上，而海關監督的關稅奏銷制度又有常稅、洋稅之別。常稅、洋稅兩種奏銷制度在奏銷文本、奏銷程序、奏銷內容上存在差別。稅務司的冊報和海關監督的奏銷可起到互補、互覈的作用。

　　第四章，指撥與解款。關稅的指撥與上解是維繫中央與海關的財政紐帶。中央通過分成提撥、京協餉的指撥、專項派款以及償款攤派等方式，實現對海關財政資源的汲取。這種壓榨性汲取，導致海關的入不敷出，海關採取積極或消極的方式來化解中央的指撥壓力，從而導致中央、海關與地方三者之間財政關係的微妙變化。

　　第五章，收儲與經費。清季關稅的收受方式，從櫃收向號收轉變。海關經費的管理也分屬監督與稅務司系統，兩者互不與聞。銀號是海關重要的附設機構，其經營者身份複雜，但均具有官方背景。銀號在收解稅款過程中必須解決平制和成色的問題。清末關稅保管權爲西方銀行所攘奪，標誌著海關監督作爲常、洋兩關稅收總彙地位的喪失。

　　第六章，國省之間：海關的財政角色。清季財政收支結構發生深刻變化，關稅在財政中的地位日益重要。關稅主要承擔外債償款的擔保和償還，對中央財政危局的紓解起了很大作用，但對經濟發展的現實積極作用並不明顯。關稅也成爲內務府經費以及地方兵餉與新政的重要款源，由此也導致中央與地方、地方與地方之間的財政糾葛。

　　海關史研究已有豐富成果積澱，總結前人成果已屬不易，擺脫成見更是難上加難。而且海關資料繁複，遍覽無遺不大可能，能在前人視野之外，覓得芥末，即已竊喜再三。因此本書只能在前人研究較爲薄弱之處下功夫，轉換視角，另闢蹊徑，以晚清海關稅款的收解支放爲切入點，將關稅徵管、存儲、奏銷、撥解、考成等制度的規範與運作作爲研究的重心，從內部探視海關財政制度的結構和功能。但由於研究對象的複雜性和主客觀條件的限制，在研究過程中，尚須特別注意以下兩個方面的問題：

　　1. 並立與統一。晚清常洋兩關存在兩套徵管體系、兩套徵稅稅則、兩套冊報制度、兩套經費管理渠道，在實體上、職能上確實存在著某種疏離傾向，但是一個不容忽視的事實是海關監督仍然是兩者名義上的統攝者，截止清末，常洋兩關的稅款收支仍然掌握在監督之手。因此，從財政角度來看，它們仍然是一個統一的整體。割裂任何一方，對於海關史研究來說，都是不完整的。並立與統一，是一對矛盾範疇，本書注意到這一點，將常洋兩關作爲一個統一的財政單位來考察，在統一性的基礎上凸顯其並立性，力求做到順理成章，前後理論不至轇轕不清，歧義互見。

　　2. 傳統與近代。在既定的理論框架中，晚清史被置於中國近代史的研究

論域之中，那麼晚清海關自然可以稱爲近代海關。但在現行的語境中，中國近代海關這一概念，顯然是作爲中國傳統海關的對應詞彙而出現的。「近代」一詞，已經不完全是一種時間概念，而更多的帶有政治意味。〔註36〕那麼「近代」一詞能否覆蓋晚清海關的所有內涵與外延呢？近代海關是否存在一個「傳統的斷裂」？這是本書不能迴避的問題，在傳統與近代之間，還需進行客觀觀察與理性權衡。但一個簡顯的回答是：如果將中國近代海關完全等同於中國近代的海關，而無視常關的存在，則明顯犯了以偏概全的錯誤。

自認爲歷史研究應該去其繁蕪、探其淵流、近其本眞，正確把握、解讀史料是必要的基本功。本書在材料的利用上，盡可能多用原始檔案。近代海關的資料可謂汗牛充棟，汪洋浩淼。洋關方面，有稅務司系統所編製的歷年關冊、通令、信箚、公私函件等，常關方面有各關監督歷年報銷清冊和公私奏檔。由於本書將常洋兩關作爲一個財政整體來看待，而研究重心則落實在監督系統，因此與其他近代海關史研究論著不同，本書材料的使用主要是利用海關監督系統的檔冊爲主。這些奏銷檔冊，大多保存在中國第一歷史檔案館（下文簡稱「一檔」）中（也有部分分藏於臺灣或流落到海外）。但由於一檔資料紛繁複雜，有已經整理出版成書的，有製作膠片的，有經一檔掃描、複製存於電腦的，有未加整理只能查閱原件的，因此，這裡有必要將本書使用檔案的先後順序略作交待，以免閱者產生不解。

民國時期，就有學者開始整理清宮檔案，並有局部成果問世，如蔣廷黻《籌辦夷務始末補遺》（下文簡稱《補遺》）、湯象龍等藏於中國社會科學院經濟研究所的清宮抄檔及所編《中國近代海關稅收和分配統計》等。其後，一檔也按照各個專題陸續出版了一些檔案。近來由於編纂清史的需要，一檔資料得以進一步開發利用。這些都爲本書的寫作提供了許多方便。對於這些已整理出版的檔案，筆者在使用時大多未再查閱原檔。本書所需要的核心資料，是晚清海關監督所上歷年奏銷冊檔，這裡面藏有歷年常、洋兩關稅收的徵存奏解情況。其中，洋稅歷年數據，已由湯象龍費畢生精力整理出版，這就是今天我們所看到的《中國近代海關稅收和分配統計》一書，但遺憾的是這本書沒有包括常稅。道光以降，洋稅侵奪常稅，但常稅仍然涓涓注入國庫，細

〔註36〕海關百科全書將中國近代海關定義爲「晚清和民國時期由外籍總稅務司掌管的海關」（《中國海關百科全書》，北京：中國大百科全書出版社，2004年，第525頁），本書不採用這樣的概念。

流不止。常稅資料，蔣廷黻所編《籌辦夷務始末補遺》一書有所收錄，但僅從道光中期及於同治四年，同治五年至九年，只存目錄，而內容闕如；1995年中國第一歷史檔案館整理出版大型叢書《光緒朝朱批奏摺》（下文簡稱「朱批」），其中財政類收有大量海關監督的奏銷文書。不過，誠如書名，該書所錄僅爲光緒一朝，也只是部分権關的部分文件，並不齊全，而且多是奏摺，少見奏銷清單。因此，筆者將很多精力放在一檔所藏未刊檔案《軍機處錄副奏摺》（下文簡稱「錄副」）上。筆者第一次去一檔查閱檔案時，這些檔案只被製作幻燈膠片，僅光緒以前的檔案被複製到電腦查閱；筆者第二次去一檔查閱檔案時，情況大爲改觀，軍機處錄副奏摺、宮中檔等均被複製到電腦，省卻不少翻檢的勞煩。筆者利用檔案時，凡同治四年之前的關稅數字均查閱《補遺》，未再調閱原檔，同治四年以後的數據，先採《朱批》，《朱批》未見，則採《錄副》，《朱批》和《錄副》均缺者，則只有付之闕如。另外，光緒末年到宣統年間，許多關稅資料既不見於《朱批》，又不見於《錄副》，筆者試圖求閱《稅務處檔案》，但只閱讀到部分原件，其他無從查閱。不過，這些數據畢竟對本書的寫作影響不大，也就只好留待來日了。

第一章 「常、洋並立」格局的展開

第一節 清代前期的榷關體系

　　清初的關榷之征沿前明鈔關之制，稅源紛歧，歸屬各異。按隸屬關係的不同，大致可分爲三大類型，即戶關、工關和地方關。按地理位置的不同又可分爲內陸關、沿海關和邊境關。

　　戶關，即隸屬於戶部之關，其數目變動不常。祁美琴根據歷代《大清會典》，統計隸屬於戶部貴州司的全國戶關數爲：順治年間 19 處，分佈於 9 個省份；康熙年間 21 處，分佈於 9 個省份；雍正年間 23 處，分佈於 9 個省份；嘉慶年間 24 處，分佈於 10 個省份。嘉慶年間戶部貴州司所屬 24 處戶關分別爲：崇文門、左翼、右翼、坐糧廳、天津關、張家口、山海關、殺虎口、歸化城、臨清關、江海關、滸墅關、淮安關、揚州關、西新關、鳳陽關、蕪湖關、九江關、贛關、閩海關、浙海關、北新關、粵海關、太平關等。除此之外，還有分別隸屬於福建司的天津海稅、山東司屬奉天牛馬稅、湖北司屬武昌遊湖關、四川司屬夔關、打箭爐，廣東司屬梧、潯二廠等 8 處稅關。〔註1〕從榷關數目上來看，清代前期戶關大體呈現緩慢增加的趨勢。當然這僅指大關而言，大關以下又設有分口、分卡，爲數更多。戶關一般設於水陸要津，徵收貨物通過稅。貨物通過稅可分爲四項：衣服稅、食物稅、用物稅和雜物稅，稅率各有等差。但有的戶關還在通行舟船之地兼收船鈔，或在隘口之處徵收雜稅。

　　工關隸屬於工部，工關的徵稅對象與戶關略同，不僅可稅百貨，而且專

〔註 1〕 祁美琴：《清代榷關制度研究》，內蒙古大學出版社，2004 年，第 362～363 頁。

征竹木，事實上，也有不少戶關代工關徵稅。工關的數目有一個從增加到減少的過程，乾隆十八年有工關 15 處，分佈於 12 個省份，其中有 8 處爲戶關兼管。道光二十一年，僅剩工關 5 處，到清末宣統二年，工部取消，工關遂移歸度支部統一管理。

地方關者，爲各府、州、縣所設，其稅一般被視同雜賦，歸入地丁項下。地方關確數，在全國當亦不少，但爲會典所不載，失於稽考。如廣東地區就有潮州府稅、肇慶府稅、廣州府稅等。潮州府屬有廣濟橋稅廠，下轄東關、西關、南關和蔡家圍四分廠；〔註 2〕肇慶府屬有黃江稅廠，徵收西江下水貨物；〔註 3〕四川省也有成都府、廣元縣、閬中縣、雅州、永寧同知、夔州府、建昌通判、蒲江縣、富順縣、遵義府等 10 處稅口。〔註 4〕稅史界有將以上地方稅廠等同於釐卡者，其實這些稅廠在釐金制度創設之前就已存在，不能簡單地將其歸入釐卡系列。

按所處的地理位置，清代榷關又可分爲內陸關、沿海關和邊境關三個榷關體系。內陸關，顧名思義，即關址設在內陸腹地，如上面提到的崇文門、左翼、右翼、通州、臨清、淮安、揚州、滸墅、西新、鳳陽、蕪湖、九江、贛、北新、武昌、太平、夔關等；沿海關，即設置在海濱，徵收海稅的關口，如：粵海關、閩海關、江海關、浙海關等；邊境關，即關址設在靠近內陸國境的地方，徵收往來貨稅的關口，如：張家口、殺虎口以及東三省邊界諸關。

本書所討論的海關，隸屬於戶部，因此是戶關的一種類型。海關初關時，均設在東南沿海口岸。因此，按地理區位劃分，應屬於沿海之關。但清代後期，中國內地沿江、沿河、沿邊地區也有開闢爲通商口岸的，這些口岸設立的稅關，我們一般也將其稱爲海關。

康熙二十三年，清政府破除海禁，於廣東、福建、浙江和江蘇沿海設置粵、閩、浙、江四海關，徵收海稅，是爲海關設置的肇始。關於中國海關的起源，曾有不同的說法，根據姚海琳的歸納，主要有「殷商說」、「西周說」、「戰國說」、「隋朝說」、「唐朝說」等。〔註 5〕海關起源問題之所以眾說紛紜，莫衷一是，是因爲對「海關」概念的理解各有不同。以「唐朝說」而論，即認爲唐代市舶

〔註 2〕廣東清理財政局：《廣東財政說明書》（五），宣統二年編訂，第 23 頁。

〔註 3〕光緒朝《清會典事例》，卷 239，中華書局影印，1991 年，第 8111 頁。

〔註 4〕鄧亦兵：《清代前期關稅制度研究》，北京燕山出版社，2008 年，第 51 頁。

〔註 5〕姚海琳：《中國海關史話》，中國海關出版社，2005 年，第 9～11 頁。

制度是海關的起源。但海關與市舶制度是否有繼承關係，日本學者岡本隆司表示出疑問。清代開海之前，沿海貿易雖然停頓，但朝貢貿易仍按貢期進行，由市舶司管理；而且東南一隅澳門，華洋商民被許可由旱路運貨至界口貿易，所徵「旱稅」即「市舶稅餉」，也由市舶司徵收。海關設置的初衷並不是徵收洋人的商稅，而主要是針對華民出海貿易徵稅。海關專徵海稅的理由正如當時的戶部郎中伊爾格圖所奏「出海非貧民所能，富商大賈，懋遷有無，薄徵其稅，不致累民」。至於海關稅則，也是參考內地榷關的稅則，「將各關徵稅則例給發，監督酌留增減定例」。〔註6〕戶部開洋設關原案說的清楚：「粵、閩原無徵稅，將各關則例帶往，照貨物之美惡，酌留增減定例」；另外，關差的派遣和關稅的奏銷報解制度均沿襲內地榷關，只是「粵、閩遙遠，初往定例收稅，難以照已定各關四季送冊，應兩次呈送」而已。〔註7〕可見，海關的建立，是以原有的內地諸關結構爲準的。從整個政府行政體系來看，海關被包括在所謂「戶關」之內。〔註8〕至康熙二十四年，福建總督王安國題奏：「外國進貢船隻，應行抽稅，令其貿易」。〔註9〕經清廷反覆討論，才箚行各海關監督，「遵奉施行」，於是，海關開始涉足外國進口貨物的徵稅工作。海關介入沿海貿易和朝貢貿易後的同年，由市舶司徵收的澳門旱稅，也歸關部徵收。〔註10〕至此，海關完全取代市舶司。從清初海關職能的擴大過程可以看出，清代海關的設立，是內地榷關制度的擴展，而恰恰與當時的市舶制度實無多大的關涉，那種認爲海關是繼承了市舶制度的說法是值得商榷的。〔註11〕

各關設立的具體情況如下：

閩海關設置最早，時人記載：康熙二十三年十月，閩省已「設閩海鈔關，許百姓造船浮海而貿易焉。」〔註12〕此事在地方志中也得到印證。乾隆《福

〔註6〕 席裕福、沈師徐輯：《皇朝政典類纂》（征榷一），文海出版社印行，近代中國史料叢刊續輯（881），第8頁。

〔註7〕 康熙二十二年戶部開洋設關原案，《明清史料》（丁編，第八本），第745頁。

〔註8〕 岡本隆司：《明清易姓與海外貿易制度之演變》，《中國海關史論文集》，第103頁。

〔註9〕 清高宗敕撰：《清朝文獻通考》（卷26，征榷一），第5078頁。

〔註10〕 請除市舶澳門旱路稅銀疏，李士禎：《撫粵政略》（卷2，奏疏），近代中國史料叢刊三編（382），文海出版社，第214頁。

〔註11〕 岡本隆司：《明清易姓與海外貿易制度之演變》，《中國海關史論文集》，第89頁。

〔註12〕 陳鴻、陳邦賢：《熙朝莆靖小紀》，《清史資料》（第一輯），中華書局，1980年，第109頁。

建通志》載：「福建海關，康熙二十三年設」〔註13〕，道光《廈門志》卷 77 也有同載。閩海關下轄徵稅口：南臺、廈門、泉州、涵江、安海、銅山、石碼、閩安鎮、寧德、沙埕、福寧、白石司、劉五店、雲宵、詔安、舊鎮、楓亭、江口、港尾渡；巡查口：館頭、江南橋、東岱、廈門港、鼓浪嶼、排頭門、石潯、玉洲、法石、馬頭岩、東石、三江、小山、杜潯、羅源、蓁嶼、牛頭道、東沖、陳塘港、南山邊；稽查口：蚶江口。〔註14〕

江海關，康熙二十四年設於松江府華亭縣漴闕〔註15〕，專司海船稅鈔，以內務府司員監收。二十六年移駐上海縣城寶帶門內，下設二十四分口，分佈於蘇州、松江、常州、鎮江、淮安、揚州六府和泰州、通州等地。〔註16〕雍正七年，以廟灣等 6 口歸併淮安關，自此只剩 18 口，爲吳淞、瀏河、七丁、白茆、徐六涇、福山、黃田、瀾港、黃家港、孟河、任家港、呂四、小海口、石莊、施翹河、新開河、當沙頭、漴闕。〔註17〕18 口下又有若干巡查支口，有：鄂家港、衙前港、天生港、龍潭港、官河頭、狼山港、大汎港等。〔註18〕

浙海關，康熙二十四年覈准設立，次年「特設監督浙海鈔關一員，統轄諸口址」〔註19〕，行署在府治南，舊理刑館地〔註20〕，乾隆二十八年改設江東木行路，商船往來在此驗稅，俗稱大關口，又稱浙海大關。〔註21〕下轄稅口：大關、古窯、小港、湖頭渡、象山、瀝海、頭圍、乍浦、家子口、江埠、白橋、溫州、瑞安、平陽、定海等處；巡查口：蟹浦、邱洋、王家路、健跳、

〔註13〕乾隆：《福建通志》，卷20，四庫全書地理類（178），商務印書館，2005年，第 272 頁。

〔註14〕席裕福、沈師徐輯：《皇朝政典類纂》（卷89，征榷七），文海出版社印行，第 157 頁。

〔註15〕江海關衙署初設何處，學術界歷有爭議，可參黃國盛：《鴉片戰爭前的東南四省海關》，福建人民出版社，2000年，第30頁。

〔註16〕陳正恭：《上海海關志》，上海社會科學院出版社，1997年，第 2 頁。

〔註17〕〔清〕應寶時修，俞樾纂：《上海縣志》（卷二，建置），同治十一年刊本，成文出版社影印，第 179 頁。

〔註18〕席裕福、沈師徐輯：《皇朝政典類纂》（卷89，征榷七），文海出版社印行，第 156 頁。

〔註19〕〔清〕俞樾纂：《鎮海縣志》（卷9，戶賦），光緒五年刊本，成文出版社印行，第 710 頁。

〔註20〕〔清〕曹秉仁：《寧波府志》（卷11，公署），乾隆六年補刊本，成文出版社印行，第 647 頁。

〔註21〕寧波海關志編纂委員會：《寧波海關志》，浙江科學技術出版社，2000年，第 55 頁。

寧村等。〔註22〕

　　粵海關關署在廣東省垣外城五仙門內迤西，自康熙二十四年以舊鹽署衙門改建。〔註23〕《粵海關志》亦載：「大關在省城五仙門內，康熙二十四年以鹽院舊署改建，監督至則居此。」〔註24〕至道光年間，粵海關有七個總口和六十八個分口。這七個總口分別是大關總口、澳門總口、烏坎總口、庵埠總口、梅菉總口、海安總口和海口總口。按照功能的不同，這些總分各口又可分為三十一個「正稅之口」、二十二個「掛號之口」和二十二個「稽查之口」，其中「正稅之口」可徵收關稅，「掛號之口」僅徵收規銀，「稽查之口」，依其命名之意，負責船隻、貨物出入的巡察稽查。

　　乾隆二十二年，由於「洪仁輝事件」的發生，清廷開始對西人加強防範之心，始定廣州一口為對外貿易口岸〔註25〕，粵海關遂成為當時唯一經理西洋夷稅的海關。但如果說其他海關與外貿活動毫無關聯，卻又與史實不符，因為同時期福州、廈門兩地仍與琉球等國有貿易往來，閩海關就此也經徵關稅〔註26〕，但不管怎樣，粵海關在當時經理夷稅的壟斷地位，是其他三海關無法望其項背的，這從清政府對各海關制定的稅收定額中可以看出（如附表一）。

　　由於清王朝是異族入主中原，在構築王朝政治基礎的過程中，刻意加強對地方政府的財政控制力度。在權關制度方面，也體現了這種精神。海關與地方並無明確的統屬關係，兩者疏離程度，因時而異，因地而異，這從海關監督任命機制的變化可以看出。監督是海關行政的首腦，主宰著所屬海關的行政和稅政。清初，海關監督大都是由皇帝從內務府包衣中簡派，後鑒於不便，又改為地方督撫兼任，或乾脆由地方官員擔任。對於粵海關而言，由於具有「戶部分司」、「天子南庫」的重要財政地位，兼有「懷柔遠人」的政治

〔註22〕席裕福、沈師徐輯：《皇朝政典類纂》（卷89，征榷七），文海出版社印行，第156頁。

〔註23〕王文達：《粵海關統轄口岸考》（刻本），國家圖書館藏，光緒六年，第2頁。

〔註24〕〔清〕梁廷枏著、袁鍾仁校：《粵海關志》，廣東人民出版社，2002年，第61頁。

〔註25〕學界一般將這種貿易格局稱為「一口通商」。近年來，有學者對此提出質疑，如王爾敏：《五口通商變局》，廣西師範大學出版社，2006年，第182頁；王宏斌：《乾隆皇帝從未下令關閉江、浙、閩三海關》，《史學月刊》，2011年第6期。其實，正如王爾敏所言，「一口通商」主要是針對於歐洲商人特別是英國商人而言的。

〔註26〕琦善道光二十年十二月十四日片，〔清〕文慶等纂：《籌辦夷務始末》（道光朝）（二），北京：中華書局，1964年，第630頁。

使命，監督一缺尤爲重要，除極短時間由地方官擔任外，其餘都由皇帝欽派的內務府包衣壟斷。粵海關監督的全銜是「欽命督理廣東沿海等處貿易稅收戶部分司」，所謂「廣東沿海等處」，是指包括廣州在內的分佈於廣東沿海大大小小的稅口。其中大關總口和澳門總口，地位最爲重要，由監督親自督理，海關監督衙署設在大關，在澳門還設有關部行臺。〔註27〕其餘五個總口，「並置委員」管理；各總口所屬子口，由監督或督撫「分派家人幫同書役管理」，使其「大小相維，恪恭職守」。大關、澳門總口及其子口辦理夷船和本港洋船貿易，其它關口，僅是「內地本港船隻出入之所」，一般只管理華民帆船貿易。〔註28〕

　　總之，在西方殖民者叩關之前，中國海關在行政體制上是統一的。

第二節　稅務司制度的形成及推展

1. 新關與舊關

　　五口通商以後到稅務司制度的最終確立，中間有一段一、二十年的時間。這段時期，沿海通商諸關是如何適應新的貿易格局，海關制度是如何運作和演進的呢？

　　五口通商，對中國傳統的榷關體制產生衝擊，體現在：1. 廣州一口通商地位被取締。2. 十三行報關制度被領事報關制度所取代。3. 協定稅則，使關稅問題由內政變爲國際事務。但從海關組織而言，其完整性並未受到損傷，海關仍然是一個統一的徵稅主體。不過，爲順應對外貿易的發展，便利外商報關納稅，海關自發地分成兩個徵稅部門，即在同一個通商口岸，存在兩個徵稅機構，一個專門徵收本國商民的貨稅，即常稅，一個專門徵收外國商民的貨稅，即夷稅〔註29〕。前者一般稱爲舊關，後者大多新立，因此在有的海關稱其爲新關。新、舊兩關與後來的洋、常兩關雖有一定的繼承關係，但並不能完全等同。因爲新、舊二關在組織上是一個統一體，只是報驗的場所、方式不同罷了。

　　江海大關原設在上海縣小東門外東北面浦，向係查驗內地商船。道光二十三年上海開埠後，江海關道勘定在離大關二里地之黃浦楊涇浜以北新設盤驗

〔註27〕1849 年被葡萄牙人封閉，澳門總口遷往黃埔，與黃埔掛號口合併成黃埔總口。
〔註28〕〔清〕梁廷枏：《粵海關志》，袁鍾仁校，廣東人民出版社，2002 年，第 116 頁。
〔註29〕夷稅一詞，在 1860 年以後的所有公文裏，都改稱洋稅。

所一處，於碼頭建造稅房，在南黃浦、新閘兩處設立卡房，專門管理外國商船貨物的進出口稽查並徵稅。《吳煦檔案》稱：「是年（道光二十三年）九月，上海開辦通商，經宮（慕久）前道於洋涇浜設立新關，稽徵夷稅，並於南黃浦、新閘，設立卡房」；〔註30〕道光二十四年蘇松太道《請飭英商須先報關並將滯暢各貨搭配交易》一稟中也有「遵照章程，逕赴新關驗明」一語；〔註31〕江督陸建瀛的奏摺亦云：上海「自二十三年開市之初，事屬草創，先止設馬（碼）頭一處，出入貨物皆此上下。所設新關僅止平屋三間，形制湫隘，……又添設碼頭四處，專查各國貨稅」。〔註32〕從這些材料推斷，開埠初期即已有江海新關之稱。〔註33〕道光二十六年，受英國領事巴富爾（G.Balfour）的誘迫，關道宮慕久又在北門外頭壩南面浦建造廨宇，專司西洋各國商船稅務，並設南北兩卡以資稽查。〔註34〕之前的盤驗所被撤除後，江北新設之關即又被稱爲新關。〔註35〕大關、新關兩個徵稅部門，「稅鈔額則支款，定章各判」。〔註36〕

　　閩海關設廈門、南臺兩個總口。〔註37〕廈門總口設在廈門港十三路頭迤北，華、夷各稅可就近辦理，開辦初期沒有另設專門徵收夷稅的盤驗所〔註38〕，但海關租用附近空房一所，以作夷船下貨的碼頭。〔註39〕從道光二十三年九月十一日廈門開市之日起，「凡所收夷人棉布等稅，均歸夷稅另款存貯，不入內地

〔註30〕太平天國歷史博物館編：《吳煦檔案選編》（六），江蘇人民出版社，1983年，第403頁。

〔註31〕王慶成：《稀見清世史料並考釋》，武漢出版社，1998年，第35頁。

〔註32〕道光二十九年十月五日陸建瀛奏，蔣廷黻輯：《籌辦夷務始末補遺》（道光朝第四冊），北京大學出版社，1988年，第682頁。

〔註33〕關於江海新關設立時間，學術界有1845年、1846年、1848年三種說法，參見戴一峰前揭書第92頁注2和岡本隆司前揭書第518頁。筆者認爲以上三種說法均值得商榷。

〔註34〕應寶時修，俞樾纂：《上海縣志》，同治十一年刊本，成文出版社，1975年影印，第185頁。

〔註35〕彭澤益：《中英五口通商沿革考》，包遵彭等編《中國近代史論叢》（第二輯第一冊），臺灣：正中書局，1958年，第61頁；黃葦、夏林根編：《近代上海地方志經濟史料選輯》，上海人民出版社，1984年，第6頁。

〔註36〕應寶時修，俞樾纂：《上海縣志》，第178頁。

〔註37〕在清代文獻中，有時也將廈門總口、福州總口分開稱爲兩個海關，這在後面的引文中多次出現，後文中將不再解釋。

〔註38〕道光二十五年十一月二十二日敬穆奏，《籌辦夷務始末補遺》（道光朝第四冊），第135頁。

〔註39〕道光二十三年九月十七日保昌等奏，文慶等編：《籌辦夷務始末》（道光朝第五冊），中華書局，1964年，第2784頁。

商稅之內」〔註40〕，「且夷稅款目紛繁，檔冊加倍，書吏人等亦必須添派」；〔註41〕南臺總口，原設福州臺江中洲島上，「南臺港內隨處沙淺，夷船向在閩安羅星塔熨斗洋一帶深水寄泊，距碼頭尙有三、四十里。」〔註42〕咸豐六年，又在離稅關二十里的林浦等地添設驗卡。〔註43〕從開關初期的支銷經費單可以看出，閩海關夷稅有專門文案人員單獨繕造冊籍單簿，因此可以推斷，常、夷兩稅也是分開徵收、分別統計的。〔註44〕故當時的海關監督敬穆在每年的奏銷冊中一再強調：閩海關「徵收夷稅、常稅，分而爲二」。〔註45〕

浙海大關，設在寧波城外江東包家衖頭地方，向係查驗內地船貨，內地商船就在關前分開停泊，等待查驗。開埠後，地方政府認爲中外商船未便同在一處查驗，導致擁擠，海關道並會同領事官勘定，在江北岸李家衖頭另設立盤驗所一處，建造稅房，搭蓋棚廠，作爲夷船起貨下貨稽查盤驗之所，使華夷各船不相混淆，易於查察。又「各國商船由鎮海進寧波，恐有水手登岸滋事，或奸民勾串夷人中途駁運等弊」，復於盤驗所及鎮海口二處，各設巡船二隻，分投稽查〔註46〕，「稽徵職務已分爲二」。〔註47〕

與前面幾個海關相比，粵海關的情況較爲特殊。五口通商之前，粵海關是當時唯一一個既可徵收西洋夷稅又可徵收常稅的海關，當時常、夷兩稅是混在一起定額和上報的。職是之故，《清史稿》稱：「先是粵海關額徵，常洋不分」。〔註48〕五口通商以後，這種情況也發生變化。巴夏禮於咸豐四年一份

〔註40〕道光二十四年三月十五日璧昌奏，蔣廷黻輯：《籌辦夷務始末補遺》（道光朝第三冊），北京大學出版社，1988年，第941頁。

〔註41〕道光二十五年十一月二十二日敬穆奏，《籌辦夷務始末補遺》（道光朝第四冊），第135頁。

〔註42〕道光二十五年十一月二十二日敬穆奏，《籌辦夷務始末補遺》（道光朝第四冊），第135～136頁。

〔註43〕咸豐六年十二月二日王懿德片，蔣廷黻輯：《籌辦夷務始末補遺》（咸豐朝第一冊），北京大學出版社，1988年，第524頁。

〔註44〕道光二十五年十一月二十二日敬穆奏，《籌辦夷務始末補遺》（道光朝第四冊），第139頁。

〔註45〕道光二十五年三月十七日敬穆奏，《籌辦夷務始末補遺》（道光朝第四冊），第16頁。

〔註46〕道光二十四年十二月二十六日梁寶常奏，《籌辦夷務始末補遺》（道光朝第三冊），第1024頁。

〔註47〕《通商略史》，齊思和編：《第二次鴉片戰爭》（一），上海人民出版社，1978年，第313頁。

〔註48〕趙爾巽：《清史稿》（十三·志），中華書局，1976年，第3685頁。

有關粵海關的備忘錄提到：對外貿易的徵稅事宜交由海關的一個部門來負責，該部門與負責國內貿易徵稅事宜的海關部門互相分離。〔註49〕魏爾特亦稱：在廣州，十三行制度被取消後，「對外貿易的徵稅，已經委託給海關的另一個部門，與負責監督民船貿易的部門截然分開。」〔註50〕我們再看粵海關歷年關稅奏銷報告，如道光二十四年，粵海「大關循照舊例，徵銀三十萬三千四百四十七兩二分五釐；遵照新章，徵銀一百六十萬五百四兩七錢三分九釐。」〔註51〕所謂舊例，即欽定稅則，徵的是常稅；新章，即協定稅則，徵的是夷稅。可知，粵海關常、夷兩稅的稅額雖未分開，但稅款卻是分別徵收與統計的。

從以上通商五口開關徵稅的情況來看，爲適應對外開放的需要，清政府做了相應的稅關政策調整，大多通商口岸均添設了夷稅的估稅、驗稅的機構，以與專門徵收常稅的機構相分離。常、夷兩稅的分別徵收，與後來的常、洋兩關的並立殊非一事。後來的常、洋兩關，是分別隸屬於海關監督衙署和稅務司衙署的兩套徵稅機構，而五口通商時期常、夷兩稅雖分別徵收，但仍統轄於海關監督或關道之下，海關仍是一個統一的徵稅主體。儘管如此，常、夷兩稅的奏報及徵稅主體已經發生形式上的分離，這爲以後稅務司制度的推廣和常洋並立格局的形成打下了基礎。戴一峰稱此是「海關與常關分離的肇端」〔註52〕，意思恐怕也就在此。

2. 稅務司制度的形成

稅務司制度發軔於上海。咸豐三年九月，上海小刀會起義，攻陷並控制了上海縣城，江海北關被搗毀，署上海關道吳健彰避入租界，海關行政陷於停頓。英艦以保護貿易爲名，乘機佔領了江海北關。鑒於上海海關機構及合法當局尚付闕如的狀況，爲「保障中國關稅的徵收」，以履行「莊嚴的條約」，英、美領事自行制定並公佈船舶結關章程，開始代收本國商人應交納的稅款。這就是領事代徵制的開始。十月十日，關道吳健彰重返上海，照會英領事阿禮國（Rutherford Alcock），要求按照舊例徵收關稅，但被拒絕。吳健彰無奈，於十

〔註49〕戴一峰：《近代中國海關與中國財政》，廈門大學出版社，1993年，第92頁。

〔註50〕（美）萊特著、姚曾廙譯：《中國關稅沿革史》，北京：三聯書店，1958年，第136頁。

〔註51〕道光二十四年四月十一日文豐奏，《籌辦夷務始末補遺》（道光朝第三冊），第956～957頁。

〔註52〕戴一峰：《近代中國海關與中國財政》，廈門大學出版社，1993年，第92頁。

月二十六日在停靠於陸家嘴的兩條舊兵船上設臨時水上海關，履行徵稅事物。咸豐四年二月九日，江海關在蘇州河北岸虹口地區恢復辦公。但虹口海關的設立，並未得到各國領事的有效支持，在這裡報關、結關的外國船隻寥寥無幾，海關形同虛設。吳健彰迫於無奈，只得增設內地關卡，將關稅加於販運洋貨的本國商人身上一併徵收。此舉遭到各國領事的強烈反對，認為這是對條約的破壞。為將上海「徵收關稅的業務能以任何方式置於三大締約國的有效管制之下」〔註53〕，英使包令（John Bowring）、美使麥蓮（Robert M. Mclane）與蘇撫吉爾杭阿、海關道吳健彰等人幾經交涉，並以「把未繳稅款的全部或部分交與中國」的承諾，誘迫兩江總督怡良同意「上海海關的中國監督，應與三大締約國的領事們達成一項協定，使洋人對該港海關的管理永久化」。〔註54〕七月十二日，由英、法、美三國各派成員一人，組成上海關稅管理委員會。最初的三個稅務監督是法國的史亞實（Arthur Smith）、美國的賈流意（Leuis Carr）和英國的威妥瑪（Thomas Wade），後來人員稍有更換。稅務管理委員會雖只是海關的「輔助部門」，但它管理原在江海關管轄的夷稅徵收事宜。隨著外商輪船貿易的發展，夷稅徵收的稅額越來越大，再加上三國領事的強大後盾，這個「輔助部門」地位陡增，江海關本是一個整一的徵稅單位，由此被分割為海關監督管理下的「中國部門」和「稅務監督部門」兩個部分了。〔註55〕

自咸豐四年至八年，稅務管理委員會一直處理江海關有關洋商事務。但該組織畢竟只是一種地方性組織，且尚沒有得到清中樞機構的正式認可。為使其合法化，迫使清政府接受這種既成的事實，咸豐八年十月《天津條約善後通商章程》規定：各口畫一辦理，「任憑總理大臣邀請英人幫辦稅務，並嚴查漏稅，判定口界，派人指泊船隻，及分設浮樁、號船、塔表、望樓等事，毋庸英官指薦干預。」這一條款，使外國人司稅制度獲得向全國推廣的條約依據。但這一條約當時並未立即生效。咸豐九年一月，兩江總督何桂清根據未生效的《天津條約》，指派李泰國（Horatio N. Lay）為總稅務司，其箚諭云〔註56〕：

〔註53〕〔美〕布魯納、費正清、司馬富等編、傅曾仁等譯：《步入中國清廷仕途──赫德日記（1854～1863）》，中國海關出版社，2003年，第213頁。

〔註54〕〔美〕布魯納、費正清、司馬富等編：《步入中國清廷仕途──赫德日記（1854～1863）》，中國海關出版社，2003年，第215頁。

〔註55〕陳詩啓：《從明代官手工業到中國近代海關史研究》，廈門大學出版社，2004年，第276頁。

〔註56〕1859年1月何桂清派李泰國為總稅務司箚諭（底稿），太平天國歷史博物館編：《吳煦檔案選編》（六），江蘇人民出版社，1983年，第270頁。

查李稅務司曾在江海關幫辦四載，熟諳（語）中外商情，諸臻妥洽。茲派令幫同總理各口稽查關稅事務，准其會同各監督及本大臣所派委員總司稽察，悉照條約畫一辦理。各口新延稅務司統歸鈐束。設有未能盡善之處，隨時報候查辦。酌定五年爲限，議給辛俸准由江海關支給。李總稅司膺此重任，自宜一秉大公，盡心辦事，毋負信任至意。

同時，關稅管理委員會解體。從形式上來看，稅務司是由中國欽差大臣親自任命的，無需領事的提名或選擇，較管理委員會更像是一個「中國的機關」，便於中國政府所接受，因此，法、美兩國稅務監督雖遭解雇，亦無不遂之言。至此，稅務司制度在上海初步確立。

咸豐十一年初，總理各國事務衙門成立。李泰國由新成立的總理衙門重新任命爲總稅務司，稅務司制度才正式合法化。而從最初的稅務司制度運作來看，各稅務司的任命，並不是由總稅務司決定，而是掌握在總理衙門之手。如同治二年赫德之被任命爲江海關稅務司，即是由總理衙門直接任命的。〔註57〕而後來洋關係統的用人權全部歸之總稅務司，海關儼然成爲一個「國際官廳」，其中既有中外情勢推移變化的因素，清政府主動退讓也是稅務司權力膨脹的重要原因。

稅務司制度確立後，原有的海關職能便一分爲二。由於稅務司控制的徵稅機構，雇員中很多是洋人，主要針對洋商洋船徵稅，適用的也是協定稅則，徵收的是洋稅，因此時人將其稱爲洋關；而原有的徵稅機構，由中國人自己徵稅，僅針對國內商民徵收常稅，使用的是欽定稅則，時人將其稱爲常關，或舊關、大關、老關、本關等。我們將這種在同一通商口岸同時存在常關、洋關兩種徵稅機構的現象概括爲「常洋並立」。「常洋並立」現象首先在上海口岸出現，繼而向廣東沿海通商口岸推展。

3. 稅務司制度的推展

咸豐九年以後，廣東沿海仿上海稅務司制度，陸續關設洋關（或稱新關）。但稅務司制度在當時雖有欽差大臣任命，並未得到清中樞機構的首肯，如前所述，迨至咸豐十一年稅務司制度才得到清廷正式認可。這一地方性機構何以在沒有中央明文允准的情況下，迅速推展到廣東沿海，這是本節所要討論

〔註57〕1869 年 11 月 1 日海關總稅務司署通令第 25 號，《通令選編》）（第一卷），中國海關出版社，2003 年，第 80～85 頁。

的問題。

粵海洋關的建立是在一個十分不明朗的政治環境下展開的。1857 年 12 月 29 日（咸豐七年十一月十四日）英法聯軍攻陷廣州，次年 1 月 4 日兩廣總督葉名琛被俘，政權由傀儡巡撫柏貴代理，同時成立聯軍委員會，開始「華洋共治」，維持政權運轉。同年 11 月 8 日聯軍交城後，仍留三千軍隊維持秩序，「華洋共治」繼續存在，直至咸豐十一年十月聯軍撤出廣州城。在如此複雜的政治背景下，「中外合作」事業的重大舉措之一即是重振廣州對外貿易，改組海關。

粵海關於 1856（咸豐六年）年 10 月 23 日由於戰事被迫關閉。閉關期間，駐廣州領事巴夏禮（Harry Parkes）竟准許「所有在黃埔的英國船隻無須結關，即可駛離停泊所」，中國關稅遭受重大損失。〔註 58〕在聯軍佔領城郊期間，爲了避免領事「設置在施行軍法的區域內，乃至引起管轄權的衝突」，英軍司令額爾金（Lord Elgin）建議將關稅改在黃埔徵收，英領事館因而遷往黃埔。1858 年 2 月 1 日戰事結束，解除封鎖，24 日呈准復關，開徵關稅，4 月 20 日海關稅口從黃埔移至河南。29 日英領事館也從黃埔遷往河南，粵海關船或瓜艇也被迫碇泊於河南。從粵海關稅口的遷移情況來看，海關已受控於聯軍委員會，1858 年 4 月 30 日聯軍各委員致斯特勞本基（Van Straubenzee）陸軍少將函中也可證實這點。〔註 59〕6 月 28 日，上諭封關，斷絕夷人接濟，實行以商制夷，華夷各商，搬走一空。英領事館移至香港，粵海關務復陷於停頓。8 月份大局漸定，上諭：關務事宜由監督與黃宗漢合商，相機妥辦。〔註 60〕當時黃宗漢雖任兩廣總督，但卻駐紮在惠州，並不在廣州城內。黃宗漢與江督何桂清歷來有隙，成見極深，對何桂清在上海聘用洋人司稅一事極爲譏諷，認爲是媚夷之舉。因此，他對廣東時局的看法是「不退城，不通商」，「夷務把握，仍是封港」。〔註 61〕而困在城中的柏貴和海關監督恒祺等地方官員，則力主以商撫夷，擔心閉關日久，「華夷商眾，咸有怨咨，人心不妥，城內外游手好閒之徒，難保不從而勾

〔註 58〕魏爾特認爲損失達 12619463 兩（〔美〕萊特著；姚曾廙譯：《中國關稅沿革史》，北京：三聯書店，1958 年，第 137 頁），似有誤。另：本書正文中年月日多用中曆，但有時因轉述的方便，也用西曆，用阿拉伯數字表示。

〔註 59〕英國外交部檔案，17／302，轉引萊特：《中國關稅沿革史》，北京：三聯書店，1958 年，第 138 頁。

〔註 60〕齊思和等編：《第二次鴉片戰爭》（一），上海人民出版社，1978 年，第 461 頁。

〔註 61〕咸豐九年三月黃宗漢致自娛主人信，江蘇博物館等編：《何桂清等書箚》，江蘇人民出版社，1980 年，第 158 頁。

結，別生他故」，而「一經通商，則其貨物起存行棧，夷商等以數百萬之血本性命依之，該商自必有所顧忌，或可潛息奸盟」〔註62〕，而且通商還可取實利，抑止走私，「與其明禁暗通，徒有損於國稅，莫若通權達變，得實濟於要需。且洋米開艙，亦可藉平市價」。〔註63〕廣東督撫意見相左，謀面既不可能，協商又不能一致，在此情況下，柏貴只得擅作主張，暗許通商。黃宗漢知道後，大為惱火，上訴到咸豐帝。而此時咸豐帝的態度則遊移不定，一會兒要求閉關封港，以商制夷，一會兒又暫准通商，以示羈縻。〔註64〕

粵海關歷經戰火，停而復開，開而復停，其情形與咸豐四年的江海關情形十分相似。但問題是列強在上海炮製了一個三國稅務管理委員會，而在粵海關為什麼沒有故伎重演？究而言之，這大概與列強在廣州的勢力強弱和利益分歧有關。在英法聯軍進攻廣州之役中，美國沒有甚至極力避免參與戰事〔註65〕，因此華洋共治中，美國較英法兩國勢力較弱，而英法兩國對戰後的處置也有分歧。美國領事培理（Perry）就曾指控英國領事借戰爭之機，大肆走私，損害了美國商人的利益。而英國政府也曾一度認為廣州的中國海關「應暫時由聯軍管理」，「可是，後來得知真正的情況之後，政府又改變了他們的意見，而把這問題交由額爾金權宜處理。」〔註66〕英駐黃埔領事文察斯德（Winchester）就曾主張建立一個外國稅務管理委員會，但不為額爾金所接受。額爾金認為，這種「把粵海關行政握在他自己手裏的計劃」是不切合實際的。〔註67〕為協調好各國的關稅糾紛，11月4日阿禮國重建廣州領事館，並與巡撫、粵海關監督進行了一次會談，這次會談是由羅伯特・赫德（Rebort Hart）一手操辦的。赫德原為英廣州領事館二等幫辦，1858年4月調任聯軍委員會秘書後，使他有機會與滯留於廣州城的滿清政要有廣泛的直接接觸。其中，巡撫柏貴和粵海關監督恒祺就是最為頻繁的兩位。這從1858年赫德殘

〔註62〕《籌辦夷務始末》（咸豐朝）（二），中華書局，1979年，第768～769頁。
〔註63〕咸豐八年二月二十二日穆克德納等奏：《籌辦夷務始末》（咸豐朝）（二），第673頁。
〔註64〕《籌辦夷務始末》（咸豐朝）（二），中華書局，1979年，第769頁。
〔註65〕閻廣耀、方生選譯：《美國對華政策文件選編》，人民出版社，1990年，第152頁。
〔註66〕〔美〕萊特著；姚曾廙譯：《中國關稅沿革史》，北京：三聯書店，1958年，第139頁。
〔註67〕英國外交部檔案，17／286，轉引萊特：《中國關稅沿革史》，三聯書店，1958年，第168頁。

存下來的日記可以看出。當時面臨在海關監督面前的有兩大問題：1. 江輪走私問題。這些江輪，來往於港穗、港澳之間，原只准搭載旅客而不准載貨，但由於時局不靖，規章逐漸廢棄，公然載運貨物，有時竟載有包裹一萬件之多，而沒有任何報單。監督想將這筆稅收由商行承包下來，但外國人擔心這是「公行」的復活，強烈反對。2. 鴉片徵稅問題。雖然鴉片稅的暗徵，已行之有年，但那是對國內商人徵稅，如何對洋人徵稅，監督卻不知所措。恒祺曾照知各國領事官議辦。但領事們一意搪塞拖延，不予配合。〔註68〕

海關監督處於這樣的尷尬困境中，一方面，自己的人員不稱職，貪污受賄，另一方面，懼怕和洋人發生衝突，在當時種種微妙的處境之下，上有稅收定額重負，下有賠款壓力，爲擺脫困境，海關監督只得求助於阿禮國。阿禮國乘機以「上海範例」來加以相勸。這時黃宗漢已調任川督，由勞崇光擔任粵撫兼署兩廣總督，關稅徵收上的「中外合作」已無行政上的障礙。由於赫德與巡撫勞崇光及粵海關監督恒祺熟識，於是勞崇光與恒祺商量，決計邀請赫德仿照上海，在廣州建立一個同樣的海關。赫德自認資歷深淺，婉言謝絕，但他示意：若邀請李泰國，李將樂意訪問廣州。於是廣州當局與上海方面聯絡，邀請李泰國到粵。在李泰國到達廣州的前三個月時間裏，赫德已經辭去領事館職務，開始從事一些開關的準備工作，幫助監督制定《對來往廣州口岸一般輪船章程》、《來往穗港、穗澳輪船章程》，規劃江輪走私的管制工作，另外，赫德還寫好了一篇關於廣州情勢的長篇備忘錄，提供給李泰國。1859 年 10 月李泰國赴粵，10 月 24 日粵海新關即試行開辦。這時離李泰國到達廣州還不到 20 天，其中大部分工作都已由赫德籌劃妥當，當無疑議。〔註69〕

李泰國任命費子洛（Fitzroy）爲粵海關稅務司，未到任前由吉羅福（Glover）代理，赫德爲副稅務司，孖地臣（Matheson）爲駐黃埔副稅務司。但駐黃埔美領事培理以未被咨詢爲由，加以拒絕承認，並聲稱這些章程觸犯了美國公民的治外法權。〔註70〕於是就有了美公使華約瀚（Ward）與欽差大臣何桂清之

〔註68〕〔美〕萊特著；姚曾廙譯：《中國關稅沿革史》，北京：三聯書店，1958 年，第 140〜142 頁。

〔註69〕雖然，赫德日記從 1858 年 12 月 6 日至 1863 年 6 月 6 日這段時間被赫德銷毀，我們無法知道當事人赫德在這一事件的詳細過程，但可以肯定，赫德在其中的作用是蓋莫能替。

〔註70〕英國外交部檔案，17／319，轉引萊特：《中國關稅沿革史》，北京：三聯書店，1958 年，第 143 頁。

間的崑山會談。華約瀚認為「新機構中，美國應按照它的貿易比重佔有代表」，英外交部意識到問題的嚴重性，即訓令駐華盛頓大使與美國政府交涉。英美之間就中國海關人選問題的小小衝突很快冰釋。1860（咸豐十）年 1 月潮海關建立，華約瀚之弟華為士（W.W.Ward）被任命為第一任稅務司。

勞崇光事後就粵海開關一事向皇帝這樣解釋的：「粵海關稅務，近年徵收未見起色，固由夷務未定，亦由走私太多。……內地奸民與外國商人勾串走私，稽查稍懈，則漏卮無窮，偵緝太嚴，則釁端易起，辦理尤多掣肘，臣到任後訪悉情形，與監督恒祺悉心籌畫。惟有仿照上海辦法，用外國人治外國人，語言通曉，底蘊周知，內地奸民無從煽惑勾串，於稅務必有裨益，亦不至別挑釁端，而以外國之人緝外國之私，於體制復無所礙」，何桂清「以英吉利人李泰國在江海關幫辦有年，著有成效，派充總稅務司，委令周歷五口。幫辦緝私，齎有何印箚，並攜帶上海章程來粵。臣與恒祺接見其人，與談稅務，極為明白曉暢，當即會同飭令查照上海章程，於九月二十九日起試行開辦」。〔註71〕這裡既闡明了以夷制夷的用意，又擺脫了擅自定奪的責任。

繼粵海新關後，咸豐十年潮海新關在汕頭設立，這是中國第三個由外籍稅務司「幫辦」稅務的海關。但對於潮海開關的一些重要史事，諸如開關的具體時間、開關與開埠的關係、開關後潮海關與粵海關的行政關係等，學界至今未有清晰一致的認識。

關於潮海開關的年份，學術界沒有大的分歧，大都認定在 1860 年〔註72〕，但一旦落實到具體的月日，就產生了些微差別。歸納起來，主要有四種說法：

1. 1860 年 1 月說。《汕頭海關志》說「1860 年 1 月 1 日（即咸豐九年十二月初九日——筆者按），潮海關成立於媽嶼島，華為士為第一任稅務司，俞思益被清戶部任命為潮海關第一任海關監督」；〔註73〕趙春晨也認為：「1860 年 1 月 1 日，潮州如期對美開市。潮州新關設於汕頭，此即汕頭開埠之始。參加開埠設關工作的，有清地方官俞思益，庵埠通判林朝陽和美方代表、署

〔註71〕1859 年 12 月勞崇光奏粵海關務情形片（抄件），太平天國歷史博物館編：《吳煦檔案選編》（六），江蘇人民出版社，1984 年，第 33～34 頁。

〔註72〕例外的是饒宗頤先生纂修：《民國潮州志》（實業志.商業）第 2 頁云同治三年（1864）設立海關，不知所據為何。蕭冠英也如是說，但他補充一句「自是年始，依外國人發表之海關統計。」（《六十年來之嶺東紀略》，中華工學會，1925 年，第 1 頁。）如此看來，他將稅務司發表海關統計之年作為開關起始年的。

〔註73〕汕頭海關編志委員會：《汕頭海關志》，1988 年，第 22 頁。

汕頭領事裨烈理外，還有李泰國」；〔註74〕陳歷明認爲「1860年1月，改建潮州新關後建潮海關的時間爲開埠時間」；〔註75〕郭廷以《近代中國史事日誌》載「1860年1月1日，潮州開市，海關啓徵」，他還特的在文後注明：「由總稅務司李泰國委派稅務司」。〔註76〕

2. 1860年2月說。赫德在《關於外國人管理的中國海關組織的備忘錄》中回憶說，汕頭海關成立於1860年2月。〔註77〕陳詩啓也如是說。〔註78〕

3. 1860年7月說。房建昌根據咸豐十年六月初九日《汕頭新關稅務開始告示》，認定潮海開關當在該年7月26日。〔註79〕

4. 1860年10月說。成書於宣統二年的《廣東財政說明書》云「粵海、潮海均繫咸豐十年八月十七日（即1860年10月1日——筆者按）開辦」。〔註80〕湯象龍也認定：1860年10月1日潮海新關與粵海關同時設稅務司按新章徵稅。〔註81〕

潮海開關時間如此眾說紛紜，可能跟當時複雜的政治環境有關。一方面，中方與英法兩國和戰不定，中美雙方卻醞釀著增開商埠，擴大通商；另一方面，長江一帶多爲太平軍控制，中央與地方信息難以及時溝通，在處置中外交涉事件時，上下步調難免不一致，反映在文獻上也就出現了參差。那麼潮海開關到底在何時？情況怎樣？我們根據相關史料對以上各項逐條討論如下：

先看10月說。1860年10月1日即咸豐十年八月十七日，這一天比較特殊，因爲清政府規定從該天起，各通商口岸將常、洋兩稅分開奏銷。所謂分開奏銷，這裡略作說明。清政府對常稅的管理，實行額徵制，即每年必須上交不低於某一規定的額度的稅銀。所謂奏銷，就是對這種定額完成情況的賬

〔註74〕鄭可茵等：《汕頭開埠及開埠前後社情資料》，潮汕歷史文化研究中心編印，2003年，第160頁。

〔註75〕鄭可茵等：《汕頭開埠及開埠前後社情資料》，潮汕歷史文化研究中心編印，2003年，第46頁。

〔註76〕郭廷以：《近代中國史事日誌》（上），中華書局，1987年，第318頁。

〔註77〕姚賢鎬：《中國近代對外貿易史資料》（二），中華書局，1962年，第926頁。

〔註78〕陳詩啓：《中國近代海關史》，人民出版社，2002年，第61頁。

〔註79〕房建昌：《潮汕地區中英交涉數事》，《汕頭大學學報》，2000年第3期。

〔註80〕廣東清理財政局：《廣東財政說明書》（卷五，關稅），宣統二年編訂，第1頁。

〔註81〕湯象龍編著：《中國近代海關稅收和分配統計：1861～1910》，中華書局，1992年，第57頁。

目說明。但是，汕頭開埠後，洋稅「每年徵銀多少，不能懸揣預定」，變通的辦法是「盡徵盡解，覈實造報」，「所徵稅銀，按季報解大關存儲」，等一年期滿，察看情形，再酌定稅額。〔註82〕這樣的處理就給關稅考成帶來困難，因此不到一年，清政府就規定，從 1860 年 10 月 1 日開始，常、洋兩稅分開奏銷，常稅仍以中曆，一年為一關期，按年造銷，洋稅則按西曆，三個月為一結期，按結計算。但正如前述，在常、洋兩稅分開奏銷之前，潮海關洋稅事實上已經存在，新關已經運作，因此，將 10 月 1 日作為潮海洋關開關日期是不確切的。

　　至於 7 月說，係由房建昌根據《汕頭新關稅務開始告示》推知，該告示全文如下〔註83〕：

　　　　欽加同知銜陵水縣正堂督辦潮州等處新關稅務俞、督辦潮州新
　　　關各國洋稅事務稅務司華，為曉示事：照得本關於六月初八日接奉
　　　總督部堂勞、粵海關部毓箚行，內開：媽嶼、汕頭地方，嗣後凡有
　　　內地商船裝載洋貨進口者，該委員務須督同書役，驗明照例輸稅。
　　　至內地商船裝載洋貨，或於汕頭起卸者，亦著該商船前赴媽嶼，照
　　　例一律完餉。並即會同華稅務司出示曉諭，俾商船得以遵辦，毋任
　　　抗違等因。奉此。為此示曉各商船戶遵照，嗣後載有洋貨，不論起
　　　在媽嶼、汕頭，均須報赴媽嶼新關查驗，照例一律完稅，毋得抗違，
　　　各宜凜遵。特示。咸豐十年六月初九日示。

咸豐十年六月初九日即 1860 年 7 月 26 日。房文據此認定該日為潮海開關之日，因此對這條布告的理解就相當重要。從內容上看，該告示屢屢提及裝載洋貨進出口的「內地商船」。按照新關稅收的管理規則，常、洋兩關稅源的區別，不在於洋貨、土貨，而在於裝載工具是洋船還是內地帆船。〔註84〕成書於光緒六年的《粵海關通轄口岸考》亦云：「咸豐九年，先有美國商人訂在潮州汕頭開市，即潮州府海陽縣坨捕司地方，……當即開辦常、洋兩關，如洋船來往廈門、上海、寧波等處，則在洋關輸稅，如華船來往福建暨香港

〔註82〕齊思和等編：《第二次鴉片戰爭》（四），上海人民出版社，1978 年，第 291頁。

〔註83〕房建昌：《潮汕地區中英交涉數事》，《汕頭大學學報》，2000 年第 3 期。

〔註84〕海關總署《舊中國海關總稅務司署通令選編》編譯委員會：《舊中國海關總稅務司署通令選編：1861～1910 年》（第一卷），中國海關出版社，2003 年，第462 頁。

與內地頭猛各艇，則在常關輸稅，以密稽徵」。〔註85〕顯然以上告示可以被看成是海關委員與稅務司共同出示的關於常關對內地商船收納常稅的規章。文中「督同書役」、「照例輸稅」等句也可佐證此推論不謬。至於媽嶼新關，此處指的應是潮州新關，而非潮海新關。7 月說很難說得過去。

剩下還有兩種說法，即 1 月還是 2 月，我們可以將它們放在一起來討論。2 月說似乎很有說服力，因爲赫德曾主此說。我們先看西文文獻。《李泰國與中英關係》一書說，1859 年 12 月 17 日，勞崇光致函李泰國，命令將海關稅務司制度擴大到汕頭，李泰國遂於 1860 年 1 月中旬從廣州直接去汕頭。〔註86〕至於汕頭海關何時設立的，也只是籠統地說「1860 年 2 月以前，廣州、汕頭已經建立了海關」〔註87〕。魏爾特則說「1860 年 1 月間，創立了一個類似的機構」。〔註88〕兩條資料的口徑是一致的，即潮海開關是在 1、2 份之間的某一日。我們再看中文資料。粵海關監督毓清在「奏議給粵海及潮州關經費摺」中說：「派令英國人李泰國爲稅務司，幫辦稅務，又於是年十二月在潮州開設新關，徵收洋稅」。〔註89〕該年十二月對應於西曆 1859 年 12 月 25 日到 1860 年 1 月 20 日。這條資料雖並未明確潮海洋關稅務司幫辦之日的具體日期，但卻可以排除潮海開關在 2 月份的可能。我們再結合這條資料：汕頭「計自九年十二月初九日開市，實於是月二十七日徵稅起，連閏至十年十一月二十六日新關一年屆滿，共徵銀八萬伍千一百九十八兩五分三釐」。〔註90〕這就清楚地告訴我們，潮海洋關是咸豐九年十二月二十七日即 1860 年 1 月 19 日開關啓徵的，由於咸豐十一年三月是閏月，所以，按照關期一年扣除閏月計算，到十年十一月二十六日即 1861 年 1 月 6 日正好是老曆一年期滿。我們再回過頭來結合李泰國 1 月中旬去汕頭和魏爾特所說「1860 年

〔註85〕〔清〕王文達：《粵海關統轄口岸考》（刻本），國家圖書館藏，光緒六年，第 12 頁。

〔註86〕〔加〕葛松著，中國海關史研究中心譯：《李泰國與中英關係：1854～1864》，廈門大學出版社，1991 年，第 314 頁。

〔註87〕葛松著：《李泰國與中英關係：1854～1864》，廈門大學出版社，1991 年，第 108 頁。

〔註88〕〔美〕萊特著，姚曾廙譯：《中國關稅沿革史》，三聯書店，1958 年，第 144 頁。

〔註89〕太平天國歷史博物館編：《吳煦檔案選編》（第六輯），江蘇人民出版社，1984 年，第 76～79 頁。

〔註90〕蔣廷黻輯：《籌辦夷務始末補遺》（咸豐朝）（第二冊），北京大學出版社，1988 年，第 473 頁。

1月間」等時間範疇，不難推斷，潮海開關實在 1860 年 1 月 19 日。那麼赫德何以犯錯呢，趙春晨的解釋大致能說得過去：可能因爲赫德本人未參加汕頭設關事宜，或其設立雖始於 1860 年 1 月，但完成設關工作與正常運行係 2 月份的事。〔註91〕

我們把汕頭推行外籍稅務司制度、設立洋海關的時間確定下來，下一步即可來框定汕頭開埠的時間。關於汕頭開埠的時間問題，學術界一度產生很大的爭議，大致形成三種不同的意見，即咸豐十年說、咸豐十一年說、同治三年說，但每種說法又都未能提出原始資料的證明。趙春晨在《汕頭開埠史事考》一文中，依據中外歷史文獻資料，對這段史事作了深入的考證，認定汕頭開埠當在 1860 年 1 月 1 日。〔註92〕在這裡，我們不妨轉換一下視角，從潮海開關的時間入手來反推開埠時間。因爲開關必先開埠，否則洋稅從何而來？開埠時間應與開關同時或在開關之前。現在，我們把潮海開關的時間定在 1 月 19 日，主要依據的是兩廣總督勞崇光的摺子，該摺說：汕頭「自九年十二月初九日開市，實於是月二十七日徵稅」。這裡所說的「開市」，筆者的理解就是「開埠」，即開埠通商，咸豐九年十二月初九日即 1860 年 1 月 1 日。至此，汕頭開埠的時間問題當沒有懸念，趙先生的說法也被進一步得到印證。

行文到這裡，我們再回過頭來，看看前面力主「1 月開關說」的幾位學者，就會發現他們也有疏漏之處。《汕頭海關志》稱「1860 年 1 月 1 日，潮海關成立於媽嶼島」，顯然，是把汕頭開埠與洋關開設視爲同日進行。陳歷明認爲「1860 年 1 月，改建潮州新關後建潮海關的時間爲開埠時間」，也是將開埠與洋關開設視爲一事。從勞崇光的摺子，我們可以看出，汕頭開埠與潮海開關的時間是不一致的，之間相差大半個月。在 1860 年 1 月 1 日至 1 月 19 日之間，應是潮海開關的準備階段，那麼徵稅工作是如何進行的呢？這裡有兩種可能，一是開埠但沒有通商，即沒有外國船隻到岸或離岸；二是開埠就開始通商，由監督委員徵收關稅。我們看 1859 年 12 月 30 日欽差大臣何桂清的奏章：「現在米國船隻新來開市，雖與內地海船收稅事例微有不同，但該處原設稅口，既由粵海關管理有年，一切事宜可以駕輕就熟，自應歸併粵海關，援照廣州大關徵收夷稅章程辦理，毋庸另議更張，以歸畫一」。

〔註91〕趙春晨：《嶺南近代史事與文化》，中國社會科學出版社，2003 年，第 160 頁。
〔註92〕趙春晨：《嶺南近代史事與文化》，中國社會科學出版社，2003 年，第 149 頁。

〔註93〕何桂清時任五口通商大臣，汕頭開埠設關應在他的工作職責之內，從該摺我們可以看出汕頭開埠初期洋關未設之時徵收稅款的情形，係「援照廣州大關徵收夷稅章程辦理」。這裡的「廣州大關」，即粵海常關，「夷稅章程」即道光二十二年的協定稅則，「夷稅」一詞在咸豐十年以後的清代公文中一律改稱洋稅。粵海洋關未設之時，夷稅的徵收都委之於海關監督，其他通商口岸海關如閩海關、浙海關情況亦然。因此，洋關開設前，潮海常關監督委員按照道光二十二年協定稅則行使徵收夷稅的權力，是符合慣例也合乎條約的，而且當時僅是對美國船隻開放並對其徵稅。

郭廷以、趙春晨均認爲 1860 年 1 月 1 日李泰國參加了潮州開埠設關工作，也有可商榷之處。據文獻推知，李泰國只參與 1 月 19 日的潮海開關，並未參加 1 月 1 日的汕頭開埠。1860 年 1 月 11 日，由何桂清授權，李泰國正在廣州忙於黃埔分關的設立工作〔註94〕，《李泰國與中英關係》一書也說，李泰國於 1860 年 1 月中旬才從廣州直接去汕頭。〔註95〕如這些記載無誤，1860 年 1 月 1 日李泰國尚不在汕頭，並未參與開埠事宜，更無從組織新海關。從當時的政治背景看，鑒於美國先行換約，美國公使華約翰又催逼甚緊，1859 年 12 月 2 日的崑山之會上，何桂清只得答應美使的要求，潮、臺兩處先行開市，但就是否將江海關由外籍稅務司幫辦稅務的經驗推廣到汕頭，則雙方均未提及。從前期醞釀開市的中外互往文件來看，也僅要求地方官與美國領事到位，根本沒有論及稅務司人等，「如潮、臺兩口准先開市，中國亦應設關收稅，並令地方官會同領事官妥議交易合宜之處，以期無礙大局」。〔註96〕欽差大臣何桂清與美使商談新開口岸續立章程及新定稅則各款往來照會何桂清摺附件「米酋照覆」一文：「爾時本大臣當派領事前往，與地方官同辦一切事宜」，也未論及稅務司之設。〔註 97〕由此可以推知，美國當時只急於將自己的勢力打入汕頭，要求潮州開市，而對是否將新生的外籍稅務司制度推廣到汕頭則未顧及。另一方面，由於汕頭開埠是由《天津條約》規定的，但當時中英、中法尚未換約，中英關係撲朔迷離，中英《天津條約》的生效

〔註93〕齊思和等編：《第二次鴉片戰爭》（四），上海人民出版社，1978年，第291頁。

〔註94〕孫修福、何玲：《中國近代海關史大事記》，中國海關出版社，2005年，第16頁。

〔註95〕葛松著：《李泰國與中英關係：1854～1864》，廈門大學出版社，1991年，第314頁。

〔註96〕齊思和等編：《第二次鴉片戰爭》（四），上海人民出版社，1978年，第252頁。

〔註97〕齊思和等編：《第二次鴉片戰爭》（四），上海人民出版社，1978年，第255頁。

頗難預料，因此潮海開關也並不在李泰國等人所謂計劃之中。事實上，直到汕頭開埠的前幾天，即 1859 年 12 月 17 日，勞崇光才致函李泰國，命令將海關稅務司制度擴大到汕頭。〔註98〕應該說，稅務司制度在汕頭的建立，是地方政府在中外情勢不明朗情況下的倉促決定，是「華洋共處」序曲中的一幕即興之作。關於華為士何以被任命為潮海關第一任稅務司，論者一般認為是乃兄美使華約翰與李泰國之間互相妥協而達致的結果。但如考慮到當時汕頭特定的歷史背景，選定一位美籍稅務司也在情理當中。因為開埠初期只准美國船隻通商，美國商業勢力對汕頭的影響力暫時大於英、法等國。因此華為士的當選，何桂清等人想必是經過權衡的，不排除有籠絡華約翰、穩定中美關係的意味在裏面。至於李泰國是否在稅務司人選問題上製造平衡，那當是次要的因素。

結合以上考證結果，我們可以歸納如下：1860 年 1 月 1 日，汕頭開埠，派往潮州新關的海關委員開始徵收夷稅，按道光二十二年稅則實行；1 月 19 日，潮海開關，由稅務司對美國船隻徵稅，仍按道光二十二年稅則徵收；10 月 1 日，對各國船隻按新定稅則徵稅，常、洋兩稅開始分開奏報。潮海開關以後，汕頭口岸形成常、洋海關並置的局面，洋關由潮海關稅務司控制，徵收洋稅，常關由粵海關監督屬下的監督委員管理，徵收常稅，這種關稅分開徵收方式與其他通商口岸海關並無二致。同治三年由於庫銀被劫，潮海關由媽嶼遷往汕頭埠。

其他各關設置情況，鑒於篇幅，僅概而略之：

浙海洋關：1861（咸豐十一）年 5 月 24 日，在寧波府江北岸外馬路設立寧波浙海關稅務司，專徵國際貿易進出口稅鈔，稱新關，俗稱「洋關」，原木行路之舊關，改稱常關。〔註99〕

福州洋關：咸豐十一年 7 月設立在南臺島的泛船浦，是閩江流經福州市的深水地帶。南岸地勢開闊，上下游的船隻經常停靠這裡，駁船從馬尾港轉運大型貨船的貨物至此比較方便。同治二年在辦公樓東北端建立一座驗貨廠和一座海關碼頭。同治元年廈門亦設新關，廈門稅務司公署最初設在廈門島

〔註98〕 萬松著：《李泰國與中英關係：1854～1864》，廈門大學出版社，1991 年，第 314 頁。

〔註99〕 寧波海關志編纂委員會：《寧波海關志》，浙江科學技術出版社，2000 年，第 58 頁。

的新路頭（今新路街），海關監督署在養元宮。〔註100〕

　　瓊州新關在瓊州海口即瓊州府瓊山縣，距大關 1700 里，於光緒二年開關洋關，一切章程均照粵潮兩關成案，復於次年開辦常關，專征各路華船來往貨物，以裕餉源。〔註101〕

　　清政府每關設一洋關，則相應地在同一通商口岸添設一常關，如沿海江、浙、閩、粵 4 海關，均保留原有的常關機構，而新設海關，如鎮江關、江漢關、東海關、九江關、山海關、津海關等，均相應增設一處常關，與海關並置。光緒二十八年《中英續議通商行船條約》第八款第三節也規定：「其有海關而無常關及沿海、沿邊非通商口岸之各處，均可添設常關；將來如新開通商口岸應設海關者，常關亦可一併安設。」〔註102〕茲根據葉松年等人的研究，將晚清時期各洋、常兩關設置情況列出一表（表 1.1）。值得注意的是該表採用的常關名稱大概是民國初年的稱謂，因為在晚清時期還沒有諸如潮海常關、瓊海常關、三水常關、江門常關、廈門常關等稱謂，它們在當時仍分別是粵海常關、閩海常關之下的幾個分口。這裡為說明問題的方便，也就不予更改。

表 1.1：晚清時期洋、常兩關並立情況一覽表

所依條約	洋　關	設關時間	稅務司署所在地	常　關	監督公署所在地
道光二十二年《南京條約》	江海關	咸豐四年	上海外灘租界內	江海常關	上海南市
	粵海關	咸豐九年	廣東南海縣沙基	粵海常關	廣東南海縣沙基
	浙海關	咸豐十一年	浙江鄞縣江北岸	浙海常關	浙江鄞縣江東鎮
道光二十二年《南京條約》	閩海關	咸豐十一年	福建莆田縣霞徐鋪	閩海常關	福建霞浦縣
	廈門關	同治元年	福建廈門島新路頭	廈門常關	福建廈門島養元宮

〔註100〕林仁川：《福建對外貿易與海關史》，鷺江出版社，1991 年，第 189 頁。
〔註101〕王文達：《粵海關統轄口岸考》（刻本），國家圖書館藏，光緒六年，第 12 頁。
〔註102〕王鐵崖：《中外舊約章匯編》第二冊，三聯書店，1959 年，第 104 頁。

所依條約	洋　關	設關時間	稅務司署所在地	常　關	監督公署所在地
咸豐八年中英《天津條約》	鎮江關	咸豐十一年	江蘇丹徒縣	鎮江常關	江蘇丹徒縣
	潮海關	咸豐十年	廣東澄海縣汕頭鎮	潮海常關	廣東澄海縣汕頭鎮
咸豐八年中英《天津條約》	江漢關	同治元年	湖北漢口	江漢常關	湖北漢口
	東海關	同治二年	山東福山縣煙臺	東海常關	山東福山縣煙臺
	九江關	咸豐十一年	江西九江縣	九江常關	江西九江縣
	山海關	同治三年	奉天營口商埠	山海常關	奉天營口商埠
	瓊海關	光緒二年	廣東瓊山縣海口	瓊海常關	廣東瓊山縣海口
	金陵關	光緒二十五年	江蘇江寧縣下關		
咸豐十年《北京條約》	津海關	咸豐十一年	直隸天津縣商埠	津海常關	直隸天津縣
光緒二年《煙臺條約》	宜昌關	光緒三年	湖北宜昌縣南門		
	北海關	光緒三年	廣東合浦縣北海港	北海常關	廣東合浦縣北海港
	甌海關	光緒三年	浙江永嘉縣北門外	甌海常關	浙江永嘉縣東門外
	蕪湖關	光緒三年	安徽蕪湖縣西門外江岸	蕪湖常關	安徽蕪湖縣西門外江岸
光緒十二年中英《香港鴉片貿易協定》	九龍關	光緒十四年	廣東新安縣九龍半島		
光緒十三年中葡《北京條約與會議專條》	拱北關	光緒十四年	廣東香山縣三角江口		
光緒十三年中法《續議商務專約》	龍州關	光緒十五年	廣西龍州縣城對河		
	蒙自關	光緒十五年	雲南蒙自縣		

所依條約	洋　關	設關時間	稅務司署所在地	常　關	監督公署所在地
光緒十六年中英《續增煙臺條約》	重慶關	光緒十六年	四川巴縣		
光緒十九年中英《藏印條約》	亞東關	光緒二十年	西藏亞東		
光緒二十一年中日《馬關條約》	杭州關	光緒二十二年	浙江杭縣武林門外拱宸橋		
	沙市關	光緒二十二年	湖北江陵縣沙市	荊縣常關	荊州府道署
	蘇州關	光緒二十二年	江蘇吳縣葑門外		
光緒二十一年《中法續議商務專約附章》	思茅關	光緒二十二年	雲南思茅縣南門外		
光緒二十一年中英《續議緬甸條約附款》	梧州關	光緒二十三年	廣西蒼梧縣	梧州常關	廣西蒼梧縣
	三水關	光緒二十三年	廣東三水縣城外		
	騰越關	光緒二十六年	雲南騰衝縣南門外		
	江門關	光緒三十年	廣東新會縣江門埠	江門常關、甘竹常關	廣東新會縣江門埠、順德縣甘竹埠
光緒二十五年中德《青島設關徵稅辦法》	膠州關	光緒二十五年	山東膠縣青島	膠海常關	山東膠縣青島
光緒二十八年中英《續議通商行船續議條約》	長沙關	光緒三十年	湖南長沙縣西門外		
光緒二十九年中美《通商行船續議條約》	安東關	光緒三十三年	奉天安東縣本埠		

所依條約	洋　關	設關時間	稅務司署所在地	常　關	監督公署所在地
光緒二十九年中日《通商條約》	大東溝關	光緒三十三年	奉天大東溝		
光緒三十一年中日《會議東三省事宜正約》	大黑河關	光緒三十一年	黑龍江大黑河		
	滿洲里關	光緒三十三年	滿洲里		
	濱江關	光緒三十三年	吉林濱江縣松花江南岸		
	奉天關	光緒三十三年	奉天省城		
	琿春關	宣統二年	吉林琿春縣城內		
	龍井村關	宣統二年	吉林龍井村		
光緒三十三年中日《會議大連設關辦法》	大連關	光緒三十三年	奉天金縣海灣		
自開商埠	岳州關	光緒二十四年	湖南岳陽縣城陵磯		
	秦皇島關	光緒二十八年	直隸秦皇島		
	福海關	光緒二十五年	福建建德縣三都奧		
	南寧關	光緒三十三年	廣西邕寧南門商埠		

資料來源：葉松年、孔寶康編著：《海關實務》，中國對外經濟貿易出版社，1987年，
　　　第6～13頁。

第三節　常、洋兩關勢力之消長

　　咸同以降迨至清亡，隨著通商口岸的增闢，洋關也越開越多，洋稅遞年增長，洋關在晚清財政中的地位愈益重要；與此比較，常關則呈現式微的迹象，管轄範圍日趨縮小，職能萎縮，財政地位也相對衰落。常洋兩關勢力消長的背後，是外籍稅務司制度愈益得到清廷的肯定乃至嘉許，而海關監督的權勢則相對受到擠壓和限制，部分權利甚至被褫奪。

外籍稅務司制度由上海發軔，繼而向東南沿海乃至全國推廣，迨至清末，這種勢力拓展的勢頭仍未停息。稅務司制度設計的初衷，是由海關監督聘請外籍員工「幫辦稅務」，所謂「幫辦」，字面上應是助手之意，這在何桂清頒給李泰國的諭令裏表述得很清楚。但總理衙門建立以後，這種體制被清政府所推許，由一個地方的權宜之計變成全國性的恒長之策，稅務司的職能不斷擴大，逐漸成爲一個與監督平起平坐甚至凌駕於監督之上的相對的獨立機構。就稅務司與監督二者之間孰尊孰卑的問題，赫德曾在總稅務司署通令中作過多番申論，但措詞均模棱兩可，不得要領，解釋不清。如 1864（同治三）年 6 月 21 日海關總稅務司署第 8 號通令〔註103〕：

> 總稅務司雖對海關中眾多任職洋員之辦事能力與忠誠可靠程度以及洋員行政主管之工作向中國政府承擔責任，但事實上各口岸實由當地海關監督承擔主管責任，稅務司之地位因而必然從屬於海關監督。稅務司之建議於實施前必須經由海關監督之認可。……就個人而言，又不同於海關監督之屬員。

1873（同治十二）年 9 月 8 日第 13 號通令〔註104〕：

> 依照職務條例，海關監督與稅務司乃會同辦公，遇有海關監督與稅務司意見相左時，雖由海關監督定奪，但並非「命令」，亦不得稱爲「命令」稅務司。

1873（同治十二）年 12 月 18 日第 24 號通令〔註105〕：

> 所謂中國之海關者，乃由兩者所組成，其一爲執行部門，徵收各種稅捐，另一爲文案部門，建立各種檔案。該兩部門之首長爲海關監督也。蓋因募用洋員，兩者遂逐漸形成各自獨立之部門，文案之主職仍歸監督衙門，而執行之主職轉由稅務司公署。看似各自自立門戶，但機構一如既往，仍是一體。各關稅務司者係奉命與監督共事，與監督彼此爲同僚，非爲監督下屬也。……監督乃文案部門之主事，稅務司對該部門之人與事等無由干預。稅務司乃執行部門之主事，監督對該部門之人與事等極少過問，更不得出格干預。

光緒三十一年第 1265 號通令〔註106〕：

〔註103〕《通令選編》（第一卷），第 30 頁。
〔註104〕《通令選編》（第一卷），第 176 頁。
〔註105〕《通令選編》（第一卷），第 183 頁。

> 海關監督對各口岸任務之正確執行負有正式責任，雖然地方狀況
> 及發展賦於稅務司多少獨立行事之餘地，但海關監督絕不可被忽視。
> 相反，遇事皆應向監督報告、協商並使監督充分瞭解有關海關事務及
> 要求稅務司經辦之任何其他事務等情況。……海關稅務司與監督之間
> 存在任何意見分歧時，在未奉到指令前，應以監督之意圖為主。

同治三年的通令，肯定了監督在海關中的領導地位，但在承認稅務司從屬於監督的同時，也強調了稅務司不同於其他海關屬員的特殊性地位；同治十二年的兩個通令，較同治三年通令的一個很大的變化，即突出了監督和稅務司之間的所謂同僚關係，否定了之前所認可的兩者之間的領導與被領導關係；光緒三十一年的通令突出了稅務司的獨立性，並強調了總稅務司對各關稅務司的垂直領導地位。因此，總稅務司承認各關稅務司為所在關監督所轄只是一種託詞，實際上稅務司完全秉命於總稅務司，不僅在行政上如此，就是在業務上，除按結向監督報明稅額外，一切章程細則皆不稟報監督，監督無從知曉。〔註107〕不過，兩者之間的職責較為明晰，即監督主管常關和整個海關的稅款管理，稅務司主管洋稅的估驗和稽查。兩者雖在某些問題上發生過一些齟齬，但在大多情況下卻相安無事地並存著，共同維繫著海關的運轉。終清一代，稅務司制度並未能最終取代監督制度，而是兩種制度並行。這種常洋並立、一地兩關的現象，是晚清海關的獨特景觀。

常洋並立格局在空間上的表現就是常、洋兩關各自擁有自己的管轄範圍和履行自己的職能。徵稅對象的增減，稅種的多寡，稅源的豐瘠，管轄範圍的盈縮，均能顯現常、洋兩關勢力的消長。為討論問題的簡便，這裡只以粵海關為例來說明。

咸豐十年以前，粵海一關管理廣東數千里海岸的對外貿易關稅和沿海民船貿易的海稅，其下屬有6總口68分口。稅務司制度建立後，粵海關監督被排斥於洋稅徵收權之外。先是粵海洋關的設立，廣州口岸洋稅的估驗、稽查權歸了稅務司，繼而潮海洋關設立，使粵海常關總口之一的潮州總口無法分潤由於開埠通商所帶來的洋稅稅源。咸豐十年粵海關監督衙門由廣州城南五仙門內遷到西郊聯興街，專力經營所屬常關的徵稅權。光緒二年總稅務司制定公佈《華商置用火輪夾板等項船隻章程》，規定各通商口岸的華商輪船亦劃

〔註106〕《通令選編》（第一卷），第 547 頁。
〔註107〕經濟學會編：《福建全省財政說明書》（刻本），歲入部關稅類，第 10 頁。

歸新關管理〔註108〕，粵海關自然按章辦理。這意味著海關監督開始喪失對國內新式船隻的估驗、稽查等管理權限，無異是對監督利權的一次剝奪，也是稅務司開始經管國內商民貿易的肇端。光緒十三年，鴉片開始稅釐並徵，原來由地方釐局和常關徵收的鴉片釐金，被託付於各關稅務司之手，洋關在鴉片進口時將鴉片釐金與鴉片稅一併徵納。為此，總稅務司以管制鴉片走私、增加關稅為由，獲取總理衙門的支持，奪取了粵海常關的「香澳六廠稅務」〔註109〕，設立九龍和拱北兩海關。而香澳六廠本屬常關，這無形中讓洋關勢力從通商口岸打入非通商口岸，導致粵海常關在廣東洋面上的稅源喪失了半壁江山。到李鴻章主政兩廣時，總稅務司在廣東沿海已闢有粵海、潮海、瓊海、北海、九龍、拱北、三水、甘竹等八個關口，其轄境已經「擴展到與粵海關道的轄境相等」。〔註110〕光緒二十七年《辛丑條約》議定庚子賠款，常關稅被作為賠款的擔保，條約第六款規定「所有常關各進款，在通商口岸之常關，均歸新關管理」〔註111〕，但該款遭到地方政府的抵制，後經再三交涉，改為各口岸五十里以內的常關均由稅務司兼理。這樣，總稅務司又進一步接管粵海關監督屬下的常稅大關和分口五處。〔註112〕至此，粵海關監督被「第二次剪去了翅膀」，權限進一步削弱，徵管範圍大為縮小，僅保有五十里外常關的徵稅權。

　　民國三年，稅務處曾對全國海關關口分佈情況作了調查，情況如下表：

表 1.2：民國三年全國海關關口分佈情況表

關　名	海　關		五十里內常關		五十里外常關	
	正　關	分關分卡	正　關	分關分卡	正　關	分關分卡
山海關	1		1			59
津海關	1	3	1	19		41
東海關	1		1		1	53

〔註108〕轟寶璋：《中國近代航運史資料》（第一輯）（下冊），上海人民出版社，1983年，第847頁。

〔註109〕中國近代經濟史資料叢刊編輯委員會主編：《中國海關與中葡里斯本草約》，中華書局，1983年，第80頁。

〔註110〕〔美〕馬士：《中華帝國對外關係史》（第三卷），張匯文等譯，上海書店出版社，2000年，第266頁。

〔註111〕王鐵崖：《中外舊約章彙編》（第一冊），三聯書店，1957年，第1006頁。

〔註112〕廣州市地方志編纂委員會辦公室、廣州海關志編纂委員會編譯：《近代廣州口岸經濟社會概況——粵海關報告彙集》，暨南大學出版社，第416頁。

關 名	海 關		五十里內常關		五十里外常關	
	正 關	分關分卡	正 關	分關分卡	正 關	分關分卡
膠海關	1		1	9		
重慶關	1	1				3
沙市關	2		1	8		11
岳州關	2	1				
江漢關	1	2	1	3		3
九江關	1		1	6		
蕪湖關	1		1	12		9
金陵關	1					4
鎮江關	1	4	1		3	25
江海關	1	3	1	1		137
蘇州關	1					
杭州關	1	2				
浙海關	1	1	2	4		26
甌海關	1		1	11		8
福海關	1		1	9		
閩海關	1		1	15	3	24
廈門關	1		2	5	2	23
潮海關	1		1	12		22
粵海關	1	1	1	2		24
九龍關	1	20				
拱北關	1	13				
江門關	1	3	2	1		
三水關	1					
梧州關	1		1	1		
南寧關	1					
瓊海關	1		1	1		20
北海關	1		1	1		11

關　名	海　關		五十里內常關		五十里外常關	
	正　關	分關分卡	正　關	分關分卡	正　關	分關分卡
龍州關	1	3				3
思茅關	1	4				
蒙自關	1	8				
騰越關	1	5				
濱江關	1	13				
琿春關	1	4				
安東關	1	7				
大連關	1	5				
合計	40	103	24	121	8	496

資料來源：黃錫銓、陳星庚等：《海關常關所屬地址道里表》，京華印書局，民國四年印行，第1～61頁。

第二章　兩種徵管體制

第一節　稅簿與單證：兩套登稅體系

清中央政府對地方海關財政資源的控制，除通過設置監督和稅務司進行行政管制外，主要通過一系列的財政管理制度來實現的，諸如關稅的徵管制度、奏銷制度、撥解款制度、考成制度、庫儲制度、交代制度、蠲免制度等。其中徵管制度是其他一系列制度的起點。

稅收單證是徵稅的原始憑據，單證登填手續的繁簡、單證設計的防僞效果、單證之間勾稽關係的嚴密性，不僅影響整個關權系統的行政效率，而且直接關係到所徵稅款能否涓滴不漏地解往中央，而不爲地方政府和關吏所傾耗。稅收單證還是關稅奏銷和冊報的最主要的依據和數據來源，稅單的不同，決定了納稅環節中稅款登錄、監督方式以及關稅奏銷形式的不同。因此，稅收單證的設計與運作，是關稅徵管環節中最爲重要的基礎工作。

晚清海關登稅管理分屬兩個體系，即常稅的簿冊體系和洋稅的單證體系。

常關登稅制度建立在三種簿冊之上，即親塡簿、循環簿和稽考簿。這些簿冊開始使用於何朝何代，已不可考。但據彭求實《歷代關市徵稅記》載，明嘉靖初，戶部尚書梁材即有這樣的條議：「立號簿收料文票，於所在官司編號，用印鈐記，權鈔訖，開收票付商，照收票登簿」。[註1] 這可能是權關登稅簿冊制度的起源。對於各關而言，各種簿冊「並非在同一時間，統一開始施行，而

〔註 1〕 曹溶輯：《學海類編》第 42 冊，涵芬樓 1920 年影印本，第 12～13 頁。

是逐漸推行的，且各有不同」。﹝註2﹞總之，三簿的塡寫、給發與稽覈，在清前期就已形成制度，到晚清時候，一些內地権關和沿海常關仍在實行。

所謂親塡簿，又稱商塡冊，由戶部頒發，各關請領。納稅時，各關櫃手事先將親塡簿置於收銀櫃上，商人繳稅時親自塡寫，所塡項目主要有貨值若干，納稅若干，納稅日期等。順治十三年，題准「商民親報塡簿，輸銀投櫃，驗明放行」。﹝註3﹞成書於乾隆五十年的《江海關則例》亦稱：各關稅課，均聽商人自行完納，按簿親塡。其有鋪戶包攬居奇，及串通管關人役苛索商民者，許商喊稟究治。﹝註4﹞嘉慶朝《大清會典》規定更爲詳細：「商民到關，即將貨物艙口據實開單投報，該關立即查驗，算明稅課，當堂設櫃，令本商親自塡簿輸銀投櫃，驗明放行。」假如商人不識字，也必有人代爲塡寫，本人畫押其下。﹝註5﹞投銀與登簿同時進行，而且由當事人親自塡寫，因此得來的數據應該是準確無誤的。由於設置親塡簿的目的是「使吏胥無由操縱，而因以杜徵多報少之弊」，所以不得漏塡少塡，「其有不令商親塡及鋪戶包攬居奇，串通關役苛索者，該管官役分別究處。」﹝註6﹞

循環簿，又稱紅單稅底簿，根據商人納稅情況塡寫，一式兩份，其中商人收執的爲紅單，海關留存的爲紅單底簿即循環簿。據祁美琴的研究，循環簿的正式發放始於順治十六年。﹝註7﹞《大清會典》載：康熙八年，設收稅單，一樣塡寫兩份，一留商人，一送部查覈﹝註8﹞。不過，也有文獻反映，早在順治九年工部就要求工部各關赴工科請領四季印簿，工科每年還移取工部紅單磨對。﹝註9﹞爲了避免因上級的審覈影響到稅簿的使用，循環簿一般置有兩

﹝註2﹞ 鄧亦兵：《清代前期關稅制度研究》，北京燕山出版社，2008 年，第 66 頁。
﹝註3﹞ 《大清會典》（雍正朝）（卷 52），文海出版社印行，近代中國史料叢刊三編，第 3111 頁。
﹝註4﹞ 《江海關則例》，乾隆五十年刻本，北京大學圖書館藏，第 42 頁。
﹝註5﹞ 《欽定大清會典》（嘉慶朝）（三），文海出版社印行，近代中國史料叢刊三編，第 823～824 頁。
﹝註6﹞ 〔清〕梁廷枏著、袁鍾仁校：《粵海關志》，廣東人民出版社，2002 年，第 164 頁。
﹝註7﹞ 祁美琴：《清代権關制度研究》，內蒙古大學出版社，2004 年，第 115 頁。
﹝註8﹞ 《大清會典》（雍正朝）（卷 52），文海出版社印行，近代中國史料叢刊三編，第 3111 頁。
﹝註9﹞ 同治七年七月二十八日福寬等摺，中國第一歷史檔案館藏：《軍機處錄副奏摺·財政類·關稅項》，全宗 3，目錄 86，卷 4877，號 63（簡記：《錄副奏摺》，檔號：3－86－4877－63，以下格式同）中國第一歷史檔案館曾對錄付奏摺的

本，一爲「循簿」，一爲「環簿」，按兩季即半年時間在上下部門之間傳遞，交替查算、使用，故稱「循環簿」。循環簿中的收稅數字，應與親塡簿互相一致，如有「納銀數多，給票數少，及不給紅單，多徵勒索者，許商民首告究治。每日兩次放關，隨放隨即驗單截角，再於單尾用戳記將到關放關時日塡明，以便稽查。」〔註 10〕在這裡，紅單成爲商人已經納稅的憑證。康熙三十四年覈准：各關監督所給商人印單，不許撤回，如有撤回多徵等弊，該撫題參議處。〔註 11〕

稽考簿原是明代官廳用於稽考錢糧收支的簿籍，爲鈔關所採用。明嘉靖四年置鈔關稽考簿，「戶部置空白印信稽考文簿三扇，發鈔關主事收掌，令逐日塡寫船科商稅數。差滿日，將一扇存留備照，一委官收執，一解部查考。」〔註 12〕稽考簿即所謂「清冊」，是海關監督關滿時進行關稅奏銷文件中一個主要組成部分。解部查考的一份，由監督滿任後繳送部、科，與紅單底簿比對查覈。對於沿海海關來說，稽考簿還有一重要用途，據《江海關則例》稱：「各項商人出洋，地方官查明眞實姓名，住居地方，及往何洋貿易，取具里鄰甘結與印照，守口官弁驗准放行，仍載入稽考簿內。其從外洋販貨進口者，亦必詳查人貨，訊明經由何洋，概行註冊」。可見稽考簿不單記載稅收信息，還起到「出口驗明掛號，回日覆驗銷號，防止詭名頂替，或違例多帶舵水人等」的作用。〔註 13〕另外，清中央政府還賦予地方政府對海關監督有稽查稅務之權，督撫應將每月到關的船數若干，所載貨物粗細若干，詳細查明，按月造具貨色清冊，密行咨報戶部。一年期滿，戶部將督撫所報清冊，與監督所報清冊進行覈對，如查有不符，即行參劾。〔註 14〕

如果以現代統計學的知識對以上三種簿冊加以附會的話，親塡簿應視爲

　　檔案編號進行過調整。本書引用的凡有四組數據者，如本注，爲老編號；凡有三組數據者，如 03－6430－031，爲新編號。本書查檔時間不一，所用編號均按查檔時的編號，未作變更，特此說明。

〔註10〕《大清會典》（嘉慶朝）（三），文海出版社印行，近代中國史料叢刊三編，第823～824頁。

〔註11〕崑岡等修：光緒朝《清會典事例》（卷239），中華書局影印，1991年，第816頁。

〔註12〕清高宗敕撰：《續文獻通考》（卷十八，征榷一），北京：商務印書館，第2934頁。

〔註13〕《江海關則例》，乾隆五十年刻本，北京大學圖書館藏，第39頁。

〔註14〕席裕福等輯：《皇朝政典類纂》（卷88），文海出版社印行，近代中國史料叢刊三編（881），第114頁。

原始記錄，循環簿應視為原始憑證，而稽考簿應可稱為統計臺賬。三者之間的勾稽關係是：親填簿中每一筆稅款，均能在循環簿中找到相應的紅單底簿，而稽考簿中每日收稅明細數目，均能對應於以上兩簿中該日的收稅數目。只要簿與簿之間對應，賬與賬之間相符，海關監督就無從造假，就可確保關稅涓滴不漏地歸入中央庫帑。清戶部就依靠這一邏輯來進行對各關監督的考覈。

由於清中央政府對海關常稅的稽覈，十分倚重這三種簿冊，因此對這些簿冊的管理尤為重視，對其冊式、領用程序、繳還時間都有具體嚴格的規定。《粵海關志》載：「各關商填、循環、稽考三簿，令各關照依部頒冊式、事由，刊刷裝訂於面頁上，鈐蓋關印，僉差送部，由部鈐蓋堂印，給發粵海關，限關期未滿九月以前，赴部請領，如有請領違限，及關期已滿，冊檔未到，擅用本關印簿登填者，照例嚴參，分別議處」。〔註 15〕雍正七年間某些關口曾發生私設號簿、紅單與親填簿不一致的情況，「各關開放商船，向例有部頒號簿，近聞各關別設私簿徵收，惟於報部之時，如將號簿挨日填造」，以致「簿內全非實在數目，與商船過境串票毫不相符」。〔註 16〕乾隆五年，奏定各關需用冊檔，按照戶部頒發的冊式由頭，刊刷裝訂成籍，先鈐蓋關印，再送戶部鈐蓋戶部大印，方為合法稅簿。〔註 17〕乾隆五十二年奏准：各關所用收稅冊檔，應預先在規定時間裏到部鈐印。具體時間則根據各關距離京城路途的遠近而設定，近者如崇文門、左右翼等關限關期未滿一月以前，離京較遠者如太平、粵海、閩海等關，限關期未滿九月以前，差吏赴部請領，「倘有請印遲延以致擅用本關簿冊登填者，照例嚴參」。〔註 18〕至此，關稅登填制度基本確立。

清代登錄錢糧的循環簿冊留存於世的已不多見，我們可以看到的是國家圖書館所藏清鐵嶺縣田賦「循環冊」。但海關循環簿冊與田賦循環簿冊是否相同，就不好懸斷。鄧亦兵《清代前期關稅制度研究》一書中載有《北新關循環簿》的封面及局部內容的圖片，係雍正十一年四月初一日至十二年三月

〔註 15〕梁廷枏著、袁鍾仁校：《粵海關志》，廣東人民出版社，2002 年，第 337 頁。

〔註 16〕光緒朝《清會典事例》（卷 239），中華書局影印，1991 年，第 819 頁。

〔註 17〕席裕福等輯：《皇朝政典類纂》（卷 83），文海出版社印行，近代中國史料叢刊三編（881），第 10 頁。

〔註 18〕〔清〕劉錦藻：《清朝續文獻通考》（卷 29），北京：商務印書館，1936 年，第 7807 頁。

底一年收過稅課等錢糧數目文冊。王慶成在倫敦英國國家圖書館發現清代道光二十三至二十四年間上海對外貿易的幾種原始文獻和記錄，其中就有一本上海絲茶商棧敦利號的「循環簿」。該簿係豎行合訂成一冊，封面左上黏貼紅紙，墨書「環字簿」，右下寫「發張敦利棧」，首葉中書「道光貳拾肆年捌月初一日給」，年、日鈐印、朱書，左上寫「分府沈行」，「行」字朱書，右下寫「計肆拾陸頁，計印廿五顆」。合訂簿中部的另一封面年月日爲「道光貳拾三年拾月廿一日」，又一封面年月日爲「道光貳拾肆年捌月廿七日」。第二、三封面上寫「計伍拾頁，計印廿八顆」。簿冊每兩頁騎縫加蓋海防同知印，所謂用印若干顆，即在每兩頁間及在封面蓋印的次數。蓋騎印大概是爲了防止商人抽換。上海海防同知在諭准敦利開業發給循環簿時，就要求「該棧每日將進出貨物稅收逐細登塡循環簿內，按旬呈送本道倒換，以憑與大關稅簿覈對」。因此，敦利號凡進出貨之日都有記，記貨物來源去向、品種、數量，湖絲並有補納三關稅的記事。除循環簿外，還發現「逐日驗貨」簿一冊，登錄敦利號從道光二十三年十一月七日至二十四年九月十五日的進口貨物的明細情況，「各號驗貨」簿一冊（道光二十四年二月立），登錄敦利號、「本號」等商號進出口貨物明細，還有「各號出口查驗各貨」簿一冊（道光二十四年七月立），登錄敦利、「本號」等商號出口貨物明細。根據王慶成的研究，這些簿冊的內容是互有聯繫的，如「循環簿」中的售出記錄，應同時見於「各號驗貨」、「各號出口查驗各貨」簿中所記有關敦利號的記錄，反過來也一樣。〔註19〕

　　王慶成的發現，給我們展現了開埠初期，上海口岸對大宗外銷物品絲茶的貿易管理和納稅環節的管制措施。儘管王慶成所發現的「循環冊」，僅是各個貨棧進出貨物的流水簿，並不是我們這裡所討論的作爲納稅憑證的「紅單底簿」，但兩者在輪流倒換這一形式上則是相同的。

　　五口通商以後，常、洋兩稅分別開列登塡。常稅仍然沿襲傳統的關稅奏銷方式，因此反映在關稅登塡制度上，也沒有作出大的改變。咸豐二年陸建瀛奏：「上海出口貨物，以茶葉湖絲爲大宗，經該道吳建彰設立聯單印簿，於客商販運茶絲到境，自行開明數目，赴行棧卡房登簿塡單，方准起貨寄棧，俟銷售後使持單納稅」，湖絲也同樣辦理。〔註20〕這裡的「聯單印簿」指的應

〔註19〕王慶成：《稀見清世史料並考釋》，武漢出版社，1998年，第27頁。
〔註20〕蔣廷黻編：《籌辦夷務始末補遺》（咸豐朝）（第一冊），北京大學出版社，1988

是循環簿。只是咸豐年間太平軍起義，権關受到衝擊。由於交通的不暢，地方権關與中央的聯繫時斷時續，所需簿冊無法及時從京城獲得，只得啓用沒有戶部鈐印的空白稅冊。如揚由關因戰事停關，但所轄白塔寺四口，仍然開徵，「應需商填簿冊，查照上數屆成案，由臣衙門鈐印頒發，照例填用，並將清冊咨明戶部查照」。〔註21〕「臣衙門」當指的是兩江總督府。顯然這嚴重違反了稅冊統一由戶部鈐印的先例。不過在戰時，戶部也就未加深究了。但湖南辰關的運氣則沒有這麼好。咸豐九年、十年兩年，辰關需用的商填簿冊均逾限始行補領，這引起了戶科的注意。戶科認爲這是故違定例，飭下湖南巡撫查明該關令商人親填繫屬何冊，據實聲覆。〔註22〕

　　稅務司制度確立後，常稅簿冊制度成爲改革的對象，紅單的存廢在一段時間成爲討論的熱點。因爲人們發現，簿冊制度在執行過程中有諸多舞弊行爲，「收稅之多寡，不在單簿之有無」。同治四年奏准，嗣後戶部各關常稅親填等簿，以及紅單各件，概行裁撤，各關不需要再赴戶部戶科請領。這事實上是放開了對簿冊制度的管理。但戶部的做法並沒有得到工科的響應。工科給事中福寬等認爲，儘管「此項單簿相沿已久，盡屬虛文，徒爲胥吏需索之具」，但仍然有其存在的必要。他舉例說明：「本年三月臣科磨對湖北新關所繳六年分紅單簿冊，其總散數目即有不符之處五款。當經照例題參在案。是有單簿尚且不免弊混，若無單簿必更無所顧忌。且裁去部科所發之印簿，各關必仍須自行另造細冊呈送部科，以備考覈題銷。是裁仍如不裁也。況各關自造細冊，可以隨時更易，不若部科所發之印簿，一經填寫，無從抽換，較爲有憑」。〔註23〕也許正是工科的堅持，同治六年清廷又重申紅單的重要性，規定嗣後各關商稅，一律復用紅單，隨同日徵細數清冊，送部考覈。〔註24〕次年又奏准「閩海關徵收常稅，裁撤親填等簿，仿照洋稅成案，飭造日徵細冊，以備查考。紅單一項，係由關發給之單，商人完稅後執以爲憑，倘或單貨不符，即屬偷漏夾帶，勢難裁撤，仍照舊填給紅單，以憑考覈。並令各關

年，第 130 頁。

〔註21〕咸豐九年正月十三日何桂清奏，蔣廷黻編：《籌辦夷務始末補遺》（咸豐朝）（第二冊），北京大學出版社，1988 年，第 7～8 頁。

〔註22〕同治三年恩霙片，《錄副奏摺》，檔號：03－86－4872－12。

〔註23〕同治七年七月二十八日福寬等摺，《錄副奏摺》，檔號：3－86－4877－63。

〔註24〕崑岡等修：光緒朝《清會典事例》（卷 238），中華書局影印，1991 年，第 812 頁。

將逐日徵收稅數細冊，於關期滿後，遵照例定限期，隨同紅單，及支用經費等冊，送部考覈。其餘各關，一律復用紅單，以昭劃一。」〔註 25〕從常稅紅單廢止兩年後又重新啟用這一事件來看，清廷雖已認識到常稅簿冊制度的弊端，即「弊之有無，恒在簿單之外，泥迹求之，不可得也」，〔註 26〕有心仿照洋稅的登稅辦法，對現存的常稅登塡制度進行改革，但仍沒有找到一種更爲合理有效的東西來取代紅單，最後仍然退守到「變法不如守法」的認識。因爲紅單的改革，牽涉到關稅奏銷、考成等相關制度，關係繁重。

同治六年後常稅雖然恢復了紅單的使用，親塡簿則並沒有同時廢而復行，而是被日徵細冊所代替。光緒十九年戶部指責北海關：「歷屆收稅紅單、日徵細冊，經臣部迭次奏令一併迅速送部查覈，迄今未據解送」。〔註 27〕從戶部的這一奏片來看，紅單與日徵細冊仍然被戶部所強調，成爲戶部考覈地方海關的重要依憑。迨至光緒二十七年，常稅實行改題爲奏，即將奏銷關稅的題本改爲奏摺，繁文縟節，盡皆棄去，稽考等簿被作爲「繁複無用之文」，「徒耗造辦冊費」，遂陸續裁革。〔註 28〕清政府最終放棄通過登簿錄稅的方式來防止監督隱報關稅，除登簿制度已流於形式、弊端百出外，還可能在於當時常關已一分爲二，五十里內常關已爲稅務司兼管，稅收有收支清冊可憑，諒無遺漏，至於五十里外常關，則所入無幾，無足輕重了。另外，也可能與部分稅關常稅的「自封投櫃」制度被號收制度所取代有關。

我們再來看洋稅的登稅情況。五口通商初期，除粵海關以外，其他三海關關稅奏銷實行常、夷兩稅分列，但夷稅的登塡仍然沿襲常稅的做法，登簿錄稅仍然是夷稅徵納的基礎工作。道光二十三年中英《五口通商章程・海關稅則》規定大關秉公驗貨一款〔註 29〕：

> 凡英商運貨進口者，即於卸貨之日，販貨出口者，即於下貨之日，先期通報英官，由英官差自雇通事轉報海關，以便公同查驗，彼此無虧。英商亦必派人在彼，眼同料理。……凡有此尚須理論之件，海關

〔註 25〕崑岡等修：光緒朝《清會典事例》（卷 238），中華書局影印，1991 年，第 813 頁。

〔註 26〕江蘇省蘇屬清理財政局：《蘇屬財政說明書》（刻本），光緒三十三年，第 8 頁。

〔註 27〕光緒十九年戶部片，《錄副奏摺》，檔號：3－129－6388－26。

〔註 28〕中國第一歷史檔案館編：《光緒朝朱批奏摺》（財政類）（七四），中華書局，1995 年，第 600～601 頁，簡記，朱批 74：第 600～601 頁，以下格式同；第一歷史檔案館藏《錄副奏摺》，檔號：3－129－6430－31。

〔註 29〕王鐵崖：《中外舊約章彙編》（一），三聯書店，1957 年，第 41 頁。

暫緩填簿，免致填入後礙難更易，須俟秉公覈斷明晰，再為登填。上海新關開始運作時還「雇募貼寫四名，每日登記貨稅銀數，月季造冊呈報」。〔註30〕因此何桂清稱：「江海關徵收夷稅，向由夷商將貨物清單報明領事，轉報海關稽徵，明立文案，中外皆有冊可稽」。〔註31〕咸豐六年福州將軍在覆查南臺水口有無減稅偷漏情形時，還曾派人「檢齊上年徵收夷稅紅簿票根」，發現「覆覈所送報簿及洋行報稅總簿，數目亦俱相符，其為並無減價短徵已屬可信」。〔註32〕

稅務司制度建立後，圍繞著登簿錄稅的問題，地方官員與稅務司之間產生了一些摩擦。咸豐十年五月耆齡摺：「赴各洋船並洋行查貨，均繫夷人前往，本關書吏僅憑夷人口報稅銀數目登簿，有無以多報少情事，無從稽考。」〔註33〕咸豐十一年八月文清奏：「自定章程以來，皆由該司稅（指華為士）自行查驗，所有原設各驗卡概不准查驗戳記，即南臺大關亦毋庸點驗，只於每日封關後由該司稅開具本日共徵稅銀數目，送關呈閱，似此稅數既任其開報，貨物又歸其包攬，誠恐以多報少，弊竇叢生」。「該稅司欲將南臺口完稅紅單印給空白，聽該司隨時填用。查紅單係稅務要件，未便印給空白，聽其填用，使關務更無把握，當即批駁」。〔註34〕以上資料說明，稅務司制度草創時期，在稅簿、單證的使用權限、登簿錄稅的職責方面，地方官員與稅務司存在分歧，雙方還需要一段時間的磨合。

《天津條約》所商定的賠款償還辦法實行後，海關洋稅開始按結扣還英法戰爭賠款。每一結期結束，各關稅務司總要與監督覈對賬目，確定該期的應還額，稅收確數已為稅務司所準確偵知，監督無可隱瞞。這樣，作為一貫高高在上，不知關稅底細的清廷，也可藉此「以扣款之多少，覈稅款之贏絀」，原來與常稅一樣利用三簿來考覈各關的做法顯得沒有意義。同治二年，經戶部奏准，洋稅改題為奏，停止洋稅親填等簿及題本。〔註35〕至此，洋稅開始

〔註30〕道光二十四年三月十九日孫善寶奏，蔣廷黻輯：《籌辦夷務始末補遺》（道光朝）（第三冊），北京大學出版社，1988 年，第 947 頁。

〔註31〕何桂清咸豐八年九月初三日摺，《籌辦夷務始末》（道光朝）（卷 70），中華書局，1964 年，第 2777 頁。

〔註32〕咸豐六年五月二十七日有鳳奏，蔣廷黻輯：《籌辦夷務始末補遺》（咸豐朝）（第一冊），北京大學出版社，1988 年，第 452～453 頁。

〔註33〕《籌辦夷務始末》（咸豐朝）（六），中華書局，1979 年，第 1962 頁。

〔註34〕《籌辦夷務始末》（咸豐朝）（二），中華書局，1979 年，第 611～612 頁。

〔註35〕同治三年十月初一日戶部奏，蔣廷黻輯：《籌辦夷務始末補遺》（同治朝）（第

實行以簿冊與海關單證相結合的報關制度和登稅方法。

洋稅的登錄建立在一整套海關單證的基礎之上。所謂海關單證，是指海關針對商人報關納稅所使用的一系列原始憑證。晚清各海關洋稅普遍實行的重要單證及其功能大致如下：

「艙口單」（Shipping order）：即裝貨清單。單上注明船主姓名、國籍、船名、船之種類及噸位，所帶各貨件數，或斤兩、或長短、或價值。該單由商人連同船牌遞交本國領事館，再由領事轉呈海關，請求驗貨。

「報單」（Application），又名請驗單。單上詳細羅列船隻所載進出口物品品名、產地、件數、重量以及價值，由商人上報正關總局，以便稅關驗貨估稅。根據貨物來源或去向的不同，又分為「進口報單」（Import Application）、「子口報單」（Transit Application）、「土貨報單」（Outward Transit Memorandum）等。

「起卸准單」（Shipping permit）：即海關准許開艙的證明。憑此，海船可下貨入棧或起貨上船。如船舶因水淺或其他原因，移載貨物於浮船分運時，須呈稅關許可，給領駁貨准單，方准起卸。

「驗單」（Duty Memorandum）。上列進出口物品名稱、件數、重量和價值、應交稅銀。海關員役根據報單驗過貨以後，覈算應納金額發給商人持赴監督開設的海關銀號，交納稅銀以取得號收。根據貨物來源或去向的不同，又分為「進口驗單」（Import Duty Memo.）、「出口驗單」（Export Duty Memo.）、「復進口半稅驗單」（Coast Trade Duty Memo.）、「內地貨稅驗單」（Outward Transit Dues Memo.）。有的海關採用不同的顏色來區分各類驗單，如出口驗單一般為黑字驗單，進口為紅字驗單，進口入內地為藍字驗單。

「號收」（Bank Receipt）。商人在銀號按數交過稅銀後，銀號發給號收。商人持號收赴海關監督呈請查驗。號收上列貨物品名、件數、斤兩、應交稅銀、實納稅銀，並加蓋由海關監督留在銀號的號戳。分「進口號收」（Import Duty Bank Receipt）、「復進口半稅號收」（Coast Trade Duty Bank Receipt）、「土貨出口號收」（Outward Transit Dues Bank Receipt）等種類。

「紅單」（Port Clearance）。商人持號收赴監督處呈驗後，監督填發收訖紅單，給該船主收執。單上開列該船船名船號，計噸科鈔、按貨科稅的數目，分船鈔若干、進口稅若干、出口稅若干、通共完稅若干字樣。

「結關准單」（clearance paper）商人持紅單赴領事處領回船牌，領事發給

二冊），北京大學出版社，1988 年，第 377 頁。

船隻放行單據，就可結關離口。

以上報關單證環環相扣，形成一個封閉的流程，其間的鉤稽關係一目了然，體現出登稅制度的嚴謹周密。據此，我們可大致明瞭當時商人通關程序是：

艙口單、報單➡起卸准單、驗單➡號收、紅單➡結關准單

此外，海關普遍使用的單證還有運照（Conveyance Certificate）、「存票」（Drawback Certificate）、「免單」（Duty-free Certificate）、「派司」（Pass）、「分派司」（Sub-Pass）、「原來派司」（Original pass）、「土貨派司」（Native-pass））、「洋貨入內地稅單」（Inward Transit Pass）、印花（Stamp）等等。其中派司制度只有江海關採用。〔註36〕

有的海關還有具體的規定。如江海關號收與紅單有五日一覈制度。海關憑號收按船彙填紅單，每五日送署覈對一次，做到絲絲入扣，如有假捏號收，一經覈對，立見破綻。〔註37〕在天津關，未領開艙單而擅自下貨者，罰船主銀500元，並將所下之貨入官。江海關關章規定，商船進口，48小時內將船牌及艙口單呈交本國領事官，如無領事可自行遞送，否則議罰；艙口單內所有一切貨物何字號何件數，詳細載明，呈遞假單，船主議罰。不在單內之貨，查出即行充公。〔註38〕

海關統計數據即來源於以上各種單證，其中最爲重要者爲報單、驗單和號收，前者爲貿易統計和貿易報告的數據來源，後兩者爲稅收統計的數據來源。報單是進出口商船所載貨物的明細清單，一般以船隻爲呈報單位，上面有船貨的詳細信息。海關人員估驗無誤後，開出與報單內容相符的驗單，商人執報單、驗單一併赴銀號納稅，報單即留在銀號，再由銀號轉送稅務司，留給海關統計辦公室。海關統計室即以船隻爲單位，將每一船隻所有各報單中各貨細目，逐一摘錄於進出口「總記簿」（Summary book）中。海關總記簿對於相同的貨物並不歸併，至月末或季滿，各關乃將總記簿中的貨物，按國別、進出口、商品種類三種分組標誌進行歸類，謄入「摘要簿」（Posting book）中。〔註39〕當商

〔註36〕華民：《中國海關之實際狀況》，神州國光社刊，民國二十二年，第87頁。

〔註37〕太平天國歷史博物館編：《吳煦檔案選編》（六），江蘇人民出版社，1983年，第339頁。

〔註38〕Regulations, General and local customs, harbour, Etc., 1859～99, Shanghai, Statistical department of the Inspectorate general of customs, 1901, pp38.121.

〔註39〕鄭友揆：《中國近代海關貿易統計的編製方法及其內容之沿革考》，《社會科學雜誌》，第5卷第3期（1934年9月）。

人持驗單在海關銀號繳納關稅的時候，銀號中有監督特派的書辦（Shupam，民國元年後稱錄事），要將驗單內容完整抄錄兩次，一次抄錄在銀號收稅底簿中，一次抄錄於號收上，前者即成為稅務司的稅收日徵細冊的底本，而後者即由商人持往海關監督，海關監督見到號收後即據此開出紅單，由商人收領，而紅單底簿即為海關監督統計洋稅的依據。由於當時的單據抄錄工作都靠手工，一筆驗單要錄寫多次，文案工作著實繁重。為提高錄稅效率，光緒二十九年十一月，鎮江關稅務司率先改良號收，指示銀號見到驗單後，只要在其正本上加蓋印章後就以示收訖。這樣，蓋章的驗單即成為號收。海關錄事只需抄錄驗單一次即可完成登稅工作，此舉可以大大減少海關文案人員的工作量。總稅務司指令各關根據各自的情況予以推廣。〔註40〕

第二節　欽定與協定：兩種稅則的適用

稅則，是關稅制度的重要組成部分，在清代文獻中一般稱為關稅則例，它由稅種、稅率、稅目、計稅標準等要素構成。由於晚清海關事實上已存在兩種権稅體系，因此在稅則上也分為欽定稅則和協定稅則兩種。常稅的徵收實行欽定稅則，洋稅的徵收實行協定稅則。

所謂欽定稅則，或稱戶部稅則、常關稅則〔註41〕，是由大清王朝自主制定的稅則，它體現了關稅的自主性。但清代各常關稅則並不統一，稅種各異，稅率差異很大。協定稅則，顧名思義，即一國關稅稅則，必須由有約國共同協商產生，即所謂的「秉公議定則例」，它來源於中英《江寧條約》第十條，由於清政府的顢頇無知和列強的得寸進尺，造成了片面協定關稅的現實。本節擬從稅種與稅率兩方面來探討以上兩套稅則的差別。

一、稅種之別

晚清常稅稅種，基本沿襲清前期的権關則例。主要有：

1. 貨稅，常關正稅之一種，是對進出口貨物所徵的從量稅，「凡商船出洋進口各貨，按斤科稅者為多，有按丈、疋、個、件者，各因其物，分別貴賤

〔註40〕《通令選編》（第一卷），第499頁。
〔註41〕貫士毅稱其為「國定稅則」，可參貫士毅著：《關稅與國権》第一編，上海商務印書館民國十八年版，第4頁。

徵收。」〔註 42〕清季常稅則例，各關不同，如在粵海關的稅則中，進出口貨物分爲衣物、食物、用物和雜貨四大類，前三類中的每種物品，分別按斤、丈、件、疋等爲單位，列有具體的稅額；雜貨類中除了某些特殊物品規定具體稅額外，其餘物品一律「每百斤稅二錢」。這種貨稅稅率，沒有進口與出口區別，並且「許多課物照件數課稅，不管它的長短、寬窄、單幅或雙幅，所課相同」，其不合理性顯而易見。並且，向來貨物報關皆有折扣，或八折、七折至五、六折不等。〔註 43〕在浙海關，大關出口入口貨稅稅例，每百斤作八十斤，散倉貨物，丈量深寬及長，因乘加算，計斤科稅。〔註 44〕江海關常稅稅則，共 28 門 680 餘種，以五、六、七、八折徵收，並有例免例優之條，安南商船貨稅進口出口，俱以七折徵收；東洋商船貨稅進口以六折徵收，出口不論貨物，概收銀 120 兩；閩廣商船貨稅進口出口，自三月至八月，以七折徵收，九月至二月以五折徵收；山東、關東商船貨稅並各口貨稅，俱八折徵收；又安南、關東、山東商船貨稅俱以加一優免；東洋閩廣商船貨稅例免五分、優免五分。〔註 45〕常關稅則，歷年久遠，未予修訂，有雍正初年制定的，有乾隆期間制定的，如江海常關稅則，頒自乾隆五十年，到光緒末年還在施行。〔註 46〕這樣從量計稅的弊病就暴露出來，光緒年間的物價較乾隆年間大有漲幅，仍然延用舊的稅則，稅項既日見短絀，商家負擔，也不得其平。

2. 船料，常關正稅之一種，亦稱梁頭稅，由丈量船的梁頭來確定稅的等級，以便輸費，所以西方人乾脆稱之爲「丈量費」（Measurenment Fee）。清代並不是所有的榷關均可徵收船料，但對於閩、粵、浙、滬等重要的海關來說，船料均構成其徵課的重要內容。

五口通商以後，船料的徵收對象僅爲本國民人的帆船。各海關對船料的課徵標準不一，粵海關對本國出洋貿易船隻及沿海貿易船隻徵收船料，出洋船隻的鈔額較洋船爲低，大約相當同等外國船隻的 20%。〔註 47〕至於其他沿海貿易船隻，其鈔額更低，如對沿海貿易的槳艍船，一年兩次徵收，五尺至

〔註 42〕光緒朝《清會典事例》（卷 235），中華書局影印，1991 年，第 777 頁。

〔註 43〕《申報》，1886 年 9 月 2 日。

〔註 44〕光緒朝《清會典事例》（卷 235），中華書局影印，1991 年，第 774 頁。

〔註 45〕〔清〕應寶時修，俞樾纂：《上海縣志》（卷二，建置），同治十一年刊本，成文出版社影印，第 180 頁。

〔註 46〕江蘇省蘇屬清理財政局：《蘇屬財政說明書》（刻本），光緒三十三年，第 4 頁。

〔註 47〕廣州市社會科學研究所編：《近代廣州外貿研究》，科學普及出版社廣州分社，1987 年，第 184 頁。

七尺九寸，每尺納三錢；自八尺起，比照鹽船例遞加科算，沿海民間日用糊口貿易小船則不徵。〔註48〕本國出洋船隻的徵鈔標準如下表2.1：

船別	一等船船鈔	二等船船鈔	三等船船鈔	四等船船鈔
課徵	闊二丈二尺，長七丈三尺以上，每平方丈徵銀十有五兩	闊二丈，長七丈以上，每平方丈十有三兩	闊一丈八尺，長六丈以上，每平方丈十有一兩	闊一丈六尺，長五丈以上，每平方丈九兩

資料來源：光緒朝《清會典事例》（卷235），中華書局影印，1991年，第777頁。

　　閩海關的梁頭丈量，則採取減折辦法，如梁頭寬七尺以外，則作五尺二寸，八尺以外，作五尺四寸，等等，各號海船，每尺科稅銀五錢，一年兩次徵收。小商漁船，同樣減折，但每尺徵銀三到五錢不等。〔註49〕

　　《長江通共章程》第六款載：凡洋商雇傭內地船隻運貨者，仍照內地船例完納船料。但這一規定並不被嚴格遵守。如華商投託洋行，用土船裝貨，在江漢關報完洋稅一次，到九江關查驗放行，經過常關釐卡，向不完納鈔釐。〔註50〕由此也導致常洋兩關為船料徵收權問題而爭論不已。

　　3. 雜稅，這是正稅之外加徵的，也是清季海關最為複雜的一個稅種，屢為中外商民所詬病。雜稅內容複雜，大致可歸類為附加稅和規費兩種。附加稅即是在正稅徵收的同時，附加徵收的那部分稅款，為清廷所允許。如清代各海關普遍徵收的火耗、加平等項。隨著情勢推移，附加稅名目也不斷出現，如光緒十二年粵督張之洞創辦「海防巡輯經費」，光緒十六年李瀚章創辦「臺炮經費」等等。據鄧亦兵的研究，附加稅是清政府規定徵收的一定比例的稅款，主要作為管理稅關的成本開支，在清前期大概占各關稅收的11～24％之間。〔註51〕

　　規費又稱陋規，名目更多，如粵海關雜稅名目有：規禮、火足、驗艙、開艙、押船、丈量、貼寫、放關、領牌、小包、分頭、擔頭、耗羨等項。閩海關的例款，以船例為大宗，有補火、過港、包頭、掛牌、批禮、浮標、賑房、空出各例；次則單禮，凡輪船進口，每棧收紅單禮六千文，出口收單禮三千四百文，零星三十文，駁單同；尺禮，有海蜇及量船之例；印錢，每船

〔註48〕光緒朝《清會典事例》（卷235），中華書局影印，第777頁。
〔註49〕光緒朝《清會典事例》（卷235），中華書局影印，第774頁。
〔註50〕席裕福、沈師徐輯：《皇朝政典類纂》（卷106，洋關稅則），文海出版社印行，近代中國史料叢刊續輯（883），第746頁。
〔註51〕鄧亦兵：《清代前期關稅制度研究》，北京燕山出版社，2008年，第7頁。

一兩四錢；件錢，按件收錢不等；春彩年尾禮，均自十二月至二月初二日止，每船或一兩六或一兩一；花紅，新造新買換桅申舵換槳均有；緣金，每船二角；乾水，每船折百二十文；館前禮，進口時每船一元；頭回禮，初次進口收五百文，等等。〔註 52〕

清廷對陋規的態度較爲模糊，表面上不許可，但實際上默認之。有時又將陋規合法歸公，刻入例則，但陋規一旦歸公例，又會產生一些新的私徵名目，以致附加稅與陋規混同一體。雜稅的濫徵，正如總稅務司所指謫的：「即如一貨，既徵正稅，或另加二三成他項費用，竟有於正稅外另加之稅名多至十餘項者。」〔註 53〕

4. 五十里內常關稅

光緒二十七年八月，總稅務司赫德借接管五十里內常關之機，趁機提出統一常關稅則，一律按照洋關稅則抽收。但清政府對常關稅則的改動頗有顧慮，認爲時機並未成熟，「至於今日貨價高下或有不同，然目前必須循照徵收，倘日後有非量爲加減不可者，屆時再行酌議」。〔註 54〕因此，《辛丑條約》對常關稅則並未提及。光緒二十九年總稅務司再次要求將沿海沿江各常關現用之稅則均行停辦，一律改照海關現行稅則：常關貨稅進出各居其半，其進口稅可按照洋貨光緒二十八年修訂的《進口稅則》所列稅率的一半徵收，出口稅暫照咸豐八年舊的《出口稅則》所列稅率的一半徵收，如此，即可免各處參差之弊。〔註 55〕但赫德的願望並未如願，只有津海、山海、粵海等關先後修改，依據海關稅則，或折半徵收，或改至不相上下，不過各關仍各自爲政，未歸劃一。〔註 56〕因此，本書仍將五十里內常關稅列入常稅系列。

洋稅的稅種，一般可將其歸納爲如下八種，即進出口稅、船鈔、子口稅、復進口半稅、洋藥稅和洋藥釐金、土藥稅和土藥釐金、華洋貨物出廠稅及各項雜款等。〔註 57〕

〔註 52〕經濟學會編：《福建全省財政說明書》（刻本），歲入部關稅類，第 2 頁。

〔註 53〕彭雨新：《清代海關制度》，湖北人民出版社，1956 年，第 41 頁。

〔註 54〕《通令選編》（第一卷），北京：中國海關出版社，2003 年，第 465 頁。

〔註 55〕《通令選編》（第一卷），北京：中國海關出版社，2003 年，第 491～495 頁。

〔註 56〕常關稅則的修訂，迨至民國三年才折中前後各議，參酌津海等關的先例，比照海關稅則折半徵收作爲標準，即值百抽二點五的稅率執行。至此，常關稅則才得以在全國統一。

〔註 57〕湯象龍先生將五十里內常關稅也列入其中（湯象龍編著：《中國近代海關稅收和分配統計：1861～1910》，中華書局，1992 年，第 14～18 頁），本書考慮到，

　　1. 進、出口稅。進出口稅是海關洋稅中最重要的部分。鴉片戰爭因鴉片而起，但中國海關稅則的不明晰與對外商無原則的苛徵，無疑是這一戰爭爆發的誘因之一。戰爭結束以後，雙方轉入商務談判，進出口稅則問題成為最為重要的議題。當時中外雙方立場各異，但有一個共同的願望，那就是「不論稅捐數額多寡，不論是否是進口、出口或子口稅，都必須明確釐定，不得留有些許餘地，聽由地方官吏專擅或任意處理。」〔註58〕新稅則的制定考慮了兩個因素，即，舊稅則所覈准的正稅徵課；官方認可的歸公規費，從而廢除了行之已久的一切非法或額外的苛徵。這樣新稅則實質上是以舊稅則的正稅稅率為標準，並不包括地方私自課徵和例外規費在內，因此有利於洋商。對於清中央政府來說，由於清政府在談判中遵循「增大宗，減冷貨」的原則，只要確保茶葉、棉花兩項的稅率不致降低，其他可以不加計較。而新稅則議定的結果，並沒有違背清政府的願望，耆英曾就此揣算過，茶葉舊徵正稅及各項歸公規費平均每擔約 0.90 兩，新稅率則為每擔 2.50 兩；棉花舊徵正稅及各項歸公規費每擔 0.21 兩，新稅率則為每擔 0.40 兩。因此他曾樂觀地預計：「即此兩宗已足抵粵海關歲入正額盈餘之數」。〔註59〕

　　新稅則分為出口、進口兩部分，出口稅則分 12 大類，68 個稅目；進口稅則分 14 大類，104 個稅目。大部分稅目為從量稅，少數為從價稅。屬於從價稅的，稅率分為「值百抽十」與「值百抽五」兩個稅級。如果用今天的眼光對這一稅則加以考量，難免會有苛求古人之嫌。因為當時的中國還是個純粹的農業國家，並沒有自己的工業體系，當局者不可能想到會利用稅則或貿易政策來保護本國的民族產業，他們首先所想到的只能是帝國國庫的收入。但是有一點確是清政府的難辭之咎，那就是協定關稅的產生。

　　《江寧條約》第十條：「俾英國商民居住通商口岸之廣州等五處，應納進口、出口貨稅、餉費，均宜秉公議定則例，由部頒佈曉示，以便英商按例交納。」〔註60〕「秉公議定則例」這一條款在英文本中是這樣表述的：「a fair and

　　　　光緒二十七年以後，五十里內常關稅雖由稅務司兼管，赫德也曾打算對常關稅則進行修正，但願望並未實現。因此，迨至清末，五十里內常關稅其性質仍屬常關稅，故仍將其列入欽定稅則中。

〔註58〕〔美〕萊特著；姚曾廙譯：《中國關稅沿革史》，北京：三聯書店，1958 年，第 6 頁。

〔註59〕《撫遠紀略》，粵東復市第四，轉引葉松年：《中國近代海關稅則史》，上海三聯書店，1991 年，第 32～33 頁。

〔註60〕王鐵崖：《中外舊約章彙編》（第一冊），三聯書店，1957 年，第 31 頁。

regular Tariff of Export and Import Customs and other Dues」，即公平而正規的進出口稅則，從字面上找不到任何協定稅則的含義，更沒有後來的「值百抽五」的硬性規定。但這一條款經過後來其他條約的演繹，竟衍生出一個超出文本意義之外的條款即協定關稅。道光二十四年五月中美《望廈條約》規定：「所有貿易及海面各款恐不無稍有變通之處，應俟十二年後，兩國派員公平酌辦」。〔註61〕道光二十四年九月中法《黃埔條約》第六款：「如將來改變則例，應與佛蘭西會同議允後，方可酌議」。〔註62〕咸豐八年五月中英《天津條約》將其發揮至極致，第二十六款：「前在江寧條約第十條內定進出口各貨稅，彼時欲綜算稅餉多寡，均以價值爲率，每價百兩，徵稅五兩，大概核計，以爲公當，旋因條內載列各貨種式，多有價值漸減，而稅餉定額不改，以致原定公平稅則，今已較重，擬將舊約重修」。〔註63〕清政府就這樣稀裏糊塗地接受了值百抽五的協定稅則。

根據咸豐八年《天津條約》的精神，同年十月中國與英法美三國分別簽訂《通商章程善後條約·海關稅則》，對道光二十二年稅則進行了第一次修訂。進口稅方面，仍分 14 大類，稅目由原來的 104 個，增加到 177 個，出口稅則仍分 12 大類，稅目由原來的 68 個，增加到 174 個。〔註64〕以上稅目，如果是從價計徵的，大部分均按值百抽五折算爲從量稅。

咸豐八年稅則一直沿用到光緒二十八年〔註65〕，爲使庚子賠款落到實處，列強成立「修訂稅則國際委員會」，對洋關稅則作了第二次修訂，將進口稅全部改爲從量稅，分爲 17 大類，新添 13 類，稅目設置爲 682 個，新增 505 個。〔註66〕輸入稅率實行切實值百抽五，其稅率之標準，將光緒二十三到二十五年三年間各商品價格，以其百分之五爲之。但這次修訂並未針對出口稅則。

2. 船鈔。船鈔是針對於貿易船隻所徵的一個稅種，對本國民船所徵的爲船料，對洋船所徵的爲船鈔。粵海關對夷船所徵船鈔過重，成爲外商喋喋不

〔註61〕王鐵崖：《中外舊約章彙編》（第一冊），三聯書店，1957 年，第 56 頁。
〔註62〕王鐵崖：《中外舊約章彙編》（第一冊），三聯書店，1957 年，第 59 頁。
〔註63〕王鐵崖：《中外舊約章彙編》（第一冊），三聯書店，1957 年，第 99 頁。
〔註64〕葉松年：《中國近代海關稅則史》，上海三聯書店，1991 年，第 51～52 頁。
〔註65〕趙淑敏注意到，咸豐八年至光緒二十八年之間，雖未經過全面性的稅則修訂，但期間有過幾次局部修訂，如同治元年的《俄國續增稅則》的簽訂，同治八年的中英新修稅則，同治十年、光緒二十一年的中日修訂稅則等。參趙淑敏：《中國海關史》，臺灣中央文物供應社發行，1982 年，第 64～65 頁。
〔註66〕葉松年：《中國近代海關稅則史》，上海三聯書店，1991 年，第 148 頁。

休的一個話題。道光二十二年中英《虎門條約》摒棄了過去那種丈量梁頭和等級計稅的做法，改爲按船的噸位納課，將船隻分爲兩種級別，一百五十噸之上每噸納鈔銀五錢，不及一百五十噸的船隻則每噸納銀一錢。〔註 67〕所有納鈔舊例及進出口日月規費均行停止。自此，船鈔又稱噸鈔或噸稅。中美《望廈條約》認同這一做法，但增列一項但書：凡船隻在本港納鈔，貨未全銷而載往別口，如有海關證明，可免再納船鈔。〔註 68〕中法《黃埔條約》也步趨中美條約的後塵，進一步要求：船舶在寄港四十八小時之內可不繳納船鈔，甚至聲稱：「法蘭西船，從外國進中國，只須納船鈔一次」。〔註 69〕

應該說修改後的船鈔稅率，比過去已經低得很多，但外國人的「口味因飽嘗美味而日益提高」，「像這樣輕微的一種稅率，竟在不幾年之內又被某些方面視爲苛重了」。〔註 70〕咸豐八年中美《天津條約》對此又加以變通，規定：一百五十噸以上的船隻降至四錢，不及一百五十噸的仍爲一錢。〔註 71〕英法兩國都認同中美《天津條約》的條款〔註 72〕，但中法《天津條約》仍追加了一條：「倘大法國商人雇賃中國船艇，該船不輸船鈔」。〔註 73〕

由於外國人當時未取得在中國沿海貿易的權利，因此中美《天津條約》並未對船鈔的免重徵問題加以規定，但這種免重徵的特權在中英《天津條約》裏便不可避免地加以具體化，規定船鈔免重徵的期限以四個月爲期。〔註 74〕法國駐上海領事更是聲稱：中國海關不得向法國船徵收一次以上的船鈔，不論它在中國沿海口岸間繼續貿易多少年。總理衙門駁斥這種解釋，指明條約並沒有給予從事通商口岸間沿岸轉運土貨的權利，所以《中法條約》中的船鈔條款是僅指中國和外國間的貨物直接轉運而來的。法國公使在他的覆文中，辯稱《中英條約》所允准的四個月限期的規定就是暗指沿岸貿易而言。〔註 75〕文書往來辯

〔註 67〕 王鐵崖：《中外舊約章彙編》，三聯書店，1957 年，第 38 頁。

〔註 68〕 王鐵崖：《中外舊約章彙編》，三聯書店，1957 年，第 52 頁。

〔註 69〕 王鐵崖：《中外舊約章彙編》，三聯書店，1957 年，第 60 頁。

〔註 70〕 〔美〕萊特著；姚曾廙譯：《中國關稅沿革史》，北京：三聯書店，1958 年，第 198 頁。

〔註 71〕 王鐵崖：《中外舊約章彙編》，三聯書店，1957 年，第 100 頁。

〔註 72〕 中法《天津條約》仍載船隻在一百五十噸以上者納鈔五錢，法方認爲這是錯載字樣，後在中法《續增條約》中改爲四錢（王鐵崖：《中外舊約章彙編》，三聯書店，1957 年，第 148 頁）。

〔註 73〕 王鐵崖：《中外舊約章彙編》，三聯書店，1957 年，第 109 頁。

〔註 74〕 王鐵崖：《中外舊約章彙編》，三聯書店，1957 年，第 100 頁。

〔註 75〕 〔美〕萊特著；姚曾廙譯：《中國關稅沿革史》，三聯書店，1958 年，第 199

駁的結果，就是同治四年八月《更定法國商船完納船鈔章程》的出臺，該章程規定「大法國商人雇傭中國船艇，亦按四個月納鈔一次」。〔註 76〕法國政府雖作了這一讓步，但作爲這項讓步的交換條件是：凡懸掛法國旗的船舶，得按照往來中國通商各口和香港間的船舶那種繳納船鈔的同樣條件，往來於中國通商各口和法屬交趾支那各口以及中國通商各口和日本各口之間。〔註 77〕該條款實質上承認了外國船隻在中國沿海口岸的自由貿易特權。

但是，船鈔的問題並未就此理順。外國人取得沿海貿易的權利後，船鈔的徵收更爲複雜和混亂。1. 船鈔是以噸計稅的，但各國的度量衡並不一致，如當時有英國噸、奧國噸、意國噸、布國拉司等不同的計量單位。2. 徵免章程互異。按照國際慣例，在一些特殊情況下可以免徵船鈔。同治五年清政府就應德國公使的要求，制定《洋商躲避收口船鈔分別徵免章程》兩條。〔註 78〕但應徵應免，各國條約定議不一。〔註 79〕同治十三年，有德國商人加羅威治雇傭華船，拒納船鈔，德國領事甚至宣稱，完船鈔章程是法國之事，與德國無涉。〔註 80〕3. 外商雇傭華船是否納鈔，在洋關交納還是在常關交納？甚至發生英德兩國商人運貨進口，均用華船裝貨，一到常關納稅，一到新關納稅，彼此互異。光緒三年正月，英國人租湖廣鴉稍划船一隻，從南京經過蕪湖關，船戶拒納船料，也引起中外爭執。〔註 81〕在此背景下，1882（光緒八）年 7月《續定各項船鈔分別徵免章程》十一條出臺，其中對於量船問題作了規定，噸數以英國噸爲準，每百十立方英尺爲一噸，其他國家的噸數應與英國噸換算，換算關係爲日國噸數×100÷100 等於英國噸；法國、美國噸數同日國；奧國噸數×82÷100 等於英國噸；意國噸數×89÷100 等於英國噸；布國拉司×115÷100 等於英國噸。對於洋商雇傭華船納鈔問題，規定：凡有洋商雇傭

頁。

〔註 76〕 王鐵崖：《中外舊約章彙編》，三聯書店，1957 年，第 228 頁。

〔註 77〕 〔美〕萊特著；姚曾廙譯：《中國關稅沿革史》，三聯書店，1958 年，第 199頁。

〔註 78〕 《約章成案彙覽》乙篇，卷 18 上，續修四庫（875），上海古籍出版社，2002年，第 576 頁。

〔註 79〕 席裕福、沈師徐輯：《皇朝政典類纂》（卷 106，洋關稅則），文海出版社印行，近代中國史料叢刊續輯（883），第 731 頁。

〔註 80〕 《約章成案彙覽》乙篇，卷 18 下，續修四庫（875），上海古籍出版社，2002年，第 587 頁。

〔註 81〕 席裕福、沈師徐輯：《皇朝政典類纂》（卷 106，洋關稅則），文海出版社印行，近代中國史料叢刊續輯（883），第 747 頁。

內地船隻，在長江一帶運貨者，該船在口，仍照內地船隻應納船料；若在沿海通商各口來往者，其船即應按照洋船納鈔之例，一律赴新關輸納。〔註 82〕至此，船鈔的徵收稅則最終確定下來，終清一代，並無大的改動。

3. 子口稅。子口稅是指洋貨（除洋藥外）進口銷往內地，或土貨出口運往外洋，除在口岸交納進、出口正稅外，另外還必須補納貨值百分之二點五的內地稅，因該稅是正稅的一半，又稱子口半稅。從性質上來看，子口稅是一種內地通過稅，故英文稱之爲 Transit Duty；又因爲徵收子口稅的目的是爲了替代內地稅捐（主要是常關稅和釐金），因此子口稅又稱「抵代稅」（Commutation Charge）。

子口稅制度的形成，有一個醞釀過程。1840（道光二十）年 4 月英國首相巴麥尊（H.J.T.Palmerton）在致在華全權代表懿律（George Elliot）和義律（Charles Elliot）的第十一號訓令中，要求他們在締結條約時，做到這樣一條規定：英國貨物交納進口稅後，運往內地，中國皇帝的官員不得再徵任何的稅。如果得不到這樣的承諾，至少有這樣的一個條款，即對於這些轉運的貨物，確定另加某種固定的稅率，「這種稅率總計起來不超過貨物價值的某種不高的百分比，或者相當於進口稅的某種確定的比率。」〔註 83〕巴麥尊的意見在道光二十二年中英《江寧條約》中得到反映。該條約第十款中議定：英國貨物在某港按例交納稅後，即准由中國商人遍運天下，而路所經過稅關不得加重稅例，只可按估價則例若干，每兩加稅不過分。〔註 84〕但這樣的表述含混不確定，實應上稅若干，未有載明，難以使英國人放心。道光二十三年五月中英之間專門就此問題發表聲明，再一次強調：洋貨各稅，照舊輕納，不得加增。〔註 85〕英國人之所以未堅持對子口稅制定一個確定的稅率，實在於當時中國內地關稅定例本輕，還沒到那種非限制不可的地步。

釐金制度的創設及其推廣，使中國內地稅卡林立。釐金稅率雖不高，但一物數徵以後，稅率自然擡高，顯然於洋貨大有關礙，外商嘖有煩言，謀求

〔註82〕 席裕福、沈師徐輯：《皇朝政典類纂》（卷 106，洋關稅則），文海出版社印行，近代中國史料叢刊續輯（883），第 730、734 頁。

〔註83〕 Prival and Confidential, Correspondence Relatie to the Affairs of China, 1839～41，載姚賢鎬：《中國近代對外貿易史資料》（第二冊），中華書局，1962 年，第 809 頁。

〔註84〕 王鐵崖：《中外舊約章彙編》（第一冊），三聯書店，1957 年，第 32 頁。

〔註85〕 王鐵崖：《中外舊約章彙編》，第 33 頁。

條約加以保護。咸豐八年五月中英《天津條約》解決了這一問題，第二十八款載：洋貨欲進售內地，倘願一次納稅，免各子口徵收紛繁，准照行此一次之課。所徵若干，綜算貨價為率，每百兩徵銀二兩五錢。〔註86〕

　　子口稅有進口、出口兩種。前者涉及通商口岸與內地市場之間的洋貨運送，後者涉及內地市場與通商口岸之間土貨出口的運送。兩者均從價課徵，值百抽二點五。洋貨運往內地，在進口海關一次完納進口稅和子口稅後，海關即發給「洋貨運入內地之稅單」（Transit Pass Inwards），商人持單呈驗，所過關卡免徵；土貨由洋商運出內地，由商人請領「購買土貨報單」（Transit Pass Memorandum）。該單一式三聯，經過第一子口時，將三聯呈交，第一聯由驛送出口海關查覈，第二聯送海關監督，第三聯留存子口備查。至於子口稅款的交納，《天津條約》規定在路上首經之子口輸交，即由內地常關或釐卡處收納，但在中英《通商章程善後條約：海關稅則》中改為至最後子口，先赴出口海關報完內地稅項，方許過卡〔註87〕，即直接向海關交納。這一改動意味著，子口稅源由地方政府手中，轉而控制於中央。

　　子口稅原是洋商的特權，華商不得享受。但事實上洋貨內銷和土貨外運，主要由洋商委託華商經營。這樣，華商可以從洋商手裏高價購買子口稅單，以洋商的名義自主經運貨物，免除「逢關納稅，遇卡抽釐」，而洋商也可坐享利潤，樂而從之。這種弊端終於促成制度的變革。光緒二年中英《煙臺條約》規定：嗣後各關發給單照，「不分華、洋商人，均可請領，並無參差」。〔註88〕但《煙臺條約》惠及華商的子口稅特權只限於洋貨內運，至於土貨出口的三聯單和運照，仍為洋商所獨有，華商無權請領。況且這一條款當時僅是具文，直到光緒六年總理衙門才正式允准華商可請領「洋貨入內地稅單」。〔註89〕

　　清政府之所以在子口稅問題上如此謹慎從事，實由於子口稅與內地釐金互為消長，於地方利益關係甚巨。《煙臺條約》中有關華商可以請領洋貨入內地稅單的規定出臺後，李鴻章就曾發表這樣的議論：「華洋各商均准正子並交，請領子口稅單，概不重徵，不但口岸釐金無可抽收，內地釐卡亦須一律

〔註86〕王鐵崖：《中外舊約章彙編》（第一冊），第99～100頁。

〔註87〕王鐵崖：《中外舊約章彙編》（第一冊），第118頁。

〔註88〕王鐵崖：《中外舊約章彙編》（第一冊），第349頁。

〔註89〕1880年11月4日總稅務司通箚第119號，《通令選編》（第一卷），中國海關出版社，2003年，第240頁。

驗免，釐金絀則餉源立絕，恐關稅所入不足以挹注，殊堪焦憂」。〔註90〕可見子口稅制度的更張對地方利益的震撼。

三聯單制度仍被保留下來，其弊端也愈演愈烈。洋商動輒請領，而領事則隨意簽發，造成三聯單的泛濫。英領事承認，在漢口，以專門出售子口稅單爲業的洋行就有六家。在上海，三聯單可標價出售，最高每張可售價五兩。〔註91〕有鑒於此，光緒二十二年總理衙門奏請，三聯單的請領才推及華商。至此，至少從政策上而言，在交納內地稅還是子口稅問題上，華商與洋商具有了平等的選擇權。

4. 復進口半稅。內地關稅之一種，稅務司魏爾特將其定義爲：「凡在國內消費之已完出口稅的本國貨物，於到達指運之通商口岸進口時，按當時出口稅率半數收復進口稅。其性質實即沿海、沿江、沿河子口稅。」這種關稅英文稱爲進口半稅（half import duty' 或 coast duty'）漢文稱爲復進口半稅（a half duty on reimportion）；日本學者高柳松一郎稱之爲「沿岸移出入稅」（Coast Trade Duties）。〔註92〕由於洋貨進口，納一次進口稅，再轉運他口，有免單可憑，即免再納稅，無復進口半稅之說。〔註93〕因此，復進口半稅僅針對洋船對土貨的沿海載運。

復進口半稅與中國沿岸貿易權的喪失關係密切。儘管五口貿易章程規定外國船隻可以在沿海通商口岸「貿易往來，俱聽其便」，但僅指載運洋貨而言，而洋船對於土貨的沿岸運載，雖然行之已久，中外各方均視爲故習，甚至在有些海關，土貨由洋船從一個口岸載運到另一個口岸，與洋貨享受同樣的免重徵待遇。但儘管如此，《江寧條約》與《天津條約》均未給予這種貿易行爲合法地位。爲使這種既成事實「以專款予以保障和確定」就成爲必要，咸豐十年赫德晉京覲見恭親王，提交「外國船載運土貨往來之論」呈文，試圖解決這一問題。最後商定：洋船載運土貨出口而復進口者，仍應納稅。〔註94〕

〔註90〕光緒二年閏五月十五日論赫德勸結滇案條議，《李鴻章全集》（6）（譯著函稿，卷五），海南出版社，1997年，第3039頁。
〔註91〕葉松年：《中國近代海關稅則史》，上海三聯書店，1991年，第82～83頁。
〔註92〕〔日〕高柳松一郎著、李達譯：《中國關稅制度論》，近代中國史料叢刊，臺北：文海出版社有限公司印行，第175頁。
〔註93〕洋貨納稅，進口不售，復運往他口，始在三年以外，亦徵復進口半稅，然不恒有。
〔註94〕咸豐十一年五月恭親王等奏，《籌辦夷務始末》（咸豐朝）（卷79）（第八冊），中華書局，1979年，第2617頁。

這無疑默認了洋船載運土貨的沿海貿易權。咸豐十一年九月，復進口半稅的規定載入《通商各口通共章程》第二款：洋商由上海運土貨進長江，應在上海交本地出口之正稅，並先完長江復進口之半稅。這是復進口半稅名目的第一次出現。但從字面上推斷，這一稅種僅適用於上海口岸。而且不管貨物目的地是長江那個口岸，復進口半稅均在出口海關江海關徵收。同治元年修訂的《長江收稅章程》載：洋船裝運土貨，應於裝貨口岸先將正稅、半稅一併完清。納稅地點已不限上海一口，而推及長江其他裝貨口岸。同治二年中丹《天津條約》進一步將這種特權加以條約化，其四十四款稱：「丹國商民沿海議定通商各口載運土貨，約准出口先納正稅，復進他口再納半稅。後欲復運他口，以一年爲期，准向該關取給半稅存票，不復更納正稅。嗣到改運之口，再行照納半稅」。〔註95〕這樣復進口半稅的徵收從長江推及沿海各通商口岸。但長江各口復進口半稅的徵納辦法仍與沿海有別。光緒二十四年對《長江通商章程》進行了修改，裝貨前預付之土貨復進口半稅規定被廢除，貨物到岸才報驗、納稅。〔註96〕這一措施於 1899（光緒二十五）年 4 月 1 日實行。這樣，長江各口復進口的徵收與沿海各口岸徵收辦法完全一致了。

復進口半稅的特權開始是洋船的專利，同治十二年輪船招商局參與沿海貨運。由於輪船招商局被視同洋船，其納稅和洋船一樣由海關稅務司管理，因此也享受復進口半稅的待遇。

5. 洋藥稅與洋藥釐金。洋藥即進口鴉片。早在嘉慶年間，各海關私徵鴉片稅的情況就屢見不鮮，鴉片稅以釐捐的形式最早發端於上海，但當時只是一種地方性政策，並不合法。咸豐八年十月中英《通商章程善後條約.海關稅則》規定：「洋藥准其進口，議定每百斤納稅銀三拾兩」，鴉片收稅之後，洋商只准在口岸銷賣，「一經離口，即屬中國貨物；只准華商運入內地，外國商人不得護送」，內地「如何徵稅，聽憑中國辦理」。〔註97〕《海關稅則》基本確立了稅釐分徵的納稅體制，即稅納於關，釐納於卡。洋藥本係洋貨，其進口稅自然由洋關徵收，但一旦洋藥轉手到華商手裏，則就和土貨無異，何處

〔註95〕 王鐵崖：《中外舊約章彙編》（第一冊），北京：三聯書店，1957 年，第 203 頁。

〔註96〕 1898 年 12 月 13 日總稅務司署通令 868 號，《通令選編》（第一卷），中國海關出版社，2003 年，第 414 頁。

〔註97〕 王鐵崖：《中外舊約章彙編》（第一冊），北京：三聯書店，1957 年，第 117 頁。

徵稅，何處納釐，則由常關與釐局過問。隨著洋藥進口稅的開徵，洋商開始抱怨中國內地釐金太重，礙及洋藥運銷，外國領事直接出面干涉，咸豐十一年上海英領事密迪樂（Thomas T. Meadows）就曾公開阻撓洋藥稅的徵收，致使華商互相觀望，稅釐無從征辦。稅釐分征將洋藥稅納入合法、規範化的軌道。它明確規定洋藥進口稅的統一稅率和徵收章程，但對於各省所徵洋藥釐捐，並未進行詳細的設定，結果導致了地方之間的稅源爭奪。各關口唯恐彼盈此絀，暗地減成徵收，以示招徠。地方之間的爭利，導致稅收的流失。洋藥釐捐，原定本較洋稅爲重，但根據各省上報的數字，全國總計所收洋藥釐金竟遠不及進口洋藥稅一半。〔註98〕稅釐分徵所造成的混亂局面，迫使清中樞機構不得不謀求更爲穩妥的方法，於是稅釐並徵的議案便正式拿到桌面。但由於稅釐分徵是由條約規定，所以要想變動徵稅方法，必須更動條約，和外人協商。1885（光緒十一）年7月18日中國與英國政府簽訂《煙臺條約續增專條》，規定：洋藥運入中國者，應由海關驗明，封存在海關准設具有保結之棧房，或封存具有保結之躉船內，必俟按照每百斤箱向海關完納正稅30兩，並納釐金80兩之後，方許搬出。〔註99〕又經過總稅務司赫德從中斡旋，以犧牲澳門主權的代價，換取葡澳當局同意洋藥稅釐並徵的方案。於1887（光緒十三）年2月1日在各通商口岸由稅務司正式開辦。所謂稅釐並徵，就是洋藥進口時，其進口稅、常關稅和內地釐金統由洋關在入口處一併徵納，從而改變了此前「稅納於關，釐納於卡」的稅釐分流的徵收方式。鴉片稅釐並徵的推行，使原先歸地方徵收的一大筆鴉片釐金和常關稅，經由稅務司之手，直接控制於中央政府，這在一定程度上調節了日趨下傾的中央與地方的財政關係。

6. 土藥稅與土藥釐金。土藥即國產鴉片。洋藥稅釐並徵後，清廷加緊了對土藥稅釐的整頓。雖然土藥稅釐的徵取地方上行之有年，但並未頒行一個全國性的徵收政策。當時只有洋商經運的土藥，由洋關稅釐並徵，但檢閱關冊可知，此種土藥稅釐僅見於重慶、宜昌、蒙自等不多的內地通商口岸，大部分土藥稅釐仍在地方督撫的掌控之下，而不屬於洋關徵收。

7. 華洋貨物出廠稅。華洋貨物出廠稅在清末是否徵辦，稅史界莫衷一是。

〔註98〕 大學士左宗棠奏請增洋藥土煙捐稅，〔清〕沈桐生：《光緒政要》（卷8），宣統元年上海崇義堂印，第6頁。

〔註99〕 王鐵崖：《中外舊約章彙編》（第一冊），三聯書店，1957年，第471～472頁。

〔註100〕光緒二十一年《馬關條約》第六款規定：日本臣民可在中國通商口岸城邑，任便從事各項工藝製造，又可將各項機器任便裝運進口，只交所訂進口稅。上述機器製造貨物運往中國內地時，應視同進口洋貨，交付百分之五正稅，免納釐金。這一條款，將外資在中國國內設廠製造置於合法地位。總理衙門認識到，一旦允准洋商在中國國內設廠製造土貨，又不能對其像對待中國土貨一樣隨地徵收稅釐，若不加重離廠稅課，則洋商改造土貨，成本既輕，獲利必厚，中國土貨必致滯銷，為「抑洋商之利權，保華商之生計」，光緒二十二年總理衙門奏准：針對外商在華口岸設廠製造土貨，均於離廠之先，仿照洋貨進口例，徵收值百抽五之正稅，再加徵一倍，以抵內地釐金。但總理衙門又害怕洋商藉口，規定：「洋商既加，則華商用機器造貨亦應一律照加。」出廠稅由海關稅務司徵收，於1896（光緒二十二）年7月1日執行。〔註101〕

　　早在光緒八年，上海試辦機器織布局，以擴利源而敵洋產，清政府規定：棉布銷售進入內地，於上海徵收出口正稅外，其在中國其他口岸卸貨者，只完正稅，免徵土貨復進口半稅與全部子口稅。〔註102〕此後各省機器紡織皆援此例。現在貨物出廠稅推及華商，無形中將這一優惠政策取締，華商一下子增加了 5%的稅負，反應激烈，「商情瓦解，上海華商有將自立紡紗巢絲等廠售予洋人，免虧血本。」湖廣總督張之洞也認為：「詳察商情，加稅有損多益少之病」。總理衙門只得遵議暫可緩辦，實際稅率仍按 5%執行。〔註103〕因此，

〔註100〕財政史專家湯象龍、黃天華等著作均未錄入該稅種，周育民書亦持否定意見；而周伯棣：《中國財政史》和北京經濟學院：《中國近代稅制概述》、蔡渭洲：《中國海關簡史》均有此稅名（可參湯象龍《中國近代海關稅收和分配統計》，中華書局，1992年；黃天華：《中國稅收制度史》，華東師範大學出版社，2007年；周育民：《晚清財政與社會變遷》，上海人民出版社，2000年，第465頁；周伯棣：《中國財政史》，上海人民出版社，1981年，第475～476頁；北京經濟學院財政教研室：《中國近代稅制概述》，北京經濟學院出版社，1988年，第28頁；蔡渭洲：《中國海關簡史》，展望出版社，1989年，第112頁。漢學家費維愷通過對張之洞和盛宣懷相關奏摺的考察，推論該稅「至少是在名義上實施了」，見費維愷著，虞和平譯：《中國早期工業化：盛宣懷（1844～1916）和官督商辦企業》，中國社會科學出版社，1990年，第36頁。

〔註101〕1896年7月15日總稅務司署通令730號，《通令選編》（第一卷），中國海關出版社，2003年，第369頁。

〔註102〕1890年12月31日總稅務司署通令528號，《通令選編》（第一卷），第332頁。

〔註103〕席裕福、沈師徐輯：《皇朝政典類纂》（卷105，洋關稅則），文海出版社印行，

貨物出廠稅在清末籌議並開始徵收，但具體徵辦情況較爲複雜。

　　8. 各項雜款。雜款雖不載於稅則，但亦爲政府所默許，也應視爲一個稅種。洋關的雜款主要有：罰款，即罰沒之款；碼頭捐：爲鎮壓太平天國起義，上海、天津、漢口各處，爲籌措海關維持經費，自先後有碼頭捐之征，對輸出、入之貨，按貨值千兩徵一，有免單或免稅之物一律照徵；手續料：商人於海關休日或非辦公時間要求裝卸貨物，必須履行一定手續完納手續料；單照費：有護照、子口稅單各費，以充辦公紙墨等費之需，各關不一律。〔註104〕江海、粵海等關特別准單規費也應屬此類。〔註105〕

二、稅率之差──兼論「封鎖香港」問題

　　常關根據欽定稅則徵稅，洋關根據協定稅則徵收，兩者各行其是，各有統系。常關稅則名爲欽定，實則各省不一，各地不同，甚至壤地相接，往往同一貨物稅率輕重懸殊，如滸墅關於各色洋布以斤爲率，每百斤僅徵銀二錢二分，而北新關洋布則以疋爲率，每疋即徵銀一、二錢不等，倘積至百斤，則銀數加數倍不止。〔註106〕協定稅則則全國統一，稅率穩定，這一點上文已有論述。常關稅則與協定稅則，稅種各異，稅率亦有等差，兩者孰高孰低，歷來爲華洋各商爭訟不休。如外人的評論：

　　　　常關稅率，實較海關爲輕，對於查驗放行，手續亦較鬆懈，且可稍事通融，以故商民趨之若鶩，尤以珠江三角洲常關各卡，特予減輕稅率，以廣招徠，因之海關稅收，大受影響。〔註107〕

中國人的評論：

　　　　初辦釐捐時，洋人之貨亦在各子口徵課，尚無異說。迨咸豐八年十一月，中西重訂條約，始定洋貨土貨願一次納稅，可免各口徵收者，每百兩徵銀二兩五錢，給半稅單爲憑，無論運往何地，他子

　　　　近代中國史料叢刊續輯（883），第 705 頁。
〔註104〕黃序鵷：《海關通志》，商務印書館，民國六年，第 775～781 頁。
〔註105〕1905 年 9 月 4 日通令 1276 號，《通令選編》（第一卷），中國海關出版社，2003年，第 551 頁。
〔註106〕蔣廷黻輯：《籌辦夷務始末補遺》（道光朝）（第四冊），北京大學出版社，1988年，第 419 頁。
〔註107〕聶寶璋：《中國近代航運史資料》（1890～1895）（第一輯，下冊），上海人民出版社，1983 年，第 1288 頁。

口不得重徵，其無半稅單者，逢關過卡，仍照例納稅抽釐，斯乃體恤洋商，恩施格外，較之華商其獲利厚矣。〔註108〕

　　中國原定洋貨稅則過輕，土貨稅則較重，以致華商疲累，難與洋商頡頏。……即如煤斤而論，洋煤每噸稅銀五分，土煤每擔稅銀四分，合之一噸，實有六錢七分二釐，若加復進口半稅，已合每噸銀一兩有奇，盈絀懸殊，至二十倍之多。〔註109〕

中外人士對常洋兩稅稅率高低的看法，竟有如此大的偏差，難免使人產生疑惑。事實上，華洋各貨在稅率上並不存在可以比較的基礎。因為洋貨進口只徵一次值百抽五的正稅，如再加百分之二點五的子口稅，並可遍運天下，無可阻擋。而華商載運土貨，則要逢關納稅，遇卡抽釐，再加上內地稅則並不透明，苛捐雜稅隨意抽收，就某一關而言，稅率可能較洋關為輕，但如累計計算，稅負之重就有過之而無不及了。因此一些需要長途運輸到內地的中國沿海土貨，寧願轉運到香港，換取洋貨資格，以規避常關的重複徵收。如以洋糖為例，所謂洋糖，絕大部分都是中國廣東和臺灣生產的。糖從中國口岸運往香港交納全部出口稅，從香港再運往中國，又作為洋貨另交全部進口稅。如果商人要運往內地，要再請領子口單，交納子口稅，其後便可豁免一切內地稅捐，因此當他運往內地市場時，無論距進口港多遠，只須交納兩次整稅，一次半稅。而土糖從一個口岸到另一個口岸，在出口港交納全部出口稅，在進口港交納轉口稅或半稅，因而比所謂洋糖省一份半稅。但如果再運往內地，不能享受子口稅單的待遇，還要逢關納稅，遇卡抽釐。這些稅捐的總數在某些情況下，可能超過子口半稅的十倍。〔註110〕

　　常洋兩稅稅率高下懸殊，不同稅則的適用，造成嚴重的稅負不公平。避害趣利是商人本性，因此圍繞稅則適用問題，中外各方詞訟不斷，糾紛迭起。而商務糾紛，往往又引起國際之間關係的變動。「封鎖香港」問題即是一例。我們考察這一事件的過程，即可洞悉其中底蘊。

　　國內外學者對「封鎖香港」問題的研究，大都把這一事件與鴉片走私問

〔註108〕 李東沅：論稅務，聶寶璋：《中國近代航運史資料》（1890～1895）（第一輯，下冊），第 1293 頁。

〔註109〕 李鴻章：光緒七年四月二十三日請減出口煤稅片，《李鴻章全集》（3）（奏稿，卷 40），第 1248 頁。

〔註110〕 《北華捷報》，1874 年 10 月 29 日；姚賢鎬：《中國近代對外貿易史資料》（第二冊），中華書局，1962 年，第 831 頁。

題聯繫在一起加以論述。〔註 111〕但威爾特則認為，鴉片走私問題只是封鎖香港問題產生的導火線，並不是它的實質。「封鎖香港」問題的產生，其實質上可以看成是中國政府與港英政府之間關於稅則適用問題的分歧所造成的。正如魏爾特所言：「中國稅收巡邏船停在香港外部水域等待走私者這一事實，並不是香港這杯苦酒的唯一成分，另外還有兩種成分來自香港自己選擇的自由貿易港的地位」。〔註 112〕

　　香港作為「外國口岸」這一外貿角色的認定，是在同治四年。在此之前，香港享有與國內通商口岸相同地位的貿易特權，即來往於香港的中國商品與從一個通商口岸運到另一個通商口岸無異。咸豐十一年秋，總理衙門在與英國公使的會晤中，闡明決定從香港運來的商品應該在通商口岸作為外國運來的貨物處理，課以全額進口稅。〔註 113〕這一動議拖至幾年後才有了結果。1865（同治四）年 1 月 6 日海關總稅務司署通令稱：「香港乃外國口岸。自香港進口貨物應徵收進口正稅，即使該貨物明顯屬中國產品亦應照徵。自香港裝運之貨物應視為已改變原產地，當船隻結關赴香港，其貨物應視同運往外國口岸」。〔註 114〕這無形中就取締了香港與中國沿海非通商口岸貿易往來的合法性。因為按條約規定，外國人只能在中國通商口岸從事貿易活動。當時往來於省港之間的有外國船隻，也有大量的本國船隻，以本地帆船位數最多。新規定實施後，廣東沿海一帶的非通商口岸，雖與香港一水之隔，但如與香港發生合法的貿易關係，必須經由廣州口岸中轉。由此不僅耽擱路程，還遭受稅收的損失。如凡從該省下四府運來土貨到香港的一切沙船，在廣州中轉時，至少必須多交納三項稅款，即向廣州發貨時裝船口岸的常關出口稅，粵海常關的一項特別規費，以及按照協定稅則的粵海關出口稅。〔註 115〕當然，這也

〔註111〕　主要成果如陳詩啓：海關總稅務司對鴉片稅釐並徵與粵海常關權力的爭奪和葡萄牙的永居澳門（《中國社會經濟史研究》，1982 年第 1 期）、陳新文：《「封鎖香港」問題研究（1868～1886）》（《近代史研究》，2003 年第 1 期）、曹英：《兩難的抉擇：晚清中英關於香港在中國沿海貿易中的地位之爭》（《近代史研究》，2007 年第 2 期）等。

〔註112〕　〔美〕魏爾特著、陳敉才、陸琢成譯：《赫德與中國海關》（上），廈門大學出版社，1997 年，第 514 頁。

〔註113〕　〔美〕魏爾特著、陳敉才、陸琢成譯：《赫德與中國海關》（上），廈門大學出版社，1997 年，第 514 頁。

〔註114〕　《通令選編》（第一卷），北京：中國海關出版社，2003 年，第 37 頁。

〔註115〕　〔美〕萊特著，姚曾廙譯：《中國關稅沿革史》，北京：三聯書店，1958 年，第 302 頁。

爲「廣州地方海關提供了無數次行使罰款權的機會」。〔註116〕但與此同時，中國政府一直把澳門當作本國口岸。既是本國口岸，則可與任何口岸貿易均爲合法，而且來往於澳門的民船均享受國民待遇，按國內的常關稅則徵稅，稅率較協定稅則爲輕，澳門的繁榮多半維繫於此。這一特權一直使香港外商眼紅，欲想除之而後快。

由此帶來的後果是大量走私的盛行。其中鴉片爲其大宗。據總稅務司赫德的估計，單同治八年一年，洋藥到香港者八萬八千箱之多，但進口報稅者只有五萬箱，可知另三萬箱均爲走私，海關由此損失稅銀四十五萬兩之多。〔註117〕另外，食鹽一項，據估計香港每年由沙船走私到大陸各處的約有七萬二千擔。〔註118〕

港英政府清楚地知道走私貿易的存在，也瞭解這種貿易帶給香港的利益，但不願作任何措施幫助中國管制這一猖獗的走私貿易。爲確保中國的稅收，1866（同治五）年11月兩廣總督瑞麟允准沙船可以載運鴉片到東莞、新會、順德、香山和開平等地，這無形中就承認了以上各地和香港間的往來貿易爲合法。繼而在九龍邊界的東面和西面以及澳門各進口處的中國領土內設立6個局卡，並於1868（同治七）年7月1日正式對這些本地船隻按每箱十六兩稅銀徵收鴉片稅。爲加強緝私，粵海關監督還通知粵海關代理稅務司鮑拉，要求出售兩條海關巡船，幫助緝私。同治十三年更任用副稅務司布浪，將各種緝私船隻置於洋員的管轄之下。常關稅卡的設置、中國緝私船隻在香港海面上的巡緝活動，激起了香港商人的鼓譟，他們認爲這些措施「會給予他們所有的自由港的特權加上了一些限制」，因而這些巡邏船隻的遊弋是對香港的一種關稅「封鎖」。他們強烈反對這種「封鎖」。〔註119〕

香港洋面的緊張局勢，引起英駐華公使的注意。阿禮國曾設計這樣一個利益置換方案，即「給予中國以在殖民地派駐領事保護中國利益的權利」作爲交換，要求中國政府「重新准許香港商人得以通商口岸間在運的已稅中國

〔註116〕〔美〕魏爾特著，陳敉才、陸琢成譯：《赫德與中國海關》（上），廈門大學出版社，1997年，第514頁。

〔註117〕同治九年閏十月十四日恭親王摺，《籌辦夷務始末》（同治朝）卷79，續修四庫（421），上海古籍出版社，2002年，第199頁。

〔註118〕〔美〕萊特著，姚曾廙譯：《中國關稅沿革史》，北京：三聯書店，1958年，第303頁。

〔註119〕陳詩啓：《中國近代海關史》，人民出版社，2002年，第251頁。

產品在香港轉口而不喪失其土貨資格的權益」。香港社會企望重新獲得如上權益，卻激烈反對派駐中國領事駐港，認為這會把經過香港的土貨貿易「置於一種監督之下，其結果一定是在向地方官員交捐納稅之外，還要負擔帝國國庫的關稅徵課。……這會是對殖民地貿易和繁榮的一個致命打擊」。〔註 120〕阿禮國的計劃落空。繼任者威妥瑪也準備解決這一問題，在簽訂中英《煙臺條約》時，特意增加了一條專門關於鴉片問題的條款，但這一條約當時並未立即得到英國政府的明確答覆。直到 1886（光緒十二）年 9 月 11 日中英《香港鴉片貿易協定》簽訂，雙方同意：為查驗洋藥准單，並對往來民船徵收通常稅餉，香港附近的關卡可以保留，但必須一律置於稅務司管轄之下。這一協定，使洋關稅務司「第一次受託管理香港海面和中國海面間往來的中國船隻……以前則是集中精力在通商口岸的外國船舶，並且也是第一次受託徵收釐金，結果也就必然地連常關關稅一併代徵了」；〔註 121〕第五款規定：「華船往來香港者，其貨物應納稅釐，不得較往來澳門之數加多。其自中國赴香港或由香港赴中國之華船，不得於應完之出口、進口各稅釐外，另有徵收」。〔註 122〕這一條款，確保了往來於香港一帶的沙船均可享受國民待遇，遵從與澳門同樣的稅則。「封鎖香港」的鼓譟聲至此消失。

　　解決「封鎖香港」問題的直接後果是在原廣東地方政府所管轄下的常關稅卡的基礎上成立九龍、拱北兩海關。九、拱兩關雖然由外籍稅務司管理，但它管轄的大多是中國式帆船貿易，運用的是常稅稅則，因此帶有常關性質。〔註 123〕

　　港澳外國口岸地位的確立和九、拱兩關的設立，改變了常洋兩關既有的利

〔註 120〕〔美〕萊特著，姚曾廙譯：《中國關稅沿革史》，北京：三聯書店，1958 年，第 298 頁。

〔註 121〕〔美〕萊特著，姚曾廙譯：《中國關稅沿革史》，北京：三聯書店，1958 年，第 304 頁。

〔註 122〕王鐵崖：《中外舊約章彙編》（第一冊），三聯書店，1957 年，第 488 頁。

〔註 123〕高柳松一郎將其總結出與其他洋關不同的四個特徵：1. 他處海關均管理外國式船舶之貿易，而此兩關則管理中國式帆船貿易。2. 他處海關適用條約上之稅則，而此兩關則適用國內法定之稅則，並徵粵省之釐金稅。3. 他處海關均管理各外國間之外國貿易及通商地與通商地之國內貿易，而此兩關則一併管理香澳與非通商地間之外國貿易及非通商地與非通商地間之內國貿易。4. 向他處海關進出口之商品均有子口稅之特權，而經由此兩關之進出口貨則無此特權。〔日〕高柳松一郎著、李達譯：《中國關稅制度論》，近代中國史料叢刊，文海出版社有限公司印行，第 207 頁。

益格局。首先，香港被定義為外國口岸後，原往來於港、府之間的帆船，由向常關納稅改為向洋關和九龍等關納稅，這必然影響到粵海常關的稅收，如《孖剌西報》（Daily Press）所稱：「根據這項新規定，中國木船所應交納的關稅將全部為外國海關（指的是洋關）所收走」。〔註124〕而且，九、拱設關後，「所有帆船貿易，均應照章在該二關報關納稅，其前此所享常關較低稅率之特惠，亦一併取消。於是曩藉帆船經由舊日途徑運輸之貨物，今多改由輪船裝運而往來於通商口岸矣」。〔註125〕其次，稅率的高低與稅收有著直接的聯繫，常、洋兩關爭奪稅源的競爭一直持續下去。我們來看光緒十七年九龍關的關冊〔註126〕：

> 光緒十六年，所有外來米穀，運銷廣州一府，總覈其數，由華船運經本關各廠者，八成有奇。至本年（光緒十七年）內，暹羅禾造歉收，來源頓絀，然統南洋、暹羅、越南及中國長江各口運來米穀，通扯覈算，猶較上年多出百成之三。惟以本口及粵海、拱北三關計之，其由華船裝運經本關各廠進口者，不及十之半矣。其一為省憲欲籌顧餉源，多端設法，變通盡善，不欲囿於通商條約之中，致令各貨向由洋船裝運者，忽改由華船，其向由華船裝運者，忽又改歸洋船。趨向之不同，胥視抽數之重輕，互為前卻，所謂利之所在，人必趨之也。

關冊還以火油貿易為例：

> 十六年內進口火油計六百八十四萬餘加倫，大概俱由華船運入，輪船裝運不過零星細數。本年進口火油九百二十七萬六千餘加倫，其由輪船運者，居數之半。由華船運經本關各廠者，亦只居數之半耳。推原其故，蓋緣洋船進口後，即可照通商稅則辦理，合正半稅統計，僅值百抽七五，且可免由華船運載，每箱須納臺驗經費洋銀四角也。其由華船裝運進口者，以應完正稅及經費統計，則必須值百抽三十之多。迨後雖將火油經費減至洋銀二角，然迄今猶多

〔註124〕《北華捷報》，1887年7月15日，聶寶璋：《中國近代航運史資料》（1890～1895）（第一輯下冊），上海人民出版社，1983年，第1290頁。
〔註125〕姚賢鎬：《中國近代對外貿易史資料》（第二冊），中華書局，1962年，第1045頁。
〔註126〕《光緒十七年九龍口關冊》，聶寶璋：《中國近代航運史資料》（1890～1895）（第一輯下冊），上海人民出版社，1983年，第1291頁。

由洋船運入者。

常關稅則較洋關具有彈性，可增可減，因勢而變，海關監督及地方政府爲確保常關稅收起見，只得降低稅率，以招徠顧客。西江開放，「向載渡船之紗，一時俱改載輪船」，該地區的常關、釐局都有「以後無收之慮」，爲與海關子口單爭勝，「常關咸將稅則每百分減輕四十五分」。〔註127〕而洋關稅則則缺乏彈性，在常關的降稅攻勢下，難以招架，1899（光緒二十五）年 7 月，香港總商會抱怨：「航行珠江的輪船公司過去許多年來攬不到貨，不是由於運費的競爭，而是由於民船裝運的貨物課稅較低，這是眾所周知無可置辯的事實」。〔註128〕帆船貿易關稅稅率較輪船貿易關稅稅率偏低，有礙香港輪船貿易之發達，因此，1902（光緒二十八）年 9 月中英《續議通商行船條約》第三款有如下規定：「中國允許，凡民船載貨，由香港往來廣東省內各通商口岸，所納之稅，連釐金合算，不得少於海關徵收輪船所載相同貨物之稅數」。〔註129〕這一規定力圖使往來於省港之間的輪船與帆船處於同一稅率基礎之上。

第三節　稅源之爭：洋稅侵奪常稅

常、洋兩稅分開徵收後，洋稅收入不斷增長，如江海關，咸豐十一年洋稅稅收爲 207 餘萬兩，至宣統二年竟達到 1065 餘萬兩；粵海關咸豐十一年洋稅稅收爲 155 萬兩，宣統二年也達到 587 萬兩；〔註130〕其他海關洋稅收入，都有不同程度的增幅。另一方面，隨著洋稅的節節增收，常關稅收卻毫無起色，甚至有持續衰減的迹象。清政府幾乎每增關一新的洋關，即同時並置一常關，但由於常關稅源爲洋關侵奪，常稅難以和洋稅得到同步增長。如天津海關，洋關建立前，常稅收入常在四至六萬兩之間，至光緒二十一年竟落至 12880 兩；〔註131〕浙海關常稅，道光年間年收入在 7.9 萬兩以上，到光緒二十一年僅達至 29058

〔註127〕《光緒二十三年廣州口華洋貿易情形論略》，聶寶璋、朱蔭貴編：《中國近代航運史資料》（1895～1927）（第二輯下冊），中國社會科學出版社，2002 年，第 1291 頁。

〔註128〕1899 年 7 月 18 日香港總商會致艾倫賽函，聶寶璋：《中國近代航運史資料》（1890～1895）（第一輯下冊），上海人民出版社，1983 年，第 1291 頁。

〔註129〕王鐵崖：《中外舊約章彙編》（第二冊），三聯書店，1957 年，第 102 頁。

〔註130〕湯象龍編著：《中國近代海關稅收和分配統計》，北京：中華書局，1992 年，第 63～76 頁。

〔註131〕江恒源：《中國關稅史料》，中華書局，1934 年，第 2 頁。

兩；〔註132〕江海關常稅年度額徵為 65980 兩，道光前期實收不下 7.3 萬兩，光緒二十一年僅為 27153 兩。〔註133〕其他各關情況大致相同，「減少者居多，而增多者寥寥」。〔註134〕

論者一般認為，洋稅收入的長足增長，導因於外籍稅務司系統廉潔高效的行政效能和敬職敬業的奉公精神，而海關監督或地方政府的侵吞隱報則直接造成了常關關政的腐敗和常稅的不振。這種以徵稅效率為主線的分析視角，充分考慮到徵管者的主觀因素，但卻忽視了另外一個客觀原因，那就是洋稅對常稅稅源的侵奪，造成了常、洋兩稅的此消彼長。那麼，洋稅何以侵奪常稅？常、洋兩稅的消長對晚清海關制度造成什麼樣的影響？這是本節試加探討的問題。

洋關建立前，各通商口岸海關的稅源主要有：徵自洋商進出口之稅，曰夷稅；徵自本國商民各項貿易關稅，曰常稅。惟其時夷稅的徵收都由海關監督掌握，只是與常稅分開奏報而已（唯粵海關常、夷兩稅不分）。外籍稅務司制度建立後，對洋商的徵稅業務由監督之手轉移到稅務司之手，夷稅也改稱洋稅，常、洋兩稅置於兩個相對獨立的徵課系統。洋稅改由洋關徵收，這本身就使海關監督治下的常關稅源產生分流。但情況並非僅及於此，外籍稅務司在西方列強的支持下，抓住種種契機，不斷擴大洋關的徵課權限和徵管範圍。海關稅是一種商品流轉稅，貿易量的變動，徵稅對象的增減，稅種的多寡，管轄範圍的盈縮，均能直接決定海關稅源的充裕與否。本節側重從徵課對象、徵課權限、徵管範圍三個方面來探究洋關是如何侵及常關稅源的。〔註135〕

1. 洋船侵佔民船貿易。在徵課對象方面，洋船憑藉不平等條約的保護以及行駛迅速、安全便捷、又有海上保險的優勢，逐漸侵佔中國民船貿易，洋貨進口、土貨出口幾乎都被洋船所壟斷，在中國進出口貿易、埠間和內河貿易中，「洋船日多，民船日少」。

〔註132〕中國第一歷史檔案館編：《光緒朝朱批奏摺》（財政類）（七三），中華書局，1995 年，第 471 頁。

〔註133〕《錄副奏摺》，檔號：3－129－6430－32。

〔註134〕關名：「論中國賦用」，麥仲華：《皇朝經世文新編》（一），臺灣：文海出版社，第 491 頁。

〔註135〕湯象龍先生將洋稅的增長歸結為洋商進出口貿易的增長、鴉片貿易合法化和稅務司職權的擴大三大因素（《中國近代海關稅收和分配統計》，第 20 頁），本書則重點探究洋稅的增長對常稅的影響，分析旨趣略有不同，討論的問題也各有側重。

　　對外貿易稅是海關關稅體系中最重要的一項稅種，課徵對象是進出口貿易貨值。南洋地區是中國民船傳統的外貿區域，五口通商以後，洋船源源而來，民船在該地區的貿易開始受到影響而轉入頹勢。〔註136〕蘇伊士運河通航，這種影響更爲明顯。廈門是民船出海貿易的重要港口，出海販運的船隻主要有透北、過臺、出洋、廣撥四種，其中後兩種即以南洋作爲常川貿易的對象。自五口通商以後，「洋船所販之貨，即是出洋、廣撥兩項船隻所販之貨」，貨源被占，以致出洋、廣撥二項船隻幾乎收帆歇業。〔註137〕光緒十九年福州將軍兼管閩海關稅務希元奏：「自洋船通行以來，民船生理漸減。……向以民船爲業者，自知挽回無術，率多棄業改圖，每遇民船行駛外洋遭風損壞，概不修理添補，以故民船日益短少」。〔註138〕汕頭開埠時間較廈門爲遲，開埠之前與外部的交往全依賴民船，與南洋群島間往來船隻不下數百餘艘，咸豐八年也還有四百餘艘，咸豐十年汕頭開埠後，「外國船入港，快緩相差大遠，不能與之競爭」，民船數目日減，到光緒八年此項舊式海舶所存者僅一百一十艘。〔註139〕到十九世紀八十年代末，中國南部港口與東京、南洋等地還存在一定數量的民船貿易，但與洋船貿易比較起來，其貿易量「即使棄置不論，也不至使中國全部對外貿易推及發生低減的錯誤」。〔註140〕

　　復進口半稅的開徵，又使洋船合法地參與中國沿海、內河土貨轉運業務，這對中國沿海藉此謀生的民船更是一致命打擊。咸豐十一年復進口半稅正在醞釀期間，《北華捷報》就預言：這將會「給予外國船的業務一種物質上的刺激，漸漸地外國船或許會壟斷了沿海貿易的極大部分」。〔註141〕但後果的嚴重性還是超出《北華捷報》的預言。由於外船「利權在握，無地不到，無貨不裝」，導致中國沿海民船虧耗歇業，「停泊在港者不計其數，船身朽壞，水手十餘萬人無可謀生」。〔註142〕同治五年福州稅務司稱：「可以肯定說，外國輪

〔註136〕田汝康：《17～19 世紀中葉中國帆船在東南亞洲》，上海人民出版社，1957
　　　　年，第 27 頁。

〔註137〕席裕福、沈師徐輯：《皇朝政典類纂》（卷86，征榷四），臺灣：文海出版社，
　　　　第 95 頁。

〔註138〕姚賢鎬：《中國近代對外貿易史資料》（第三冊），中華書局，1962 年，第 1409
　　　　頁。

〔註139〕蕭冠英：《六十年來之嶺東紀略》，中華工學會，1925 年，第 1～2 頁。

〔註140〕姚賢鎬：《中國近代對外貿易史資料》（第二冊），中華書局，1962 年，第 1078
　　　　頁。

〔註141〕陳詩啓：《中國近代海關史》，人民出版社，2002 年，第 179 頁。

〔註142〕〔清〕寶鋆等編：《籌辦夷務始末》（同治朝）（卷28），上海古籍出版社，2002

船，尤其是英國輪船，正在逐漸而穩步地壟斷沿海航運，由本埠運往中國其他口岸用帆船裝載的貨物，已經有三分之一改由外國輪船載運。似乎可能在不多幾年之後，沿海航線只剩下幾隻無足重輕的帆船」。﹝註143﹞爲使民船生計略留餘地，清政府不得不略作變通，規定登州、牛莊兩口到上海的豆石、豆餅生意，洋船不准搭載。同治四年江蘇巡撫還出示這樣的禁令，總算給民船留下一線生機。但這一禁令由於英公使的反對而很快撤銷。光緒七年蘇撫譚鈞培奏稱：「自北洋油豆餅馳禁之後，華商貨物皆由火輪夾板洋船裝運，利權爲其所奪，遂致沙船日少」。﹝註144﹞到光緒十九年上海口岸的民船由原先的二三千號，減至一二百號，「商情凋敝，無法挽回」。﹝註145﹞長江對外輪開放後，大批民船也被逐入支流。光緒六年江西巡撫李文敏奏報九江關的情形時稱：昔年商賈運貨，行旅往來，莫不雇用民船，今悉改就輪船。輪船愈便則附搭愈多，民船日稀則稅項日短。﹝註146﹞另外招商局的成立及其營運，與民船也形成競爭之勢。因爲招商局也使用輪船爲運載工具，光緒二年總稅務司制定公佈《華商置用火輪夾板等項船隻章程》，規定各通商口岸的華商輪船亦劃歸洋關管理﹝註147﹞，在洋關納稅（稱華商稅或華稅）。以致光緒二十二年江海關道黃祖絡還在抱怨招商局「廣造洋輪，挽海運之漕糧，分沙船之貨腳，以致沙船連年虧耗歇業，不能復振」。﹝註148﹞

由於常、洋兩關的徵課對象主要是以船隻劃分，洋船日多則其貿易貨值愈增，「常稅之貨既爲洋稅所併，則常稅之額，勢必日形短絀」。﹝註149﹞江海關常稅全賴民船轉運沿海九口之油豆餅，出口之棉花、布匹，均屬大宗，「自

年，第 479 頁。

﹝註143﹞聶寶璋：《中國近代航運史資料》（1890～1895）（第一輯，下冊），上海人民出版社，1983 年，第 1271 頁。

﹝註144﹞中國第一歷史檔案館編：《光緒朝朱批奏摺》（財政類）（七一），中華書局，1995 年，第 810 頁。

﹝註145﹞中國第一歷史檔案館編：《光緒朝朱批奏摺》（財政類）（七三），中華書局，1995 年，第 49～50 頁。

﹝註146﹞聶寶璋：《中國近代航運史資料（1890～1895）》（第一輯，下冊），上海人民出版社，1983 年，第 1274 頁。

﹝註147﹞聶寶璋：《中國近代航運史資料（1890～1895）》（第一輯，下冊），上海人民出版社，1983 年，第 847 頁。

﹝註148﹞苑書義等：《張之洞全集》（第二冊），河北人民出版社，1998 年，第 1149 頁。

﹝註149﹞蔣廷黻輯：《籌辦夷務始末補遺》（同治朝）（第二冊），北京大學出版社，1988 年，第 517～520 頁。

通商開關之後，輪船盛行，西商販運，相率改載洋輪，逕赴洋關報稅，因此沙船生計以及常關稅收概不如前」，〔註150〕「海關應徵常稅，僅恃大劉各口零星小販轉運補苴，彙同沿江各小口對渡，商船出入投報，所收無幾」。〔註151〕光緒十四年江西巡撫德馨奏稱九江關情形：「光緒二、三年前，過關輪船每年尚止四、五百隻，近來多至七、八百隻。輪船大逾民船數十倍，侵佔船稅，何止十數萬兩」。〔註152〕天津關的情況亦復如是：「天津未設新關以前，凡內河外海以及陸路販貨，皆歸鈔關完納，常稅收數頗旺。自各國通商，火輪夾板往來便捷，客貨多裝洋船，皆歸新關完納洋稅。……洋船既便於華船，洋稅又輕於常稅，商人利析毫芒，孰肯舍彼就此」。〔註153〕

　　2. 子口稅「隱化常稅爲洋稅」。在徵課權限方面，洋關除徵收進出口稅、船鈔等正稅外，又先後獲得對華、洋商人徵收子口稅、復進口半稅、洋藥釐金、土藥稅釐等稅種的權力，削奪了應歸常關徵收的稅源，控制了中國沿海的埠間貿易和內河貿易，達到了「隱化常稅爲洋稅」的目的。限於篇幅，這裡僅就子口稅隱占常稅一節略作探析。

　　子口稅的性質前已論及。子口稅既是一種「由海關徵收的內地關稅」〔註154〕，與內地釐金互爲消長，但子口稅對通商口岸的常關稅同樣具有抵減作用，因爲子口稅在取代釐金的同時，也將分佈於通商口岸周圍的常關各分口、分卡的稅收一併取代了。揚由關的情況頗能說明問題。揚由關爲鎮江海關的一個正稅分口，其常稅從前應徵正額銀十六萬三千餘兩，「通商以來，大宗貨物悉歸輪船裝運，由江出海，其洋貨入內地、土貨出內地，均准在洋關完子口稅，請領單照，經過常關一律免稅，即以鎮江一關子口稅而論，每年已收銀十數萬兩，以致揚由關常稅每年只徵解銀四萬四千餘兩。洋稅盈而常稅絀，勢所必然」。〔註155〕天津關的情況也是如此。同治元年崇厚曾奏：因本年外國商船所帶洋貨並內地貨物，均繫充斥常關應徵之稅，此盈彼絀，出入攸分，

〔註150〕苑書義等：《張之洞全集》（第二冊），河北人民出版社，1998 年，第 1149 頁。
〔註151〕中國第一歷史檔案館編：《光緒朝朱批奏摺》（財政類）（七三），中華書局，1995 年，第 49～50 頁。
〔註152〕姚賢鎬：《中國近代對外貿易史資料》（第三冊），中華書局，1962 年，第 1417 頁。
〔註153〕〔清〕李鴻章：《李鴻章全集》（3）（奏稿，卷43），海南出版社，1997 年，第 1340 頁。
〔註154〕湯象龍：《中國近代海關稅收和分配統計》，中華書局，1992 年，第 15 頁。
〔註155〕苑書義等：《張之洞全集》（第二冊），河北人民出版社，1998 年，第 1149 頁。

且常關各口應徵之稅已歸於洋關子口徵收半稅，以致常關虧短。〔註156〕光緒八年李鴻章奏稱天津關常稅情形時亦稱：「近年鈔關應收稅項，惟以土貨為大宗，而洋商採買土貨出口，又准請領運照，僅完新關半稅。……每年洋稅占去三十餘萬兩，彼盈此絀，事理顯然」。〔註157〕

由於內地釐金苛重，東南沿海一帶的土貨往往繞越香港，再化作洋貨進口，可完子口半稅而免常稅。以土產食糖為例，土糖由民船從汕頭等南方口岸運到寧波，一度成為寧波釐金局和浙海常關的稅收大宗。但商人為逃避內地釐金局卡的徵稅和羈誤，寧願出口到香港再經上海運到寧波，在汕頭洋關須完出口正稅，在上海再納進口稅，獲得江海洋關發給的子口稅單。〔註158〕這樣，商人付出兩個進口洋關的正稅和一個子口稅，免除了內地釐金，同時也免除了沿途常關稅項。這種「隱化常稅為洋稅」的做法，同樣通行於其他口岸。「運往泉州的貨物，仍以由香港運至福州取得子口稅單，再由陸路運至泉州」，〔註159〕因此，光緒十年福州將軍兼管閩海關稅務文煜稱：「溯查閩海關自外國通商以來，歷年常稅皆為洋稅侵佔，續因沿途地方設卡抽釐，內地商貨又多浮搭洋船，圖免節節釐金，以致常稅愈短」。〔註160〕

3. 洋關直接經收常稅。在徵管範圍方面，稅務司逐漸拓展自己的活動空間，相繼採取鴉片稅釐並徵、九拱設關、兼管五十里內常關等重大舉措，開始直接經收常稅，導致常關徵管範圍縮小，稅源枯竭。

咸豐八年中英《通商章程善後條約》規定鴉片貿易合法化，稅釐分徵的納稅原則也被同時確定下來。所謂稅釐分徵，即稅納於關，釐納於卡。條約規定：洋藥作為洋貨，其進口稅由洋關徵收，洋藥一旦轉手到華商手裏，就和土貨無異，何處徵稅，何處納釐，由常關與釐局過問。但中國國內稅卡林立影響到洋藥在華傾銷。因此稅釐分徵政策一開始就受到在華外商的抵制。

〔註156〕蔣廷黻輯：《籌辦夷務始末補遺》（同治朝）（第一冊），北京大學出版社，1988年，第1～3頁。

〔註157〕〔清〕李鴻章：《李鴻章全集》（3）（奏稿，卷43），海南出版社，1997年，第1340頁。

〔註158〕徐蔚葳編譯：《近代浙江通商口岸經濟社會概況——浙海關、甌海關、杭州關貿易報告集成》，浙江人民出版社，2002年，第47頁。

〔註159〕姚賢鎬：《中國近代對外貿易史資料》（第二冊），中華書局，1962年，第834頁。

〔註160〕中國第一歷史檔案館編：《光緒朝朱批奏摺》（財政類）（七一），中華書局，1995年，第586頁。

經反覆交涉，光緒十三年鴉片開始實行稅釐並徵，這一政策改變了此前「稅納於關，釐納於卡」的稅、釐分流的徵收方式，代之以洋藥進口時，其進口稅和內地釐金統由洋關在入口處一併徵納，這樣原來由地方釐局和常關徵收的鴉片釐金，被託付於各關稅務司之手，這應是洋關直接經管常稅的肇始。

　　洋關經管常稅的第二個步驟是九龍、拱北設關。「稅釐並徵」計劃成功實施的關鍵，是要在洋藥剛進入口岸之時，實行集中管理，確查數目，統一徵稅。香港、澳門是外國鴉片進入大陸的前站，如能在該地區扼要嚴查，實為提綱挈領的辦法，但當時的港澳為中國政令所不及。同治七年廣東地方政府以及粵海關監督開始在毗鄰九龍和澳門的邊界地區設立常關局卡徵收洋藥稅釐，引起在港外商的鼓譟，認為這是對香港的關稅「封鎖」。為消除大陸對香港的所謂「關稅封鎖」，同時保證洋藥稅釐並徵計劃的貫徹執行，經總稅務司赫德的斡旋，在中國政府犧牲部分領土權益的前提下，中外各方同意設立由稅務司管理的九龍、拱北兩海關，徵收洋藥稅釐。九、拱兩海關的設立，實際就取代了粵海常關的「香澳六廠稅務」，〔註161〕這無形中讓洋關的徵管範圍從通商口岸擴展到非通商口岸，從洋船貿易擴展到內地民船貿易。自九、拱兩關設關以後，粵海常關在廣東洋面上的稅源喪失了半壁江山，「所有帆船貿易，均應照章在該二關報關納稅……於是曩藉帆船經由舊日途徑運輸之貨物，今多改由輪船裝運而往來於通商口岸矣」。〔註162〕因此，當時的《孖剌西報》（Daily Press）稱：「根據這項新規定，中國木船所應交納的關稅將全部為外國海關（指的是洋關）所收走」。〔註163〕

　　光緒二十七年《辛丑條約》議定庚子賠款，常關稅被作為賠款的擔保，條約第六款規定「所有常關各進款，在通商口岸之常關，均歸新關管理」。〔註164〕所謂「歸新關管理」，即由外籍稅務司直接接管常關徵稅事宜。但該款遭到地方政府的抵制，後經再三交涉改為：將各口岸常關一分為二，距口岸五十里內的常關各總、分口，由稅務司兼理；距口岸五十里外的常關各分口，

〔註161〕中國近代經濟史資料叢刊編輯委員會主編：《中國海關與中葡里斯本草約》，中華書局，1983年，第80頁。

〔註162〕姚賢鎬：《中國近代對外貿易史資料》（第二冊），中華書局，1962年，第1045頁。

〔註163〕聶寶璋：《中國近代航運史資料（1890～1895）》（第一輯，下冊），上海人民出版社，1983年，第1290頁。

〔註164〕王鐵崖：《中外舊約章彙編》（第一冊），三聯書店，1957年，第1006頁。

仍由海關監督管理。這是洋關爲直接接管常稅所邁出的第三個步驟。據統計，先後有東海關、江海關、蕪湖關、浙海關、閩海關、粵海關等20處洋關參與了對常關的兼管，所兼管的常關計有正關22處，分卡112處。〔註165〕江海常關及其治下的吳淞分關被列入五十里內常關劃歸稅務司兼管，其他遠處南通、崇明、海門、常熟、太倉等地的分關，離上海口岸較遠，仍歸監督管理；浙海常關所屬寧波大關、鎮海大關作爲五十里內常關，劃歸稅務司兼管，其他地處臨海、寧海、象山、餘姚等地的分關，離口岸較遠，仍歸監督管理〔註166〕。至此，海關監督僅保有五十里外常關的徵稅權，徵管範圍大爲縮小。洋關兼管五十里內常關後，五十里內常稅節節增收，但五十里外常稅卻一蹶不振。如江海關，光緒二十九年度，五十里內常關稅爲60478兩，五十里外常關稅則僅爲21195兩；〔註167〕光緒三十三年度，五十里內常關稅爲146721海關兩，五十里外常關稅則爲26134海關兩。〔註168〕浙海關，光緒二十九年度，五十里內常關稅額達到99289海關兩，而五十里外常關則僅徵收到7611兩稅銀；〔註169〕光緒三十年度，五十里內常關徵得稅銀108694餘兩，而五十里外常關則僅得9256兩。〔註170〕其他海關情況亦復如是。

晚清時期，中國開始被動地面向世界，隨著國內外市場的聯動，商品經濟得到一定程度的發展，表現爲海關稅收在總體上得到持續增長。但就關稅收入結構而言，洋稅遞年增加，常稅則不增反減。個中緣由，局內外人有著不同的看法。地方督撫和海關監督，鑒於關稅的盈絀影響到自己的政績和切身利益，他們竭力渲染常稅稅源的枯竭，藉以開脫徵管不力的責任，如蘇撫譚鈞培所說：常稅之歷年短絀，實由於利權爲洋船所奪，「委非稽徵不力」；〔註171〕粵海關監督崇光亦云「今日常稅未能旺徵之故，不在吏胥僕役之侵漁，而

〔註165〕戴一峰：《晚清中央與地方財政關係：以近代海關爲中心》，《中國經濟史研究》，2000年第4期。

〔註166〕黃錫銓、陳星庚等：《海關常關所屬地址道里表》，京華印書局民國四年印行，第26～36頁。

〔註167〕中國第一歷史檔案館藏：《錄副奏摺》，檔號：3-129-6426-5。

〔註168〕中國第一歷史檔案館藏：《錄副奏摺》，檔號：3-129-6448-47。

〔註169〕中國第一歷史檔案館編：《光緒朝朱批奏摺》（財政類）（七四），中華書局，1995年，第707頁。

〔註170〕中國第一歷史檔案館編：《光緒朝朱批奏摺》（財政類）（七四），中華書局，1995年，第850頁。

〔註171〕中國第一歷史檔案館編：《光緒朝朱批奏摺》（財政類）（七一），中華書局，1995年，第810頁。

在洋稅之侵佔日多」。〔註172〕而局外人,則對此不以爲然,他們對常稅的增收潛力深信不疑。赫德光緒二十七年調查估計後云:常關稅整體上「每年淨收不到三百萬兩,但經查詢有理由相信,僅在通商口岸就可能提高到五百萬兩,甚至有人相信可以增加到一千萬兩」;〔註173〕更有一位德國在華人士斷言:各關常稅年入五千萬兩也不爲多;〔註174〕英國人哲美森也稱:「以中國之大,內地商務之盛,物產之繁,其關稅(指常關稅)不應若是之微。但就上海一處論之,今每年收稅銀三萬三千兩,殊覺令人不解。照實在情形,似乎此數在一禮拜中可得之」。〔註175〕赫、哲等人對常稅的不振深爲不解,似有外人不便言說者,他們的疑惑是建立在對地方政府深度不信任的基礎之上。光緒二十七年後,五十里內常關經外籍稅務司的整頓,每年各關稅額一度達到 300 萬兩〔註176〕,似乎印證了他們的懷疑不是沒有根據。以上兩種截然相反的觀點,顯然是基於各自的立場和利益取向而發的。局內人急於推卸自己不作爲的職責,把常稅不振的一切責任都歸結於洋稅之侵佔,其用意不難揣測,但顯有言過其實之嫌,難以令人信服。事實上,監督和地方政府的經營不善或侵吞隱報,確實導致了部分關稅的流失,如粵海關同治年間的傅氏兄弟關稅舞弊案和光緒三十年爆出的庫款侵蝕大案,贓款最多者達 260 萬兩。〔註177〕不過,平心而論,常關關政的腐敗並非晚清時期獨有的現象,在清代前期即成爲朝野上下的熱議和中外商人爭訟的焦點,將常稅的不振完全歸因於徵管者的主觀因素,似非持正之論。至於局外人對中國常關稅收前景的估計,也顯得過於樂觀和不切實際,因爲一國稅收規模,總不能超脫於一時期商品經濟的發展水平,即就他們所樂道的五十里內常關來說,截止清末,其稅收總額遠遠未能達到赫德等人的預期,且不論五十里內常關的增收,又導致了五十里外常關稅源的進一步萎縮。因此,常、洋兩稅的此消彼長,固然與徵管者的行

〔註172〕《申報》,1882 年 10 月 21 日。

〔註173〕中國近代經濟史資料叢刊編輯委員會主編:《中國海關與義和團運動》,中華書局,1983 年,第 67 頁。

〔註174〕闕名:「論中國賦用」,麥仲華:《皇朝經世文新編》(一),臺灣:文海出版社,第 491 頁。

〔註175〕〔英〕哲美森編、林樂知譯:《中國度支考》,商務印書館,光緒二十九年,第 18 頁。

〔註176〕湯象龍編著:《中國近代海關稅收和分配統計》,北京:中華書局,1992 年,第 18 頁。

〔註177〕《申報》,1905 年 12 月 4 日。

政效能和廉潔程度有關，但更爲重要的原因是稅源分割所致。咸豐以降，隨著洋關勢力的不斷拓展和常關管轄範圍的不斷收縮，洋關在稅源的分割上較常關越來越佔有優勢，因此就大勢而言，常稅往日的盛況已成明日黃花，風光不再，其衰落已經勢所必然。

洋稅侵奪常稅，對晚清傳統的常關制度產生一定的衝擊：1. 洋稅的增收和常稅的衰減，導致晚清海關內部組織結構發生分化。道咸以降，外侮頻仍，內亂不靖，晚清政府面臨攘外安內的雙重任務，興政償款，需款孔亟，財政捉襟見肘，籌款裕餉成爲謀政者的中心任務，而海關洋稅在外籍稅務司的整飭之下節節增收，有效緩解了清王朝的財政壓力，以總稅務司爲核心的洋關係統理所當然受到清中樞機構的重視。在西方列強和清中樞機構的推動之下，洋關勢力逐漸膨脹，通過子口稅、復進口半稅的開徵以及鴉片稅釐並徵和兼管五十里內常關等重大舉措，侵奪常關權限，侵佔常關稅源，洋關日益成爲晚清政府最爲倚重的財政單位。在洋關的步步進逼之下，以海關監督爲核心的傳統常關逐漸被邊緣化，稅源萎縮，難以復振，其財政地位遠遠低於洋關，最終成爲晚清財政架構中一個無足輕重的配角。2. 洋稅侵奪常稅，造成常稅額徵制的破壞和考成制度的失靈。常稅額徵制是考成制度運作的基礎，考成制又是常稅奏銷制度的重要內容。考成、奏銷制度運作自如的前提是各海關基本都能達到自己的稅收定額，即「入有額徵」，否則，即會影響關稅的支、撥、儲各環節的正常進行。常稅稅源的被侵奪，使多數常關很難完成年度課徵任務，額徵制難以切實執行，中央與地方海關之間扯皮推諉，討價還價之風由此盛行，這必將引致考成制度的失靈和關稅奏銷制度的破壞，最終導致傳統常關制度的敗落。

第三章　奏銷與冊報

第一節　關稅奏銷制度的形成

　　所謂奏銷，是指地方財政單位將某一財政期間內的錢糧、稅款的出、入、調、存情況在規定期限內上報到中央政府並請求其覈准的財政決算行爲。從內容上來看，奏銷行爲可分爲「奏」與「銷」兩部分。所謂「奏」，即上報，是地方財政單位將財政信息上達中央的一個過程，有規定的期限、冊籍、程序和獎懲規則；「銷」則是中央財政單位對地方財政單位上報的財政情況進行磨對和覈准的過程。《清會典》稱：「凡錢糧入有額徵，動有額支，解有額撥，存有額儲，無額則有案。及奏銷則稽其額與其案而議之」。〔註1〕可見，磨對覈銷的標準有兩種，即「額」與「案」。額是指有定額的常例開支，「有坐支，有給領，有協解，有估撥，皆按其實而銷焉」；〔註2〕案即舊案，針對沒有定額的開支，考覈時將舊案與新例比對，案與例合，方能通過考覈。如解餉盤川腳費的支付，必須參照以前的舊案，「按其水陸之程而給以資」。從對象上來看，奏銷又有常例奏銷和專項奏銷之別。常例奏銷主要有田賦、漕糧、鹽課和關稅的奏銷，是一種經常性、有常額可遵的財政活動；專項奏銷主要有河工、軍需、災賑等經費的奏銷，分案進行，事結案銷。

〔註1〕　光緒己亥敕修：《光緒會典》（卷20，戶部），文海出版社印行，近代中國史料叢刊（129），第104頁。
〔註2〕　光緒己亥敕修：《光緒會典》（卷19，戶部），文海出版社印行，近代中國史料叢刊（129），第100頁。

　　錢糧奏銷制度在明代就已實行。《明會典》稱：嘉靖四十二年「令南京戶部，委官會同巡視科道，將……一應錢糧，弔取各印信文簿查盤，分別舊管、新收、開除、實在數目造冊奏繳」。〔註3〕清在承繼明代的文物典制的同時，因中有革。早在入關前的崇德三年（1638），就開始仿明朝的錢糧奏銷之法，當時的都察院承政祖可法就建議掌司錢糧的戶部，應設立舊管、新收、開除、實在的文簿，「年終令公明官稽察」。〔註4〕順治三年，多爾袞也有關於戶部錢糧奏銷的諭令，相繼還有「造報文冊」和「錢糧考成」政策的出臺。今天的研究者已在檔案中發現了順治三年有關田賦、鹽課等分類奏銷的記載。〔註5〕但是，論者一般認為，清代錢糧奏銷制度正式確立的時間應是順治八年〔註6〕，該年刑科給事中魏象樞奏言：

> 國家錢糧，部臣掌出，藩臣掌入，入數不清，故出數不明。請自八年為始，各省布政使司於每歲終會計通省錢糧，分別款項，造冊呈送該督撫按查覈。恭繕黃冊一套，撫臣會題總數，隨本進呈御覽。仍造清冊，咨送在京各該衙門，互相查考，既可杜藩臣之欺隱，又可覈部臣之參差。〔註7〕

魏象樞的上疏及其被採納，可看成清代錢糧奏銷制度形成的重要標誌。因為在此之前的各地錢糧奏銷均是零散的不統一的財政活動，也沒有嚴格的時間限制，也就是說，雖有奏銷活動，但仍未形成制度。經過順治八年的奏銷整頓，各項錢糧收支的年終奏銷，奏銷冊的管、收、除、在「四柱」格式，以及對奏銷冊的覈查磨對等，已經初步形成定制。康熙四年戶科進繳的從康熙元年九月起至該年七月的紅本書冊中，就有「關稅繫理事」的題本和順治十五年的錢糧奏銷事。〔註8〕康熙二十三年，明文規定：奏銷錢糧應將存留、起運逐項分晰，並報部年月，明白造冊，毋致朦混。雍正初年，針對各省奏銷

〔註3〕 轉引郭道揚：《中國會計史稿》（下），中國財政經濟出版社，1988年，第72頁。

〔註4〕 清高宗敕撰：《清朝文獻通考》（卷41，國用三），第一冊，第5229頁，十通第九種。

〔註5〕 陳鋒：《清代前期奏銷制度與政策演變》，《歷史研究》，2000年第2期。

〔註6〕 周志初：《晚清財政經濟研究》，齊魯書社，2002年，第5頁。

〔註7〕 「順治八年六月辛酉」，《清實錄·世祖章皇帝實錄》（三）卷57，北京：中華書局，1986年，第455頁。

〔註8〕 國家圖書館藏：《清代孤本內閣六部檔案》（第5冊），全國圖書館文獻縮微複製中心，第1820、1834頁。

積弊甚大的情況，又加以整頓，並專設會考府專掌審覈事宜。〔註9〕乾隆九年御史范廷楷條奏：會計錢糧出入，定自乾隆十年起，每年將各項奏銷再行通盤覈算，另造黃冊，彙總具奏一次。乾隆二十四年經大學士傅恒等奏准，又刪除黃冊，每年只將各省地丁、常稅、鹽課三項由戶部彙開出入大數，列單陳奏。〔註10〕經歷朝的整頓與增溢，清代錢糧奏銷制度漸趨完備。關稅作為錢糧之一種，其奏銷制度當也和其他錢糧奏銷一樣，經歷朝代的增益補充，至鴉片戰爭前夕，早已成為定制。體現在：

1. 額徵制的確立

常稅奏銷，建立在嚴格的定額制度基礎之上，所謂「入有額徵，動有額支，解有額撥，存有額儲」，即關稅的收、支、調、存都有一定的定額數目，往往很長時間不會改變。其中，額徵制又是其他定額執行的前提。只有稅收定額達到額定的要求，方能言及額支與額撥。因此，海關監督在每一年度的關稅奏銷中，都要花去很大篇幅來介紹該關稅收定額的完成情況。

額徵制，明代就已實行，嘉靖四十一年，就有「歲額定數」的規定，萬曆以後，歲額定數不斷加大。清順治二年，始抽關津之稅，照前明天啟、崇禎年間續加各餉額內「減半徵收」，這就是清初権關定額基數的由來。〔註11〕從順治九年開始，各關以順治八年所收稅銀為正額。〔註12〕正額是中央為各關劃出當年應徵稅額的底線，在大多年份，各關均能完成正額並有溢出的情況。其溢出正額的部分，即為盈餘（或贏餘）。對於盈餘的處理，清政府態度遊移不定。一方面，希望將正額以外的盈餘悉數納入公帑，盡收盡解，因此必須對盈餘也有個定額，但一旦定額定得過高，統治者又擔心會苛商擾民，重蹈明末故事，因此有時又對關稅盈餘採取不鼓勵的態度。康熙帝還曾對部分多徵關稅的監督採取打壓政策，二十五年規定：「有溢額者，停其議敘」。〔註13〕雍正即位後，關

〔註 9〕清高宗敕撰：《清朝文獻通考》（卷41，國用三），第一冊，第5230～5232頁，十通第九種。

〔註 10〕〔清〕王延熙、王樹敏：《皇朝道咸同光奏議》卷26下，戶政類，上海久敬齋石印本，光緒二十八年，第22頁。

〔註 11〕黃國盛：《鴉片戰爭前的東南四省海關》，福建人民出版社，2000年，第62頁。

〔註 12〕鄧亦兵：《清代前期關稅制度研究》，北京燕山出版社，2008年，第94頁。

〔註 13〕《大清會典》（雍正朝），卷52，文海出版社印行，近代中國史料叢刊三編，第3109頁。

差每多報盈餘，以邀優敘，八年諭曰：「落地稅銀，非正項錢糧有定數者可比，侵隱者固當加以處分，而爭多鬥勝者，亦當與以處分」。〔註14〕康雍兩朝都曾裁免部分關的盈餘。〔註15〕

年有豐歉，貨有多寡，各關盈餘也不能年年劃一。有效的對各關進行考覈，必須要有一個量度。乾隆年間，戶部遵行一個不成文的制度，即根據上年所報盈餘進行比較，如浮於上年，不復置議，如低於上年之數，則即行駁查。各關爲避免駁查，所報盈餘勢必年年增加。乾隆帝擔心「查覈過嚴，則額數日增，其害在於眾，庶查覈稍寬，其損在於國帑」，因此於六年規定：「嗣後各關贏餘銀兩，如與上年數目相仿，著戶部即行考覈具題，如本年所報贏餘與上年數目大相懸殊，令各該督撫就地方實在情形，詳細確查，如無侵隱等弊，據實聲明覆奏」。〔註16〕但這一規定實際上仍未解決年有豐欠的問題。乾隆十四年又規定以雍正十三年各關盈餘數目進行比較，諭曰：「夫贏餘無額，而不妨權爲之額。……嗣後贏餘成數，視雍正十三年爲準」。〔註17〕何以選中雍正十三年呢？乾隆的說法是：「自雍正十三年而上下二三十年之中，歲時之殷歉相若也，買舶之來往相若也，民風之奢侈相若也，則司榷之徵收又何至大相懸殊哉！」〔註18〕因此，該年可以作爲比較的標準。但這一政策實行的結果並不理想，實際上到乾隆四十二年，戶部又恢復與上三屆比較的辦法。嘉慶四年，新皇帝認爲三年比較，仍然有名無實，「各關情形不同，所有盈餘數目，自應酌中定制，以歸覈實」，結合前幾年的情況，對各關盈餘分別核減，制定新的定額，「自此定額以後，倘各關每年盈餘於新定之數再有短少，即行著落賠補，如於定數或有多餘，亦歸盡收盡解。其三年比較之例，著永行停止」。〔註19〕至此，盈餘也被納入定額管理，「入有額徵」不僅包括正稅之額，而且包括盈餘之額了。

〔註14〕〔清〕王慶雲：《石渠餘紀》，北京古籍出版社，1985年，第270頁。

〔註15〕席裕福、沈師徐輯：《皇朝政典類纂》（卷87），文海出版社印行，近代中國史料叢刊續輯（881），第147頁。

〔註16〕席裕福、沈師徐輯：《皇朝政典類纂》（卷87），文海出版社印行，近代中國史料叢刊續輯（881），第147頁。

〔註17〕〔清〕王慶雲：《石渠餘紀》，北京古籍出版社，1985年，第270頁。

〔註18〕〔清〕梁廷枏著、袁鍾仁校：《粤海關志》（卷14，奏課一），廣東人民出版社，2002年，第289頁。

〔註19〕席裕福、沈師徐輯：《皇朝政典類纂》（卷89），文海出版社印行，近代中國史料叢刊續輯（881），第150～151頁。

2. 關期的指認

　　由於清代海關實行嚴格的奏銷考成制度，每一年的稅收要與前幾年相互比較，以確定對海關監督的考覈是優敘還是賠補，這就要求有一個長度基本一致的會計期間即關期來進行覈算。這個會計期間被規定爲十二個月，在粵海關到乾隆十四年才穩定下來，其他三關或早或遲，均在乾隆年間被確定下來。因此關期又被稱爲「奏銷年度」。海關監督的任期相應的也被規定爲十二個月一任，如果能得到皇帝的恩准，海關監督也可以得到連任的機會，但即便如此，也必須年清年款，按每一個奏銷年度來呈報自己的稅收情況，以確定考成。當然，也有特殊的情況發生，一個奏銷年度內有幾任監督，則由末任監督負責造具本奏銷年度的稅收報表，並分晰前任、本任徵收數目，彙總奏報。〔註20〕

　　由於農曆閏月的存在，某些年份可能有十三個月，而奏銷年度被規定爲十二個月，農曆中每十九年就有七個閏年，所以，每隔三十二年或三十三年，奏銷年度就比日曆年份超前一年，出現關期遞年遇閏趕前的情況。〔註21〕這種現象，在粵海關，早在乾隆四十六年就已第一次出現。該年奏銷年度本是乾隆四十七年份〔註22〕，但日曆時間卻是乾隆四十六年一月二十六日至十二月二十五日（中間閏五月）。〔註23〕在此之前的數年，戶部與粵海關就分別以不同的年份來稱呼同一個奏銷年度，造成指稱奏銷年度的混淆。如粵海關摺中所指奏銷年度爲乾隆四十四年份，實指乾隆四十三年二月二十六日至四十四年一月二十五日，戶部卻誤認爲是乾隆四十三年的數字。爲了避免這種混淆，乾隆四十六年開始，粵海關就使用干支來稱呼奏銷年度。因此，在奏銷冊中看到的奏銷年度是己卯年份，己卯年份應爲嘉慶二十四年份，它實指的

〔註20〕托津等編：《欽定大清會典》（嘉慶朝）（三），臺灣：文海出版社，1990年，第814～815頁。

〔註21〕陳國棟：《清代前期粵海關的稅務行政（1683～1842）》，臺灣：《食貨月刊》合訂本第11卷（1982年1月），第478頁。遇閏趕前的情況在田賦徵收時也會碰到，但清政府往往採取遇閏加徵的辦法，即碰上閏月就要加一個月的定額（《四川款目說明書》，《晚清民國財政史料輯刊》第3冊，北京圖書館出版社，2007年，第700頁），個別內地權關也有如此處理。這點與海關有所不同。

〔註22〕正是由於日曆時間與關期存在參差，海關監督在奏銷文件中一般稱奏銷年度爲某「年分」，而不是某年，以示區別。本書則寫成「年份」。

〔註23〕梁廷枏纂、袁鍾仁校：《粵海關志》（校注本），廣東人民出版社，2002年，第201頁；黃國盛：《鴉片戰爭前的東南四省海關》，福建人民出版社，2000年，第429頁。

日曆時間卻是嘉慶二十一年十一月二十六日至二十二年十一月二十五日。〔註24〕這種以干支指謂的奏銷年度又稱爲卯期。

3. 奏銷程序的釐定

錢糧奏銷程序在《清會典》中有明確的規定：「凡歲課奏銷，布政使司會所屬現年賦稅出入之數，申巡撫疏報，以冊達戶部，是曰奏銷冊。內備載舊管、新收、開除、實在四柱，條析起運、存留、支給、撥協、採辦爲數若干，以待檢校。戶部再會全數而覆覈之，彙疏以聞，以愼財賦出入，以定奏銷考成」。〔註25〕與錢糧奏銷相比，關稅奏銷在奏報、覈銷程序上並無特別之處。關稅奏銷的大致流程是：1. 奏報。各口委員每到關期結束，將該口常稅銀兩，造具清冊，連同親塡等冊冊檔呈送大關總口，由總口彙覈。大關總口在年滿後一百日之內造具清冊，彙同親塡冊檔及應解銅斤水腳各款銀兩一併派委員吏進解進京，分別向戶部與戶科投納。並遵定例於銀兩冊檔起程後具本題銷。2. 覈銷。彙覈各關上報的奏銷冊檔的工作落實在戶部十四清吏司之一的貴州清吏司和都察院六科之一的戶科身上。貴州司的職責之一就是兼管各権關稅課的職責，都察院戶科的主要任務則是稽覈財賦、註銷戶部文卷。〔註26〕當海關的冊檔解送到貴州司時，先由貴州司和戶科派員會同解送冊檔的海關人員檢查原始徵稅憑證的合法性，如查看紅單底簿即循環冊是否是從戶部加蓋過關防的原冊，這道程序稱爲磨對。經三方磨對無誤後，再由貴州司根據發鈔到戶部的海關題奏本章與冊檔的數目相較，是否相符，並參照該關的稅收定額或以往年份的數字，進行「比較」考覈。戶部於考覈之後，再須上一題本，向皇帝彙報考覈的結果，是爲「題覆」。如考覈完全通過，是項題覆即爲「題結」。如發現奏銷冊檔中有不實行爲，即加以指駁，是爲「部駁」。遭部駁後，海關監督必須在規定的期限內作出回覆，直到戶部滿意，奏銷流程方告結束。〔註27〕

〔註24〕陳國棟：《清代前期粵海關的稅務行政（1683～1842）》，《食貨月刊》合訂本第 11 卷，第 478 頁。

〔註25〕乾隆二十九年修：《欽定大清會典》卷 10，戶部，四庫全書（205），商務印書館，2005 年，第 738 頁。

〔註26〕郭松義等：《清朝典章制度》，吉林文史出版社，2001 年，第 341、360 頁。

〔註27〕陳國棟：《清代前期粵海關的稅務行政（1683～1842）》，《食貨》（月刊合訂本），第十一卷；同治七年七月二十八日福寬等摺，《錄副奏摺》，檔號：3－86－4877－63。

4. 奏銷文本的規制

清初，臣下向皇帝彙報地方政情，大多通過題本和奏本兩種文書形式，題本與奏本並用。雍正三年規定奏報公務用題本，加蓋官印。本身私事，均用奏本，不用官印。題本通用白紙摺，有一定的書寫格式。首幅開面上方正中寫一「題」字。自第二幅起爲正文，頭行書具題者官銜姓名；第二行始書題報事由，接敘緣起、情節及處理意見，文尾以「謹題請旨」結束，如不請旨，則以「謹題奏聞」結束。末幅正中寫具題年月日，年月日下列具題者官銜姓名，加蓋官銜印信關防。題本經內閣票擬辦理意見後，呈皇帝閱覽。皇帝批閱後，送回內閣六科發抄相關衙門施行。凡皇帝認可的票籤，批本處俱用朱筆照錄於該題本首幅開面上，稱批紅。經批紅的題本，稱紅本，發抄各衙門施行的是抄本。辦理流程大致如下：

具題人➡送交內閣➡內閣票籤➡皇帝覽題批示➡批發六科施行〔註28〕

海關監督定期向皇帝彙報海關稅收情況，用的即是題本。乾隆五年奏准：「各關任滿，但將一年徵收額稅，繕本具題。」可見，題本應如實彙報稅收數目；但是又規定，「其或較上年多寡，並因何短少緣由，不必敘入本內，令該監督等另摺具奏」。〔註29〕這裡的「另摺具奏」，應該指的是奏摺，將題本中不好說明的情況，再通過奏摺的形式詳細報告。

奏摺的使用，始於康熙中期，最初僅限於皇帝指定的少數親信官員。雍正皇帝即位後，進一步擴大了使用奏摺的範圍。奏摺用紙多爲榜紙、本紙和毛邊紙，每幅六行，左右兩幅稱爲一扣或稱一開。每扣 12 行，每行計 20 個字，低兩字爲平格，實寫 18 個字，餘兩字作擡頭之用。奏摺一般不用印，封好後裝入報匣，專差遞送，經專門負責收發奏摺的內外奏事處，到達皇帝手中，保密性高。皇帝披閱奏摺，皆用朱筆，稱「朱批奏摺」，發還給具奏人。雍正七年下令實行副本制度。凡奉朱批的奏摺，都由軍機處謄錄一份備查，即爲「錄副奏摺」。

〔註28〕可參單士魁：《清代題本制度考》、《清代制詔誥敕題奏表箋說略》諸文，均載《國立北平故宮博物院文獻特刊・論叢・專刊合集》，臺灣國風出版社，民國五十六年版。但奏文有時將奏本和奏摺混在一起，應予注意；再可參中國第一歷史檔案館編：《清代文書檔案圖鑑》，香港：三聯書店有限公司，2004 年。

〔註29〕席裕福、沈師徐輯：《皇朝政典類纂》，文海出版社印行，近代中國史料叢刊續輯（881），第 10 頁。

此外，關稅奏銷文書還有片、單的形式，以及彙送到部科的各類奏銷清冊和清單。片，係地方官隨時向皇帝報告事宜或請示的文書，不具銜名，開首即陳述事項，末尾以「謹奏」結尾，文字簡潔，片紙可完；《清史稿》稱：「奏銷冊者，合通省錢糧完欠、支解、存留之款，彙造清冊，歲終報部覈銷」。〔註30〕說法比較籠統。其實，海關奏銷清冊又分爲稅收數目清冊、收支四柱清冊、經費數目清冊等。稅收數目清冊係按日羅列本報告期各項船隻進口、出口所載貨物輕重和各項稅銀多少；收支四柱清冊則是本報告期內各項稅銀的收支留存情況，採用四柱式，按舊管、新收、開除、實在四項一筆筆詳細羅列。所謂舊管，即承前賬，新收即該期新附入，開除即該期破用開支，實在即本期財物結存。四柱的邏輯關係爲：舊管＋新收－開除＝實在；經費數目清冊是將本報告期內所有開支一切經費銀兩數目，按項羅列。以上清冊均裝訂成冊，封面蓋上官印，封底有海關監督的落款。另外，還有清單一項，格式與收支清冊完全一致，只不過不是裝訂成冊，而是折疊形式，封面蓋印，但封底沒有落款。

第二節　奏銷制度的釐革

一、常、夷兩稅分列及關期流變

1. 兩稅分列

五口通商以後，夷稅、常稅開始分開徵收，新關徵收夷稅，按新例徵收，舊關徵收華稅，按舊例徵收，關稅的徵管涇渭分明。如閩海關，從道光二十三年九月十一日廈門開市之日起，「所收夷人棉布等稅，均歸夷稅，另款存貯，不入內地商稅之內」，即「海關徵收夷稅、常稅，分而爲二」。〔註31〕江海大關、新關兩個徵稅部門，「稅鈔額則支款，定章各判」。〔註32〕常夷兩稅的分開徵收，反映在奏銷制度上，就是常夷兩稅開始分別奏銷，即常稅按照傳統的奏銷程序進行，而夷稅則採取新的程序進行。當然，常、夷兩稅的分別奏銷，有一個過程，先是上海等四口實行兩稅分列，繼而，咸同之際，粵海關也開始常夷兩稅分列，實行分別奏銷。

〔註30〕趙爾巽：《清史稿》（卷121，食貨志），中華書局，1976年，第3528頁。
〔註31〕道光二十五年三月十七日敬穆奏，蔣廷黻輯：《籌辦夷務始末補遺》（道光朝第四冊），北京大學出版社，1988年，第16頁。
〔註32〕應寶時修，俞樾纂：《上海縣志》，第178頁。

　　常、夷兩稅的分列，體現了清政府對常、夷兩稅的不同管理。常稅仍按既定的辦法，實行定額管理，其奏銷規則仍循舊轍，不予變更；而夷稅，對於江海等四口來說，則是新生事物，因為在三關四口原有的稅收定額中，並沒有夷稅的定額。如何確保這些海關對徵收的夷稅盡可能的歸入中央庫帑，自然是統治者考慮的問題。當然，萬全之策也是給他們制定一個恰當的定額，但「西洋各國貨稅，本為福州、廈門、寧波、上海四關所無，現在甫准通商，其貿易之衰旺，難以懸擬，稅額即難定準」。另外，統治者也考慮到，五口通商可能對粵海關構成衝擊，使原有的貨源產生分流，那麼，勢必影響到粵海關的稅收。而粵海關的稅收定額，是在一口通商的前提下制定的。那麼，現在既分五口通商，則粵海關出入貨物較少，若仍責令照舊徵解，勢有所難，粵海關原定稅額，應暫歸五口勻攤，以免偏枯。「此後粵海關如有徵不足數，應請暫於福州、廈門、寧波、上海四關所徵西洋各國貨稅內撥補足數，即由各海關徑自報撥。其額外贏餘，各歸各關，盡收盡解」。如此暫行三年。三年後，察看五口每年可徵稅銀各若干，比較準確，再將粵海關原額銀八十九萬九千六十四兩分款科算，勻歸五口，作為定額，如有贏餘，仍以額外贏餘報撥。〔註33〕這樣，上海等三關所徵夷稅，應與粵海關一體辦理，以道光二十四年正月二十五日為截數之期，將徵收數目咨會粵海關查照。以後每屆三個月，各關互相咨會一次，俾關期不致參差。倘粵海關徵不足額，即可照案指請撥補。〔註34〕自道光二十四年後，閩、浙、江三關夷稅在奏銷年度結束後，除各關向中央報告各自的關稅收入以外，還必須同時咨報稅收確數給粵海關。粵海關監督在辦理奏銷時，在奏報本關的稅收情況以後，還必須附帶奏報一下其他三關的稅收情況，並給以簡要的分析。其用意當然是揣度一下各口的稅收盈枯消長，並匡算一下該年夷稅稅收的總的規模，好彌補粵海關的稅收定額的虧空。從道光二十四年正月二十五日開始，江海三關夷稅關期調整為與粵海關一樣的關期。這就意味著江海三關常稅和夷稅的奏報適用不同的結算期限，這反過來更進一步促成了三關夷稅、常稅管理制度的區別。

〔註33〕道光二十三年六月二十七日耆英等摺，《籌辦夷務始末》（道光朝），中華書局，1979 年，第 2676～2680 頁。

〔註34〕道光二十三年八月二十七日耆英等片，齊思和編：《第二次鴉片戰爭》（一），上海人民出版社，1978 年，第 37 頁。

2. 關期流變

關期爲關稅結算的會計期間。清代各關常稅的結算期間各不相同，各關關期各自爲政。如同在道光二十年，在粵海關，該年的三月二十五日爲上一關期截止之日，三月二十六日爲下一關期開頭之日；在江海關，該年十一月底爲上一關期截止之日，十二月初一日爲下一關期開頭之日；在閩海關，該年的三月十五日爲上一關期截止之日，三月十六日爲下一關期開頭之日；在浙海關，該年的三月初八日爲上一關期截止之日，三月初九日爲下一關期開頭之日。不僅各關關期的起止時間錯亂不一，且曆年與關期的起止時間也不一致，一個完整的關期，大多要跨越兩個曆年，由於農曆閏月的存在，造成奏銷年度與曆年之間產生參差，這種關期遞年遇閏趨前的情況在五口通商之後仍未得到改變。也就是說，五口通商以後，各關常稅的關期並未得到統一。不過，這種關期的參差和指稱的錯亂，並未給各關常稅的奏銷造成很大的不便，因爲各關常稅均各辦各的奏銷，互不牽扯。迨至光緒二十七年五十里內常關劃歸稅務司管理，總稅務司開始對其所兼管的各五十里內常關的關期進行統一。五十里內常關關期，不管有閏無閏，每期都以該年華曆十月一日開始，至次年九月底結束。海關總稅務司署通令：「應注意海關年曆爲每年洋曆一月至十二月，常關年曆爲每年華曆十月一日至次年九月底。首次常關季報時期爲光緒二十七年十月、十一月及十二十月一日」。〔註35〕總稅務司的這種改革，不僅使五十里內各關常稅關期得以統一，而且避免了之前的遇閏趨前現象。但是，又帶來了新的問題，即造成各個關期的長短不一，難以進行年度比較，因爲華曆中有的年份有閏月，而有的年份沒有；同時，還造成五十里內常關與五十里外常關關期的不一致。

光緒三十二年八月岑春煊對粵海關進行整頓，認識到常關五十里內、外關期不一致的弊端：「自光緒二十八年後，（粵海）各關常稅陸續改歸稅司經徵，收稅銀數悉按中曆年月開報，覈與關期參差一年九月有奇。年月既有參差，收數斷難符合，報銷到部，稽覈爲難」。改革的辦法就是將兩者統一，按年爲期，「自光緒三十年十一月四日監督裁缺之日起，即將向按關期造報之各關常稅改爲按年造報，期與稅司徵報之數鍼孔相符，其餘各口由委員徵收者，一律按年造報。」〔註36〕當然，當時這只是粵海一關的做法。宣統年間，開始

〔註35〕1903 年 3 月 17 日海關總稅務司署通令第 1067 號，《通令選編》（第一卷），海關出版社，第 490 頁。

〔註36〕光緒三十二年八月十六日岑春煊奏，朱批 74：第 816 頁。

編製全國預算和決算，各關關期的統一，也就勢在必行了。宣統元年，兩江總督、江蘇巡撫先後文電，請將淮安、江海各關稅項改爲按年造報，以期與清理財政章程相符，自應將各關關期一律更改，以歸劃一。度支部也認識到：常關奏報，「向以十二個月爲一年，期滿連閏扣算，推移既久，遂致年月乖舛，名實不符，嗣有一二關遇閏加增稅額者，亦係來年跨月截算爲難。現值清理財政，所有一切出入各款，均須按年截清，以爲將來預算決算之基礎。自非劃一年度，無以清界限而便勾稽」，於是「公同商酌，所有各常關收支款目，造報期限擬調後，均改爲自正月初一日起至十二月底止。除崇文門仍照向章按四季奏報外，其餘各關，均令按年奏報，如遇有閏之年，按照原定稅額，增攤一月比較，以重考覈而符定例。……其各省府關及一切雜稅雜捐，亦均仿此改辦，以歸一律」。〔註37〕這樣，十二個月爲一期的奏報制度最終被廢棄，各關統一以中曆自然年度爲結算期限，如浙海關即以光緒三十三年底作爲舊案，此後奏報，不論有閏無閏，均按年度計算。〔註38〕閩海關也從宣統二年正月初一日開始，至十二月底，一律改爲按年造報，如有閏月，按原定稅額增攤一月。〔註39〕粵海關雖早已按自然年度爲奏銷期限，但由於起始日期又不吻合，至此，又經歷了一次關期的調整。這樣，遇閏趨前的情況可以避免，各關常稅關期也得到統一。

我們再看洋稅結算期間的處理。五口通商以後，由於江、浙、閩三關夷稅被視爲粵海關稅分出的一部分，應定期向粵海關彙報各關的稅收情況，以酌補粵海關的稅額之不足。既然江海等三關夷稅定期向粵海關彙報是出於彙覈綜覽稅收的目的，各關夷稅的稅收數字必須要有可加性，因此統一夷稅關期視爲必要。道光二十三年八月耆英等奏請趁上海等三關開市的機會，對各關稅務章程重新更定，規定上海等三關所徵夷稅，應與粵海關一體辦理，以道光二十四年正月二十六日爲起始之期，此後每十二個月爲一結算期間，使各關關期不再參差。每屆三個月或十二個月關期報滿之日，各關將徵收數目

〔註37〕宣統元年十一月十五日度支部具奏常關奏報年分參差請一律改爲按年造報以歸劃一摺，宋壽徵等編：《度支部稅課司奏案匯要》，近代中國史料叢刊，文海出版社印行，第 109 頁；《政治官報》奏摺類第 792 號，宣統元年十一月二十七日。

〔註38〕國家圖書館藏：《浙江清理財政局說明書》（刻本），上編歲入，第五款關稅，無頁碼。

〔註39〕宣統二年九月六日松壽奏，《錄副奏摺》，檔號：3－154－7506－54。

咨會粵海關查照。倘粵海關徵不足額，即可照案指請撥補。〔註40〕自道光二十四年後，閩、浙、江三關夷稅，均採用與粵海關一致的關期進行結算上報。這種情況到第二次鴉片戰爭結束才改變。

第二次鴉片戰爭結束，中國賠付鉅額戰爭賠款。咸豐十年英使額爾金在續增條約草案中首先提出：賠項八百萬，自畫押爲始，限兩月在津先交一百萬，十月二十日前在廣東分繳三十三萬零，「其餘銀兩，應在通商各關於正納總數內分結扣繳二成，以英月六個月爲一結。自本年英十月初一日即庚申年八月十七日，至明年英三月三十一日即辛酉年二月二十一日爲第一結。如此陸續扣繳八百萬總數完結」。〔註41〕朱批准。所謂「一結」，即一個結算期間之意。但在中英續增條約正式文本中，卻將結期改爲三個月，「以英月三個月爲一結，即行算清。自本年英十月初一日即庚申年八月十七日，至英十二月三十一日即庚申年十一月二十日爲第一結」。〔註42〕中法續增條約也是同樣的規定。結算期何以由六個月改爲三個月，檔案中沒有更多的說明，抑或英法兩國出於利息或其他方面的考慮，這裡不擬揣度，反正中方對此也未提出反對的意見。自此，洋稅的關期即稱爲結期，一個結期爲西曆三個月，四結即爲西曆一年。

對於按結清算的扣款安排，黃序鵷有過評論：「至今海關收入仍按結造報者，實權輿於此（算至民國二年多，已二百零十三結）。此亦我國關稅史上之極大紀念也。」〔註43〕陳詩啓也認爲：海關清算季度以「結」爲名，始自北京《續增條約》，這是以海關洋稅抵償賠款的嚆矢，開了海關與賠款聯繫的先例。〔註44〕黃、陳二先生從不同的角度突出了結期的引入在中國海關史上的意義。但北京《續增條約》規定洋稅按結清算的初衷，只是爲了按期支付賠款便於結算的需要，在新章剛實行的前幾年，結期的使用對關稅管理制度並未造成很大的影響。各海關洋稅的收支及經費支出仍按照原來的關期年度進行奏銷。只不過在年度奏銷的同時，各海關還須將按結期清算的洋稅收入數

〔註40〕道光二十三年八月二十七日耆英等片，齊思和編：《第二次鴉片戰爭》（一），第 37 頁。
〔註41〕齊思和等編：《第二次鴉片戰爭》（五），上海人民出版社，1978 年，第 75 頁。
〔註42〕齊思和等編：《第二次鴉片戰爭》（五），上海人民出版社，1978 年，第 205 頁。
〔註43〕黃序鵷：《海關通志》（下），商務印書館，民國六年，第 292 頁。
〔註44〕陳詩啓：《中國近代海關史》，人民出版社，2002 年，第 88 頁。

目在規定時間內上報給中央，中央藉此可瞭解賠款頗扣的具體情況。彙報的內容，剛開始僅正稅一項，將稅課若干，應扣外國若干，分別奏咨。後來，清廷覺得有必要瞭解更多的關稅情況，於是，同治元年，總理衙門行文各通商口岸，每屆三月一結之期，即在奏報徵收正稅按結扣歸外國二成摺內將不扣二成之船鈔、子稅及土貨半稅詳細聲明，以重稅課。〔註45〕各關於第五結開始陸續實行，按要求奏報。

洋稅的收入既按結奏報，而支出仍和常稅一樣按關期一年辦理題銷，這就造成「入數既不能不以結期為斷，出數又不能不以關期為斷，關期與結期，互有參差，入數與出數即多軮輵」，這裡涉及到現代會計學上的一個基本準則，即配比原則：在同一個頗算期間內，費用的歸集應與收入具有對應性。顯然，作為一種財政決算行為，關稅的收支奏銷也應遵循這一原則。這一問題，時人已有所體察。同治三年，通商大臣李鴻章咨准總理衙門會同戶部公同商酌，奏定章程，規定各關洋稅改題為奏，均以咸豐十年八月十七日為始，仍按三個月奏報一次，扣足四結，專摺奏銷一次，不再按照關期題銷。自此，洋稅按照結期奏銷，常稅按照關期奏銷，分別收支，洋稅的奏報與稅款收支與常稅開始涇渭兩分。

洋稅奏銷年度按西曆進行調整，雖屬財政行為，無關宏旨，但對於兢兢恪守於天朝正朔的傳統觀念卻大有關礙。很奇怪的是，清政府在這點上，表現出無關痛癢，似乎並不在意。

二、改題為奏

1. 洋稅改題為奏

同治二年之前，常洋兩稅在奏銷時雖已分開辦理，即實行分別奏銷，但兩者都用題本。一年期滿，先將稅收總數上報一次，等查頗支銷確數後，再上疏具題，分款造冊解部。題本的規制上文已有交待，其流程較為繁瑣曲折。各省所上題本均需經過專門辦理題本的機關通政使司檢校，再經閣臣票擬、貼黃、然後進呈，在檢查、接收、遞送環節往往耽擱時間很長，既顯遲緩，又失機要。而且題本的辦理，還必須參照一定的條例議覆。〔註46〕題本的稽

〔註45〕蔣廷黻輯：《籌辦夷務始末補遺》（同治朝）（第一冊），北京大學出版社，1988年，第106～109頁。
〔註46〕黃才庚：《清末「改題為奏」研究》，《檔案》，1987年第4期。

延時日，可舉一例。閩海關福廈二口夷稅咸豐七年八月二十六日至八月二十五日期滿，於咸豐八年十一月十五日題奏。該題本到咸豐九年五月七日才奉旨下發，當日鈔出到部，讓戶部察覈具奏。戶部又將該關該年徵收夷稅的相關簿冊移送戶科磨對，九年十月二十九日戶科方將該關徵收夷稅簿冊磨對完訖，再移覆到戶部，戶部再將考覈結果於十年十月十二日上奏，其間的周折耗費幾乎兩年時間。〔註47〕如果戶科在磨對環節發現了問題，還需駁回令各關查明再行覈銷，那所需時間就更長了。

同治二年由於洋稅開始扣成，通商大臣李鴻章咨准總理衙門會同戶部奏定章程：「各海關洋稅收支數目，均以咸豐十年八月十七爲始，按三個月奏報一次，扣足四結，專摺奏銷一次，仍從第一結起，造具每結四柱清冊，送部查覈，毋庸按照關期題銷，以清界劃而免稽延。其各關應徵常稅，仍令各按關期照常題銷，以符舊制」。〔註48〕這就是洋稅的改題爲奏，即洋稅的奏銷文本由題本改爲奏摺的形式。

那麼，洋稅爲何要改題爲奏？戶部原摺中稱：「查題銷常稅，係各按關期扣足一年辦理。而洋稅因有英、法兩國各二成扣款，統自咸豐十年八月十七日起，以外國三個月爲一結，按結由各關奏報一次，若仍照常稅之例辦理題銷，是入數既不能不以結數爲斷，出數又不能不以關期爲斷，關期與結期互有參差，入數與出數即多輾轉」。〔註49〕戶部摺中指出了這樣一個問題，海關洋稅的收入數是按照洋曆三個月向中央彙報一次，而支出數又是按照中曆一年向中央報銷一次，這樣，收入與支出就會發生結算期間上的不匹配。要使兩者匹配，就必須將支出也按照收入的結算期間結算。這就要改變原來的奏銷方式。戶部的奏摺所未道及的是，洋稅之所以能改題爲奏，還在於關稅徵管方式的變化。與常稅的額徵制不同，洋稅實行盡收盡解，洋稅親填簿就被視爲可有可無之物，並於同治二年一度棄置不用，洋稅的奏銷已沒有必要像常稅一樣要經過戶科的磨對互較這一環節。另外，洋稅被要求按結扣成賠款，每結關稅徵收多少，應支付賠款多少，這是清廷最爲關心的問題，地方海關必須快速、及時、準確的上報，按照題本的速度是遠遠不夠的，因此，快捷

〔註47〕咸豐十年十月十二日戶部尚書肅順爲奏銷夷稅錢糧事，第一歷史檔案館藏：《內閣全宗》，檔號：02－01－02－3060－007。
〔註48〕光緒朝《清會典事例》（卷238），中華書局影印，第811頁。
〔註49〕太平天國歷史博物館編：《吳煦檔案選編》（六），江蘇人民出版社，1984年，第98頁。

保密的奏摺自然比題本優越。

改題爲奏，省卻了經過戶部、戶科磨對比較這段程序，因此較題銷手續簡便不少。不過較常稅奏銷而言，洋稅除每四結即一年進行一次年度奏銷外，多了另外一項工作，即每結都必須向清廷奏報一次稅款收支情況。我們在翻閱檔案時，所見到的洋稅四柱清單要比常稅多的多，就是這個原因。

洋稅改題爲奏，是在同治二年十一月份，即在洋稅第十三結內。而清政府爲使四柱清單的數據能夠銜接聯貫，要求從咸豐十年八月十七日即洋稅新的結期開始之日算起。這裡就產生這樣一個問題：結期是根據外國月建，即我們現在所說的陽曆來計算，而關期則根據中國曆即陰曆來計算，雖然四個結期就是一年，但陽曆一年與陰曆一年，在時間的跨度上存在參差。各關按結彙報洋稅收入數已達十三結即三年有餘，但是這三年多的洋稅支出則是按關期結算的。現在要按照收、支對應的原則，將這三年多的支出款目，按照新的結算期間重新加以甄別、歸集。這樣，幾年來的款項賬目，都要另行繕造。

各海關處理的情況各有不同，我們先來看閩海關的情況。戶部對閩海關的要求是：「閩海一關題至同治元年七月二十五日止，核計徵收洋稅已在第八結期內，惟第八結係扣至閏八月初八日限滿，計尚短一個月零十二日，應令附入第九結內分晰奏報」。但閩海關卻提出：同治元年七月二十六日至二年六月二十五日的常洋兩稅冊檔銀兩均已造製完畢，正準備派員起解，因此要求本屆奏銷仍舊辦理。六月二十六日以後的洋稅收支數目，附入第十三結，再按新章處理。這樣，閩海關就已題銷至同治二年六月二十五日，但還是存在這樣一個問題，即第十二結是於二年八月十八日結束的，六月二十五日與八月十八日之間尚有一個月零二十三天，只得附入第十三結內分晰奏報。還有「洋藥稅一項，乃續後添徵之款，與洋稅關期先後不同，向係分案辦理奏銷。至於按結撥交外國扣款，仍係同按結期一併奏報。今洋稅新定章程，洋藥稅自應一律辦理。惟洋藥稅項下收支數目，只按關期造報至同治二年正月二十六日止，所有正月二十七日以後收支銀兩，雖經造齊冊檔，尚未起解。此時遽照新章，扣計結期辦理，將來扣足四結奏銷時，又與洋稅奏銷不能符合。臣反覆籌思，應請將洋藥稅銀自同治二年正月二十七日起至七月二十六日止六個月收支數目，仍按關期造冊奏銷，其自七月二十七日起至八月十八日第十二結屆滿之日止，計餘剩二十二日，附入十三結開報，此後同洋稅一律按

結彙報，扣足四結，以清界劃而免兩歧」。〔註 50〕總之，從 13 結開始，閩海關才根據新的奏銷程序來辦理奏銷。〔註 51〕

我們再來看看粵海關的情況。對於粵海關來說，關期的調整勢必涉及兩個方面的問題，1. 將常、洋兩稅分開奏報。2. 將洋稅的原關期調整為新的結期。正由於粵海關關稅奏報一直是常、洋兩稅不分，粵海關的關期調整就較為複雜，必須從第一結開始將常稅收入從已徵各數中剔出，將常稅支出也從總的關稅支出中剝離，所以工作量大，以致一拖再拖，遭到戶部的嚴催，至同治四年二月二十六日才有了完整的回覆。最後同樣產生一個新、舊關期不銜接的地方，即咸豐十年七月二十六日至十年八月十六日計二十一天，七月二十六日之前屬於咸豐十年分的奏銷年度，八月十七日開始實行結期，如何配比這二十一天的收入與支出，著實費去粵海關監督不少腦筋。〔註 52〕

2. 常稅改題為奏

洋稅按結奏報，而各關常稅仍然沿襲傳統的奏銷模式，按關期照常題銷。由於海關一般統轄多口，各口稅冊不能及時送到，都會影響奏銷的正常進行。如閩海關自同治二年六月十六日起，至三年六月十五日止一年期滿，各口收支常稅銀兩，應造奏銷各項冊籍，經各口委員造冊呈送，尚能依限辦理，唯有漳州所轄銅山等四口，因匪患原因導致道路梗阻，應覈冊檔未能交齊，致難依限解辦，不得不要求展限奏銷。〔註 53〕粵海關也有同樣的情況出現。〔註 54〕另外，對於大關來說，冊籍紛繁，造冊工作也是一項不小的勞作，如粵海一關常稅，每年奏銷分送戶科的紅單、細冊、季冊，計 124 本。〔註 55〕如奏銷稍有稽延，幾年積壓下來，應造解部紅單細冊等件約千數百計，篇帙浩繁，實非一時所能趕辦。為簡便處理，填單人員事先在冊中按照稅則填好貨物名

〔註 50〕同治三年五月二十四日福建巡撫徐宗幹奏，蔣廷黻編：《籌辦夷務始末補遺》（同治朝）（第二冊），北京大學出版社，1988 年，第 256～260 頁。

〔註 51〕同治四年八月二十七日英桂奏，《錄副奏摺》，檔號：3－86－4872－63。

〔註 52〕同治四年二月二十六日毓清奏，蔣廷黻編：《籌辦夷務始末補遺》（同治朝）（第二冊），北京大學出版社，1988 年，第 543～544 頁。

〔註 53〕英桂同治四年三月十二日片，蔣廷黻輯：《籌辦夷務始末補遺》（同治朝）（第二冊），第 584 頁。

〔註 54〕咸豐九年正月二十四日恒祺奏，蔣廷黻輯：《籌辦夷務始末補遺》（咸豐朝）（第二冊），北京大學出版社，1988 年，第 10 頁。

〔註 55〕朱批 74：816～817 頁。

稱，到時只須填寫船戶姓名、完稅銀數即可，此皆憑空捏造，無關考覈。江海關也因上海一口為各國通商總彙之區，洋務紛繁，以致奏銷冊籍難以依限造辦，也要求免造冊送部，以歸簡捷。〔註56〕題銷制度已流於形式，改革成法已成必要。

　　庚子亂後，清廷被迫對一些典章制度進行改革，公文的刪繁就簡已為時勢所趨，改題為奏被作為提供行政效能的重要舉措而實行。光緒二十七年的改題為奏，是清末公文制度的一大改革，具有重要意義，論者多有闡發。〔註57〕但對於海關來說，其影響未必盡然。同治二年各海關洋稅奏銷就開始實行改題為奏，前已論及。不過，海關常稅的改題為奏，到光緒三十二年才開始有所行動，該年二月戶部摺：

　　　　稅銀關係國帑，實為入款一大宗，若不將收支數目按限奏銷，
　　　　某關有無存款，某款應否開支，臣部均無憑稽覈。臣等公同商酌，
　　　　所有各關起解稅銀，自應遵照舊例辦理。惟舊例應於關期滿後，先
　　　　行奏報收數，然後再將收支數目考覈題銷，單冊分送部科磨對，辦
　　　　法多一周折，即時日難免稽延。現值整頓庶務之際，無論何項要政，
　　　　均不宜稍涉因循。況改題為奏久已奉旨通行，正宜將各關奏銷略為
　　　　變通，以免遲延而符例限。請旨飭下管關督撫將軍監督，嗣後關期
　　　　報滿，限三個月內奏報收數，並將徵收稅銀支銷各款，繕具清單，
　　　　隨摺奏銷，無庸另案辦理，應送單冊以奏報到部後二十日內解到為
　　　　限，並責成委管關務之道員於關滿之後，一面將收支稅數詳報督撫，
　　　　一面先行繕單呈報臣部，以免稽延。其從前關期屆滿未經奏報奏銷
　　　　各案，統於此次奏准後，奉到部文之日起予限三個月一律辦結，毋
　　　　再延宕。自此次奏定後，各管關督撫將軍等，如或奏報遲延，臣部
　　　　定即查取職名，移咨吏部議處，其關道委員等職司權務，責無旁貸，
　　　　如不恪守此次奏案，任意延宕，擬請按照海關新章，指名嚴參，以
　　　　為玩視關務者戒。〔註58〕

改題為奏的目的是公文刪繁就簡，力求簡便。戶部的奏摺也強調了這一原

〔註56〕　第一歷史檔案館藏：《朱批奏摺》（同治朝），膠片號22～1221。
〔註57〕　鄧詩熙：《清代本章制度「改題為奏」考》，《史學集刊》第三期；黃才庚：《清末「改題為奏」研究》，《檔案》，1987年第4期等。
〔註58〕　《錄副奏摺》，檔號：3－129－6442－38。

則，將常稅奏銷的兩個步驟簡化爲一個步驟，即「將徵收稅銀支銷各款，繕具清單，隨摺奏銷，無庸另案辦理」。筆者認爲，所謂「隨摺奏銷」，即是改題爲奏。

同年八月十六日岑春煊奏：

> 查粵海各關常稅，每年奏銷向有紅單、細冊、季冊，分送戶科，計 124 本，篇頁繁多，單內貨色係就報徵銀數，按照稅則填載冊內，則填船戶姓名完稅銀數不列貨色。此皆憑空捏造，無關考覈。方今百事改良，務求簡當，此等無稽單冊，實屬無所用之，擬懇天恩敕部，免其造送。至各關支銷經費，應照改章後實用之數，另造細冊送部，作爲定額，以後按年照額開支，以期簡便。〔註59〕

從時間上來看，岑摺應是戶部奏摺的一個回應。岑摺將隨題本上交的簿冊視爲無用之物，將題銷過程中磨對互覈環節視爲無關考覈。可以看出，流程曲折繁複的題銷制度被直接簡便的奏銷制度所取代，爲地方政府所樂於接受。但問題是，沒有經過戶部磨對互覈的常稅收支數目如何使清廷確信無疑呢？岑摺的建議是，對各關經費的支銷制定一個中央認可的定額，以後按年照額開支即可。

常稅的改題爲奏顯示，清廷對常稅收支的控制較以前有所鬆弛。不過，這並不能說明，清廷對地方財政單位信任有加，而是因爲，甲午之後，清廷對地方均實行壓榨性財政汲取政策，大量的撥款和財政攤派加之於各關頭上，造成各關的入不敷出，清廷實在沒有必要像從前那樣對各關常稅收支控制得那麼嚴厲了。

三、新收與開除

海關監督的奏銷清冊，主要有稅收數目清冊和收支四柱清冊等。茲以北京大學圖書館所藏檔案《四川川東道監督重慶關稅務造呈第壹佰捌拾捌結期滿徵收各項稅銀數目清冊》爲例，分析它的結構。該冊開頭格式：「四川川東道監督重慶關稅務爲遵旨徵收關稅事。今將重慶關自光緒三十三年五月二十一日起至八月二十三日止第壹佰捌拾捌結期滿徵收各項正稅半稅銀數目，造具細數清冊呈請查覈，須至冊者」。其下爲：

〔註59〕 朱批 74：第 816～817 頁。

計開

光緒三十三年五月二十一日

出口貨：

……

子口貨：

……

進口貨：

……

本日共徵各船進出口貨正稅若干，子口若干，存票抵稅若干

下一日，如上羅列。

其中進出口各貨下，詳細記載各商號名，雇用船名，貨源，載貨噸位，稅銀數目等信息。逐日登填，每日一小計，一月一總計。因此，稅收數目清冊其實就是一本流水賬，因此又稱日徵細冊。

收支四柱清冊結構就複雜的多。茲以北京大學圖書館所藏檔案《四川川東道監督重慶關稅務造呈第壹佰捌拾捌結期滿收支各款四柱清冊》爲例，其開頭爲：「四川川東道監督重慶關稅務謹將重慶關自光緒三十三年五月二十一日起至八月二十三日止第壹佰捌拾捌結期滿收支各款開具四柱清冊呈請查覈，須至冊者，今開……」，以下按舊管、新收、開除、實在四柱格式羅列各收支項目。

舊管和實在兩柱，是上下兩個奏銷年度的連接部分，上個年度的實在項就是本年度的舊管項，數字應該一致，這樣才做到上下兩個奏銷年度賬目的銜接。這兩柱項目較爲簡單。新收項雖較前兩項複雜，但在清季，海關稅制較爲穩定，稅收項目也少有變化，且各海關並無大的不同。最爲複雜多變的一柱是開除項。該項複雜紛繁，名目不一，不僅各海關不同，就是同一海關，在不同時期，其開支項目也是大不相同。本書根據國家圖書館所藏《各海關華洋各稅收支考覈簿》一書，略加整理，列表如下。對於新收一項，由於各海關項目均大致相同，茲爲一表；至於開除一項，由於款目繁多，各關不同，此處僅列粵、江、閩、浙四關。根據情況的不同，《考覈簿》又將開除項分爲額支項目和活支項目。額支項目，大多爲海關上解的專款，視爲常例，在較長時間內數額或提取比例不變；活支項目，爲中央臨時需費而劃撥，爲每年添撥之款。不論額支、活支，原簿都詳細羅列

了各款的數額和起訖時間，但限於篇幅，本表未予列示。原件未標明年份，據推測當爲光緒二十年或二十一年的情況。因此，光緒二十一年後開除項的變動，本表就未予反映。

表 3.1：晚清各海關洋稅新收項目表

洋商船隻各稅款目	一 收洋貨進口正稅 一 收土貨出口正稅 一 收土貨復進口半稅 一 收土貨進口正稅 一 收洋藥土膏各稅出口正稅 一 收洋藥土膏各稅復進口半稅（其中有內地土藥稅） 一 收船鈔
華商船隻各稅款目	一 收洋貨進口正稅 一 收土貨出口正稅 一 收土貨復進口半稅 一 收土貨進口正稅 一 收洋藥土膏各稅出口正稅 一 收洋藥土膏各稅復進口半稅（其中有內地土藥稅） 一 收船鈔
華洋子口稅款目	一 收洋貨入內地子口稅 一 收土貨出內地子口稅
另收款目	一 收某年正雜盈餘水腳平餘等十五兩加平銀 一 收某年分常稅二成經費 一 收某年分洋稅二成經費 一 其他

資料來源：國家圖書館藏《各海關華洋各稅收支考覈簿》（抄本），無頁碼。

表 3.2：晚清海關洋稅開除項目表

粵海關	額支款目	一 支船鈔 一 支火耗 一 支大關稅司經費 一 支潮州關稅司經費 一 支瓊海關稅司經費 一 支北海關稅司經費

粵海關	額支款目	一 支大關津貼經費 一 支潮州關津貼經費 一 支瓊海關津貼經費 一 支北海關津貼經費 一 支大關經費養廉工食等銀 一 支廣儲司行取金兩價銀 一 支造辦處行取金兩價銀 一 支奉天練餉 一 支出使經費 一 支糧儲道撥充普濟院公用銀 一 支廣儲司公用銀 一 支造辦處米艇銀 一 支內務府行取各色紓金飛金碾朱洋金線價等銀 一 支綺華館經費
	活支款目	一 支匯費 一 支八旗官學工程銀 一 支解部庫作抵閩省京餉銀 一 支解京餉銀 一 支解京提回賞廣西各軍銀 一 支東北邊防經費銀 一 支東北邊防經費銀交欽差大臣彭行營銀 一 支部庫提還協陝月餉銀 一 支北洋海防經費銀 一 支南洋海防經費銀 一 支支邊畿防餉銀 一 支內務府行取漆盤價等銀 一 支彌補上屆不敷銀 一 支稅務司修復公館工程 一 支廣東善後局息借洋款 一 支江海關墊付俄商糧價 一 支廣東本省兵餉
閩海關	額支款目	一 支火耗 一 支華洋船鈔 一 支福廈二口稅司經費 一 支甌海關稅司經費 一 支閩海關衙門福廈二口及各驗卡員弁書役經費 一 支出使經費 一 支閩省輪船經費 一 支每年京餉正銀

閩海關	額支款目	一 支京餉加平飯銀 一 支加放俸餉 一 支奉省捕盜經費 一 支臺灣開撫經費 一 支海軍衙門經費 一 支閩省海防經費 一 支籌邊軍餉 一 支東北邊防經費 一 支內務府經費 一 支協濟熱河餉銀
	活支款目	一 支每年奉撥閩省兵餉 一 支匯費 一 支撥還洋商借款 一 支福廈滬打四口銀號工食 一 支奉省俸餉 一 支勻解西征欠餉 一 支甘肅新餉 一 支恭辦大婚典禮外用款項
江海關	額支款目	一 支船鈔 一 支製造輪船機器局二成銀 一 支新關稅務司經費 一 支新關書役經費 一 支協撥蕪湖關稅務司經費 一 支火耗 一 支加放俸餉 一 支內務府參價並平餘撞費等銀 一 支補贛關絲稅正耗銀 一 支戶部指撥京餉 一 支東北邊防經費 一 支籌邊軍餉 一 支海軍衙門經費 一 支南洋通商大臣養廉銀 一 支巡撫衙門繕書工食 一 支南北洋海防經費飯食
	活支項目	一 支匯費 一 支歸還部墊榮營月餉 一 支伊犁金營出關軍餉 一 支新疆南路工費 一 支揚州淮軍黔兵月餉 一 支直隸練軍協餉 一 支蘇藩司滙解固本京餉 一 支蘇藩司協濟黔餉銀

江海關	活支項目	一　支金陵機器局增添廠屋經費 一　支閩省借用洋款息銀 一　支神機營長竹矛杆價腳銀 一　支採買外洋軍火關攤一半價銀 一　支開挖吳淞口機器船價並局費等銀 一　支金陵防營練勇月餉 一　支蘇藩司協貼蘇織造大運工需銀 一　支蘇藩司旗綠各營兵餉銀 一　支蘇藩司旗營加餉銀 一　支蘇藩司放提右營俸餉 一　支松滬捐釐總局協濟軍餉 一　支金陵防營支應局製造火藥工費銀 一　支外海水師吳淞等營艇船篷旗號衣等銀 一　支蘇松太道滬防各營月餉 一　支蘇松太道協濟海防軍需銀 一　支神機營借用洋款息銀 一　支臺灣協餉銀 一　支恭備大婚典禮用項 一　支撥補招商局運漕應免二成貨稅銀 一　支揚州四川改撥添撥淮餉 一　支歸還部墊伊犁軍餉 一　支吉林俸餉 一　支大婚典禮應需棕毛價 一　支提還旅順塢工購運機器稅 一　支商局輪船駛行朝鮮津貼 一　支出使日本大臣奉撥銅價 一　支奉造金寶星工價 一　支內務府經費 一　支蘇藩司代籌南字營半餉 一　支蘇藩司奉派鐵路工費
浙海關	額支款目	一　支華洋噸鈔 一　支耗銀 一　支稅務司經費 一　支給關務委員薪水 一　支給關卡署內書巡飯工經費 一　支北卡房租 一　支鎮卡房租 一　支北卡洋人經費

浙海關	額支款目	一 支給添設巡船書巡及修葺望樓不敷經費 一 支常年浙省滿綠官兵俸餉 一 支出使經費 一 支加放俸餉 一 支海軍衙門海防經費 一 支臺灣協餉 一 支頓鈔折耗銀 一 支戶部指撥京餉
	活支款目	一 支解還閩省借用洋款 一 支洋稅京餉內劃撥西征欠餉 一 支抵解本關常稅京餉 一 支匯費 一 支委弁路費 一 支織務經費銀兩

資料來源：國家圖書館藏《各海關華洋各稅收支考覈簿》（抄本），無頁碼。

以上二表所列示的僅是晚清海關洋稅的新收與開除項目，那麼常稅的新收與開除怎樣呢？《各海關華洋各稅收支考覈簿》並無記載，就筆者所接觸到的文獻來看，也沒有這方面的完整記錄。這裡從江海關與粵海關常稅奏銷冊中各隨機挑出一份作爲個案說明。先看江海關江海關自二十五年二月一日至二十六年正月底常稅奏銷清單〔註60〕，所列：

新收：

　　一收大劉各口稅鈔正銀

　　一收大劉各口稅鈔耗銀

　　一收新增額外盈餘茶稅正銀

　　一收新增額外盈餘茶稅耗銀

　　一收江海關並徵藥釐項下撥補出海洋藥常稅銀

　　一收賠補額稅銀

開除：

　　一解蘇藩司彙解固本京餉銀

　　一放提右營俸餉銀

〔註60〕江海關自二十五年二月一日至二十六年正月底常稅奏銷清單，《錄副奏摺》，
　　　　檔號：3－129－6430－32。

一解江南籌防局奉撥陸軍鐵路學堂經費銀

一解部飯等銀

一給額支養廉、役食經費等銀

再看粵海關光緒二年分（光緒元年二月二十六年日至二年二月二十五日止）常稅奏銷清單〔註61〕：

新收：

一收大關徵銀

一收各口徵銀

一收潮州新關徵銀

一收廉州府屬北海關口所徵貨稅銀

開除：

一支通關經費及熔銷折耗等銀

一報解水腳銀

一部飯食銀

一支正雜盈餘、水腳平餘等十五兩加平共銀

一支另存平餘銀

一支解員盤費銀

一撥歸洋稅項下不敷撥解

與洋稅的新收與開除項相比，常稅的項目要少的多，說明常稅的稅收來源結構和支出去向均較洋稅簡單明瞭。

四、一些重要項目的分成銷算

關稅奏銷中，有些款項還須進行銷算扣成，款目銷算時，需遵從一定的程序和某些慣例。因此，我們通過考察相關款目分成銷算的流程，即可悉知清季關稅分配的大致概況，以下來看洋稅的分成銷算情況。

1. 洋稅正稅的分成銷算。洋稅的四項正稅（包括洋貨進口正稅、土貨出口正稅、土貨進口正稅、洋藥土膏各稅出口正稅）被分成四成、六成兩部分。四成洋稅扣出後，正稅尚餘剩六成，中間經過三項扣項即傾熔火耗、海關經費和出使經費後，餘銀仍名六成洋稅。傾熔火耗是指海關收到稅款後，在運

〔註61〕粵海關光緒元年二月二十六年日至二年二月二十五日止常稅奏銷清單，朱批71：第568～569頁。

解、傾鎔過程中由於稅銀成色低潮和熔銷損耗給海關銀號帶來的損失。五口通商之前，各海關即有火耗名目，不過是在稅外加徵，且各關徵例不一，往往和海關經費混在一起。五口通商時期，除粵海、津海等關每百兩准銷耗銀一兩二錢，江海、閩海等關向係每百兩准銷二兩。同治二年後清廷加強了對耗銀的管理，規定各關每徵正稅一兩，可以提取一分二釐用於補貼稅關銀號的損耗，不再歸入經費，海關在稅收項下作爲支出，年終報部覈銷。〔註62〕海關經費是指海關在徵稅過程中發生的費用，包括新關委員、書役人等的薪水飯食、辦公用費和本關稅務司薪俸經費。各關情況不同，支給的比例也異，有「按八分留支者，有按五分留支者，有按一分零留支者，並無一定」。〔註63〕江海關夷稅所需費用向於零稅內隨時動支，並無定額，咸豐十一年零稅名目取消，因此關道吳煦要求在所收洋稅中每兩酌提五分經費；〔註64〕同治元年正月，津海關獲准在洋稅正稅內每兩扣提八分，以充華洋員弁薪工一切經費，不敷時在洋藥釐捐項下撥補；〔註65〕同年粵海關監督要求仿照津海關成案，在進出口洋稅項下每兩坐扣銀八分，爲支銷經費之用；〔註66〕九江關也依天津例，提八分經費；江漢關經戶部議定只能扣銀六分。〔註67〕出使經費即專門用於使臣出使各國的費用，初無定額。光緒二年十一月鑒於使臣常駐各國，事屬經久，奏准於海關六成洋稅項下動用，初定爲在各海關餘剩六成洋稅中扣除一成，定期於季末滙與上海道臺，光緒四年六月總理衙門及戶部要求，此項撥款增至一成半〔註68〕，即15％。以上各款目的銷算公式爲：

〔註62〕 自同治二年正月始，部定新章，各海關每百兩均准支折耗銀一兩二錢。參見《籌辦夷務始末補遺》（同治朝）（第二冊），北京大學出版社，1988 年，第407～408 頁；《籌辦夷務始末補遺》（同治朝）（第一冊），第474～475 頁。

〔註63〕 中國第一歷史檔案館編：《光緒朝朱批奏摺》（財政類）（七一），中華書局，1995 年，第930 頁。

〔註64〕 太平天國歷史博物館編：《吳煦檔案選編》（六），江蘇人民出版社，1984 年，第318、405 頁。零稅係與正稅相對應的一個概念。凡有約國進出口貨稅爲正稅；無約各國進出口貨稅和華商搭載洋船進出口貨稅爲零稅。咸豐十一年後零稅併入正稅。

〔註65〕 李鴻章：《酌議津海關道章程摺》，《李鴻章全集》奏稿卷17，海南出版社，1997年，第590 頁。

〔註66〕 蔣廷黻輯：《籌辦夷務始末補遺》（同治朝）（第一冊），第606～612 頁。

〔註67〕 蔣廷黻輯：《籌辦夷務始末補遺》（同治朝）（第二冊），第246 頁。

〔註68〕 「1878 年 7 月 9 日海關總稅務司署通令第52 號」《舊中國海關總稅務司署通令選編：1861～1910 年》（第一卷），中國海關出版社，2003 年，第233 頁。

四成洋稅＝正稅×40％

提取傾熔火耗＝正稅×1.2％

提取八分經費＝正稅×8％（或6％、5％）

出使經費＝（正稅－四成洋稅－傾熔火耗－八分經費）×10％（或 15％）

六成洋稅＝正稅總額－四成洋稅－傾熔火耗－八分經費－出使經費

2. 華商輪船各稅的分成銷算。同治十三年三月，總理衙門採納總稅務司的建議，同意華商輪船與外商洋船於通商口岸劃一辦理，即華輪與洋船在納稅環節上同等待遇，均在洋關報納，華商輪船關稅自然也被納入洋稅系列。由於華商輪船關稅的主要徵收對象是輪船招商局的輪船，因此清代文獻中多稱招商局稅、局稅或華商稅。戶部指定海關徵收的華輪進出口稅以二成專解部庫，其餘八成再按十成計算，仿照洋稅正稅分成辦法，以其中的四成解部，六成留爲撥解京、協各餉〔註69〕，這樣連前面二成，實際上解部款項共爲五成二釐，所以叫「解部五成二釐」，也稱五成二釐華商稅。光緒二年朝廷授權以部分洋關稅款撥供駐外使團的出使經費，爲此，又在華輪稅款之六成中提出一成，光緒四年六月後增爲一成半。光緒六年正月起，徵收招商局輪船的稅收統按洋稅作四、六成劃分，四成解部，六成留貯備解〔註70〕，解部五成二釐這一名稱便不存在。〔註71〕因此，光緒六年之前，招商局稅的分配程序是：先解二成到部庫，剩下八成中再分解爲三部分，四成仍解部庫，提取傾熔火耗和出使經費（但不提關用經費〔註72〕），餘下亦歸併到六成洋稅項下，留在各關以備要需。其銷算的公式爲：

二成解部＝招商局正稅×20％

四成解部＝招商局正稅×80％×40％＝招商局正稅×32％

〔註69〕 津海、東海兩海關除外，其四成局稅與四成正稅一起留充天津機器局經費，見《李鴻章全集》奏稿卷32，第1031頁。

〔註70〕 李鴻章：《請撥海防經費摺》，《李鴻章全集》奏稿卷36，第1138頁。

〔註71〕 不過有幾個海關例外，如九江關、江漢關，一直保留五成二釐名目，鎮江關不僅保留五成二釐名目，而且還是在華商正、半稅內提取的，與別關又有不同，可參《光緒朝朱批奏摺》財政類73輯、87輯三關的奏銷摺；蘇州關五成二釐名目在清末清理財政時還存在（江蘇省蘇屬清理財政局：《蘇省財政說明書》，「關稅預算下·解款」，光緒三十三年刻本，第3頁）。

〔註72〕 李鴻章：《東海經費請撥藥釐片》，《李鴻章全集》奏稿卷65，第1921頁。

提取傾熔火耗＝招商局正稅×1.2%

提取出使經費＝（招商局正稅－二成解部－四成解部－傾熔火耗）×10 ％（或 15%）

歸入六成洋稅＝招商局正稅總額－二成解部－四成解部－傾熔火耗－ 出使經費

光緒六年後，招商局稅的銷算同洋稅正稅（亦不提關用經費），此處不贅。

3. 華洋船鈔的分成銷算。清季海關對船隻的徵課，在洋關稱爲船鈔。同治元年七月開始，對外商輪船所徵船鈔也開始分成，其中三成上解總理衙門作爲京師同文館經費，餘下六成留歸海關監督，一成交於總稅務司，作爲改良關務之用，同治五年餘下七成則全歸總稅務司收領。〔註73〕光緒三年四月應總稅務司赫德的要求，將招商局華商船鈔與洋船一律辦理。華商船鈔的三成仍解總理衙門，七成發交各關稅務司代收，供建設海岸燈塔之用。〔註74〕華洋船鈔照樣可報銷一分二釐火耗，〔註75〕以去除火耗的稅額爲基數進行分成，但不提取出使經費。其銷算的公式爲：

提取傾熔火耗＝船鈔總額×1.2%

三成船鈔＝（船鈔總額－傾熔火耗）×30%

七成船鈔＝（船鈔總額－傾熔火耗）×70%

4. 罰沒之款的分成銷算。所謂罰沒，是指海關在徵稅過程中，對一些走私品的沒收、違禁品的罰扣，偷稅、漏稅的充公所產生的變價收入。同治三年之前，這種罰沒收入留存各關，歸監督及稅務司辦公之用，但監督與稅務司之間如何分配，則未有明確的規定。同治三年總理衙門要求，此種罰款應分別提解，從第十五結起，除應支付線人的酬金與租船等緝私的必要開支外，餘下這樣分配：三成上交海關監督轉解戶部；三成交歸海關監督；四成稅務司留存，藉以辦公。〔註76〕

〔註73〕〔美〕萊特著、姚曾廙譯：《中國關稅沿革史》，三聯書店，1958 年，第 200 頁。

〔註74〕「1877 年 5 月 4 日海關總稅務司署通令第 25 號」，《舊中國海關總稅務司署通令選編：1861～1910 年》（第一卷），第 217 頁。

〔註75〕船鈔火耗提取較爲複雜。閩海、浙海船鈔內不提火耗，自 58 結起其火耗在半稅項下開支。江海關光緒元年七月奏准，船鈔火耗在六成洋稅內開支，光緒十五年九月又咨覆，從第 115 結起，援照津海等關成案，不准由半稅及六成洋稅項下開支，以爲一律。參見國家圖書館藏：《各海關華洋各稅收支考覈簿》（抄本，無頁碼）。

〔註76〕中國第一歷史檔案館編：《光緒朝朱批奏摺》（財政類）（七二），中華書局，

從以上各款目的分成銷算中，可以看出清季海關洋稅分配的某些特點：首先，從分成銷算的款目來看，除子口稅、復進口半稅以外的幾乎所有洋稅收入都被納入分成制下〔註77〕，這說明洋稅的初次分配基本上是在分成制的框架下進行的；其次，從款項的提取順序來看，四成洋稅最先提取，順次是海關經費、傾熔火耗和出使經費，最後是六成洋稅的分配。六成洋稅雖最終仍不能完全爲監督所用，但較幾乎不能染指的四成洋稅來說，海關監督無疑對其具有較多一點自由支配的權力，因此英人哲美森（George Jamieson）甚至認爲它屬於各省「入款之一宗」；〔註78〕再次，通過對相關款目的按比例提取，過去不爲經制所規範的關用經費開支被列入由中央覈准的正式經費系列，海關經費之多寡與關稅收入之盈絀保持一定的聯繫。〔註79〕

第三節　制度的敗壞

一、奏銷制度的鬆弛

論者一般認爲，清代錢糧奏銷制度的敗壞開始於太平軍興。太平天國起義，歷時十餘年，爲撲滅這場烈火，清政府耗費錢糧甚多，正常的財政收支

1995年，第38頁。
〔註77〕子口稅、復進口半稅雖不參與此次分成，但其扣除火耗後的餘額仍歸併到正稅六成洋稅項下，存留各關。
〔註78〕〔英〕哲美森編、上海廣學會譯：《中國度支考》，圖書集成局，光緒二十三年，第5～6頁。
〔註79〕稅務司制度確立初期，就確定了「視收稅之盈絀，定經費之多寡」的經費提取原則（《吳煦檔案選編》（六），第282頁）。稅務司制度推廣後，總理衙門與戶部仍強調：各關「稅務司阡手、通事人等薪工、紙張等項，每月係由總稅務司陸續提用，逐月本無定數，因視稅鍋月分之衰旺，定人數薪工之多寡」（《籌辦夷務始末補遺》（同治朝）（第一冊），第179～180頁）。但隨海關隊伍的膨脹，海關經費的來源也呈多元化。各關稅務司經費每月由海關監督在所提經費和洋藥釐金項下撥付，另外四成罰沒款項和總稅務司下撥款項也是其經費的部分來源。監督經費一塊來自洋稅所提經費，用於支付新關員役、書吏工食及辦公費用（湯象龍書稱關用經費）；還有一塊則來自常關額外多徵的耗羨、盈餘（餘外之餘）和陋規，用於支付常關員役、書吏工食及辦公費用。據湯象龍的統計，在1861～1910年的五十年時間裏，各海關經費約占海關稅收的14%。湯書中的海關經費不僅包括稅務司經費和監督經費（洋稅提取部分），還將匯費川資、傾熔火耗等項涵括在內（湯象龍：《中國近代海關稅收和分配統計：1861～1910》，第44頁）。

秩序被打亂。地方軍政大員由於軍務倥傯，款項隨籌隨用，往往來不及按時奏銷，舊案累積，不可清理，以致才有同治三年軍需奏銷案的變通，從而爲奏銷制度的敗壞開了一個先例。同治三年，戶部尙書倭仁認識到：「軍需報銷，向來必以例爲斷。然其間制變因時，亦有未能悉遵之處。各省軍需歷年已久，承辦既非一人，轉戰動經數省。則例所載，徵調但指兵丁，而此次成功，半資勇力。兵與勇，本不相同；例與案，遂致歧出。在部臣引例核案，往返駁查，不過求其造報如例。而各處書吏，藉此需索，糧臺委員，藉以招搖，費無所出，則浮銷苛斂等弊，由此而起」，建議「所有同治三年六月以前，各處辦理軍務未經報銷之案，准將收支款目總數，分年分起開具簡明清單，奏明存案，免其造冊報銷」。〔註80〕戶部的建議，得到內閣的認同：

> 近來用兵十餘年，蔓延十數省，報銷款目，所在多有，若責令
> 照例辦理，不獨虛糜帑項，徒爲委員書吏開需索之門，而且支應稍
> 有不符，於例則難覈准，不得不著落賠償。將帥宣力行間，甫邀恩
> 賜，旋迫追呼，甚非國家厚待勳臣之意。著照該部所請：所有同治
> 三年六月以前各處辦理軍務未經報銷之案，准將收支款目總數，分
> 年分起，開具簡明清單，奏明存案，免其造冊報銷。〔註81〕

吳慶坻稱同治三年軍需奏銷案的變通爲「開國二百二十年所未有」的現象。〔註82〕但即便如此，仍然有奏銷塵案不能了結。同治八年，戶部又改定以二十年爲限，二十年外即分別註銷。光緒九年又重修則例，「自同治十三年臘月以前作爲舊案，一概免其著追，自光緒元年正月以來未結各案，限二年報部覆銷，如再逾限，即由臣部專摺劾參，交部議處。九年正月以後，按限造報，如有逾限，即照前議，一體辦理，以清塵牘而免積疲」。〔註83〕但這些規定奉行日久，竟成具文，「歷年以來，未嘗指參一人，著賠一款，推原其故，總緣二十年後官非一任，事隔多時」。〔註84〕光緒三十二年，度支部議覆御史趙炳麟奏制定預算決算表事宜時稱：

〔註80〕 同治三年戶部奏免軍需造冊報銷疏，盛康輯：《皇朝經世文編續編》（卷78，
餉需），近代中國史料叢刊（843），文海出版社印行，第2009頁。
〔註81〕 同治五年妥議變通報銷章程疏會總督銜，楊堅補校：《郭嵩燾奏稿》，長沙：
嶽麓書社，1983年，第294頁。
〔註82〕 吳慶坻：《蕉廊脞錄》，中華書局，1990年，第39頁。
〔註83〕 光緒九年十二月十八日各省工程報銷改定簡易章程疏，《翁同龢集》（奏疏），
中華書局，2005年，第39頁。
〔註84〕 〔清〕翁同龢：《翁同龢集》（奏疏），中華書局，2005年，第39頁。

查各省應銷之案，有積至一二十年，或自軍興以來，竟未奏報者。……奏銷例限纂嚴，乃積習相沿，遂成一切迂緩玩延之弊。至中間如軍需善後等款，出入既多，率以一案牽連數案，故年來臣部督飭司員，編案列表……請旨飭下各將軍都統大臣暨各省督撫等，按照臣部單開，趕緊奏銷。至近年新辦各項要政，凡未經立案者，均分別奏咨立案，以憑覈辦。嗣後各省奏銷，各當確遵例限，勿得遲延。〔註85〕

此次奏銷整頓，係爲編製預算清理財政作準備。規定各省出入款項，光緒三十三年底之前爲舊案，之後爲新案。各省舊案歷年未經報部者，分年開列清單，並案銷結。〔註86〕

在這種整頓——通融——再整頓——再通融的惡性循環過程中，錢糧奏銷制度的日益走壞，已在情理之中。不過，與錢糧奏銷略有不同，關稅奏銷在咸豐年間的戰時，有過一段時間的懈怠，但到同治初年，則開始有所強化。原因是日益增收的洋稅，成爲內亂以後處理善後工作和洋務新政的財政支柱，清中央政府加強了對這一稅源的控制，對洋稅的奏銷力加整頓，對關稅奏銷中出現的不規範之處，戶部還是能及時指出，令其更正，力圖維持奏銷制度的完好運作。同治二年，戶部對海關洋稅的奏銷做了規定：洋稅收支數目，三個月奏報一次，扣足四結專摺奏銷一次，造具每結四柱清冊送部查覈。但新規定的具體執行，各關未能畫一。同治元年，閩海關沒有將洋稅和洋藥稅分開造冊，以致「應扣外國二成銀兩有無多扣少扣之處，無憑覈算」，結果，福州將軍文清被交部議處，並責令各歸各口，詳細查明覆奏。〔註87〕同治十三年，鑒於各海關洋稅收支數目，辦理未能劃一，以致無從稽覈，戶部要求通商大臣暨管關監督，將四柱清冊和支銷經費銀兩清冊分開奏報，不得以收支數目，竄入原摺，致令混雜。又奏准嗣後實存銀兩，務須列入次結舊管，跟接奏報，毋得遺漏。光緒十年奏准：「江漢關第九十五結期滿清單，僅有收支款目，以致各結總數，未能聯貫，嗣後令將舊管、新收、開除、實在，分成四柱，逐款開列，以昭明晰。」〔註88〕光緒十二年戶部咨浙海關每結繕具

〔註85〕〔清〕沈桐生：《光緒政要》（卷32），上海崇義堂印，宣統元年，第71頁。

〔註86〕光緒三十四年十二月二十日度支部清理財政章程，《清末籌備立憲檔案史料》（下），中華書局，1979年，第1029頁。

〔註87〕總理衙門同治元年二月十四日片，蔣廷黻編：《籌辦夷務始末補遺》（同治朝）（第一冊），北京大學出版社，1988年，第35頁。

〔註88〕光緒朝《清會典事例》（卷239），中華書局影印，1991年，第814～815頁。

收支清單，並無舊管實存銀數，致與各結數目不相連貫，殊欠明晰。〔註89〕

　　儘管圍繞關稅奏銷問題，各關與戶部尚需一段時間的磨合過程，但尚未有嚴重情況發生。關稅奏銷制度的急遽敗壞，始於光緒中後期，特別是甲午之戰以後。由於中央對海關竭澤而漁式的掠奪，入不敷出，關稅收支狀況惡化，海關奏銷出現疲沓鬆懈的迹象。一個突出的現象是各關奏銷時間羈延，由偶然現象逐漸變成普遍的固習。光緒之前也有發生個別海關奏銷羈延的情況，如粵海關監督師曾同治五年才補報咸豐十一年常稅收支數目；同治七年才補報同治三年份的常稅支銷情況。〔註90〕但這種現象並非十分普遍，海關監督也能找出適當的理由，尚爲清廷所容忍。但到光緒以後，情況就愈發嚴重了。如粵海關常稅，光緒十四年六月才補報十一年分常稅〔註91〕，粵海關光緒十五年十月十八日才補報十二年分收支數目〔註92〕，光緒十九年戶部摺：北海關歷屆收稅紅單，日徵細冊，經臣部迭次奏令一併迅速送部查覈，迄今未據解送，仍應請旨飭下粵海關監督即將應送前項單冊迅速送部，以憑考覈題銷，毋得仍前延宕〔註93〕。至光緒二十年十二月十八日戶部再奏，北海關歷年檔冊仍未解到部〔註94〕。光緒二十一年粵海關才奏報十六年洋稅收支數、十七年分常稅〔註95〕，光緒二十二年二月才報十八年份常稅收支情況〔註96〕。

　　當然，這並不是粵海關獨有的現象。到光緒三十二年戶部羅列清單，將未能按時奏報的海關或內地権關一一公佈，結果令人震驚。

表3.3：各關徵收常稅關期屆　未經奏報奏銷各案

關　名	徵稅稅數報至	收支稅數報至
粵海關	光緒二十五年五月二十五日	光緒二十五年五月二十五日
閩海關	光緒三十一年九月底	光緒二十六年五月二十五日
浙海關	光緒二十九年八月三十日	光緒二十四年二月初七日

〔註89〕《錄副奏摺》，檔號：3－128－6355－8。
〔註90〕同治五年八月五日師曾奏，《錄副奏摺》，檔號：3－86－4873－64；同治七年八月三十日師曾奏，檔號：3－86－4877－79。
〔註91〕朱批72：第238頁。
〔註92〕朱批72：第390頁。
〔註93〕《錄副奏摺》，檔號：3－129－6388－26。
〔註94〕《錄副奏摺》，檔號：3－129－6390－38。
〔註95〕《錄副奏摺》，檔號：3－129－6391－17；3－129－6391－46。
〔註96〕《錄副奏摺》，檔號：3－129－6395－46。

關　名	徵稅稅數報至	收支稅數報至
江海關	光緒三十年八月底	光緒二十六年十二月底
太平關	光緒三十一年八月二十三日	光緒三十年八月二十三日
淮安關	光緒三十年九月初一日	光緒三十年九月初一日
揚州關	光緒三十一年二月底	光緒三十一年二月底
蕪湖關	光緒三十年七月底	光緒二十九年七月底
九江關	光緒二十九年九月三十日	光緒二十九年九月三十日
鳳陽關	光緒三十一年七月底	光緒三十年七月底
天津關	各口：光緒三十年六月十一日 大關：光緒二十八年七月十二日	光緒二十八年七月十二日
山海關	光緒三十一年三月二十七日	光緒三十一年三月二十七日
東海關	光緒三十一年二月十七日	光緒三十一年二月十七日
臨清關	光緒三十年底	光緒三十年底
贛關	光緒三十年五月十五日	光緒三十年五月十五日
坐糧廳	光緒三十年七月初五日	光緒三十年七月初五日
張家口	光緒三十一年十二月初五日	光緒三十一年十二月初五日
殺虎口	光緒三十年十二月初八日	光緒三十年十一月二十一日
歸化城	光緒三十一年二月十二日	光緒三十一年二月十二日
左翼	光緒三十一年五月三十日	光緒三十一年五月三十日
右翼	光緒三十一年五月三十日	光緒三十一年五月三十日
崇文門	光緒三十一年八月初二日	光緒三十一年八月初二日

資料來源：光緒三十二年二月戶部清單，《錄副奏摺》，檔號：3－129－6442－40。

表 3.4：光緒三十二年海關洋稅結期屆　未經奏報各案

關　　名	報至時間（中曆）	報至結期
杭州、蒙自、思茅、甌海、蕪湖等關	光緒三十一年九月初二日	180 結
浙海、梧州、鎮江、沙市、騰越、東海等關	光緒三十一年五月二十八日	179 結

關　　名	報至時間（中曆）	報至結期
重慶關	光緒三十一年二月二十六日	178 結
金陵關、江漢關、岳州關	光緒三十年十二月二十五日	177 結
山海關	光緒三十年八月二十一日	176 結
鎮南關	光緒三十年五月二十七日	175 結
蘇州關、九江關	光緒二十九年閏五月初六日	171 結
津海關	光緒二十八年十二月初二日	169 結
閩海關	光緒二十八年二月二十二日	166 結
江海關	光緒二十七年八月十八日	164 結
粵海關	光緒二十五年八月二十六日	156 結

資料來源：光緒三十二年二月戶部清單，《錄副奏摺》，檔號：3－129－6442－41。

　　清戶部對於奏銷逾限本有嚴厲的處分規定，但各關都存在逾限的情況，也就法不責眾了。各關逾限的原因，雖有各種理由，但此種狀況的惡化，主要是由於清政府對海關過分搜括，造成海關財政危機，導致奏銷不能按時進行。正如粵海關監督長有稱：粵海關至光緒十四年洋稅已不敷銀四百餘萬兩，只得向商號墊借，「若必遵照戶部箚行分晰管收除在四柱，微論舊管、實在二柱，均歸烏有，即開除一柱，既不能劃出何項所收，歸還何項所借，亦不能指定某結所入撥抵某結不敷，縱使強爲牽合，而入數出數轉致輳轕，眉目不清。蓋洋稅六成項下，一有微存，即須盡數歸還銀號借墊，無可開除，非若四成項下，只有額支金兩價值等數款可以隨結申敘。至洋藥一項，現在均歸稅務司並徵，業經另款奏報，惟洋稅六成項下不能按結開列支數，應請仍照向章辦理，以免分歧。」〔註97〕

　　另外，奏銷制度敗壞的原因還有制度本身的因素。各海關作爲一級財政機構，應是一個統一的覈算單位，因此在關稅奏銷時理應歸於海關監督統一處理，但由於晚清海關內部機制的複雜性，不僅存在常、洋兩稅奏銷制度的不同（前已論及），而且還存在分案奏銷和單獨奏銷的區別。所謂分案奏銷，即是將某一覈算項目如洋藥稅從關稅總數中析出，作爲另案處理。粵海關的情況最爲複雜，其所屬大關、潮海、瓊海、北海、江門等洋關的奏銷統歸粵

〔註97〕朱批 72：第 324～325 頁。

海關監督。各關口正稅稅項均按結專摺奏銷，各關洋藥稅、洋藥釐金則作為專案報部，而九龍、拱北兩關洋藥稅以及九、拱兩關百貨稅收支數目，為數亦巨，則分案造冊報部，「同是按結徵收之款而分為三，復不同時造報」。〔註98〕分案奏銷導致海關奏銷制度的混亂。另外，各個關口還有單獨奏銷的存在。北海關是粵海關下屬的一個關口，其洋稅已併入粵海關洋稅一併奏銷，按理其常稅也應併入粵海常稅一併處理，但實際情況則不然，而是實行單獨考覈。北海關貨稅有定額，光緒十年定為正額 23000 兩，盈餘 12000 兩。〔註99〕這說明北海關是一個獨立的奏銷單位，但北海關的考成卻又和粵海關監督聯在一起。北海關光緒十七年分短收稅銀 7342 兩零，十八年份短收 89 兩零，十九年份短徵 1091 兩零，均由粵海關監督賠補。惟十七年份短收 7342 兩，除盈餘全數無徵外，虧至正額稅銀，例應將粵海關監督降四級調用處分，但考慮到大關及其他口溢徵四萬餘兩，功過尚足相抵，僅罰俸二年處分，並賠補虧額。與北海關正好相反，三水關原屬於粵海關屬下的一個分口，於光緒二十三年設立洋關，其常稅納入粵海常稅一併奏報，而其洋稅則從光緒二十五年起單獨奏報。〔註100〕潮州新關所屬東隴、黃崗二口，原由口書包辦稅餉，光緒二十二年拆去包辦，由該關委員選派家人二名經理。〔註101〕二口關期與大關不一樣，光緒二十六年分大關的關期是二十四年五月二十六年日至二十五年五月二十五日，而二口的關期則是光緒二十四年七月四日至二十五年七月三日，但監督為工作的方便，卻在奏銷光緒二十六年分大關關稅的同時，將二口也順便按照大關關期一併奏銷。〔註102〕雖然對於監督來說，省卻另案辦理的勞煩，但對於奏銷制度來說，就有點不循常例了。

關稅奏銷的不統一，導致的結果是各關單冊紛繁，奏銷羈延，如粵海關常稅每年奏銷分送戶科的紅單細冊、季冊計 124 本〔註103〕，粵、潮、瓊、北四關洋稅貨色稅數冊，分送部科計 870 餘本，卷頁繁多，實非克期所能造報。〔註104〕當然，其他海關也存在這種情況，光緒三十一年九月江海關道陸元鼎

〔註98〕朱批 74：第 600～601 頁。
〔註99〕《錄副奏摺》，檔號：3－128－6358－54。
〔註100〕《錄副奏摺》，檔號：3－129－6409－64。
〔註101〕《錄副奏摺》，檔號：3－129－6409－63。
〔註102〕光緒己巳六月初七日粵海關監督常恩奏，《諭摺彙存》（鉛印本），北京擷華書局，民國年間，第 6～7 頁。
〔註103〕朱批 74：第 816～817 頁。
〔註104〕朱批 74：第 600～601 頁。

稱：上海一口，爲各國通商總彙之所，洋務紛繁，甲於他處，以致以前關道未及兼顧造辦，委非無故稽延。綜覈各屆常稅，歷年所放各款，均繫奉文支解，均屬相符，自應按照同治十二年分辦過成案，一併開單奏銷，請免造冊送部，以歸簡便」。〔註105〕光緒三十二年戶部也批評各關奏銷「定例纂嚴，自應永遠遵守，無如各該關日久懈生，往往於關期報滿後遲之又久，始將徵收常稅數目專摺奏聞，其於收支稅數考覈並支用經費正稅細數各清冊，以及收稅紅單，不惟不能依限辦理，竟有遲之數年，任催罔應者，而粵海、江海、閩海、浙海、天津各關爲尤甚，實屬不成事體」。〔註106〕清季奏銷制度的敗壞，外國人這樣評論：無如各省去京甚遠，易於蒙蔽，京官不悉外情，查覈尤難。兼之報銷款項，雖覺繁多，究其實從未見有一省出入全數細賬，類皆揀選合例准奏之大宗款項，開單具報，亦多有不列收管除在四柱細數者，當事者且無從查覈，外人何足以知之。以故論中國之進款，京餉之外，尚有餘存與否，其令人不能指實。〔註107〕

奏銷環節的混亂，奏銷制度的敗壞，導致中央與各省之間，各省與各省之間，情況睽隔，中央不能清楚及時地獲得地方財政收支的底細，這委實對於中央集權的財政體製造成衝擊，也對清末清理財政工作設置了障礙，因此，爲保證清理財政工作的順利展開，光緒三十年會議政務處開始對這種奏銷積弊加以改革：

> 各項銷冊，部中皆有一定程序，其中款目價值定自遠年，與現在情形迥不相同，而外省造報，非依此程序，必幹部駁，故不能不捏造虛言，期符成格，以削足適履之謀，爲掩耳竊鐘之計。即使依限造銷，而所報全非事實，何足爲豫算、決算之憑藉乎。又冊籍過繁，而限期甚迫，果欲實辦，每易逾違，欲其恪遵定限，必須稍寬日期，乃能實行。應請將舊日報銷冊式一律掃除，廢棄不用，令各省各就該省情形，將應辦各項銷冊，按照實在用項，逐一擬具程序，先行送部，由部覈准，此後奏銷，即按此程序造報。其中倘有不能不遇事變通之處，准其隨案聲明，但不准稍有虛捏。部中即據此覈銷，不加苛駁，然後如該部所議，明定造報之日期，嚴加逾限之譴

〔註105〕《錄副奏摺》，檔號：3－129－6430－31。

〔註106〕光緒三十二年二月戶部片，《錄副奏摺》，檔號：3－129－6442－38。

〔註107〕〔英〕哲美森編：《中國度支考》，圖書集成局版，光緒二十三年，第17頁。

責。請旨飭下吏部會同度支部將奏銷限期酌量展寬，遲延處分酌量加重，庶可認眞辦理，不等具文。〔註108〕

二、考成制度的失靈

考覈與比較關稅的盈虧是海關奏銷的重要內容，所謂「先之考覈，察其盈餘；終於報解，稽其延緩」。〔註109〕可見，考成主要是考覈關稅完成定額的情況。不過，晚清海關洋稅沒有定額，只是「以扣覈收」，考覈的內容僅限於其是否按時起解。因此考成制度主要針對於常稅。

常稅定額分爲正稅定額和盈餘定額兩部分，這在嘉慶四年就已確立，前已論及。清戶部對常稅的考覈也分別正稅和盈餘，實行不同的考覈制度。正稅考覈定例是：正稅欠額不及半分者，降一級留任；欠半分至一分以上者，降一級；欠二分以上者，降二級；欠三分以上者，降三級；欠四分以上者，降四級，皆調用；欠五分以上者，革職。所謂一分，就是一成的意思。盈餘考覈定例是：欠不及一分者，免議；一分以上者，罰俸一年；二分以上者，罰俸二年；三分以上者，降一級留任；四分以上者，降一級調用；五分以上者，降二級調用〔註110〕。

從以上的規定看，前者的懲處力度比後者要嚴重得多。不過在鴉片戰爭之前，大部分海關很少有完不成正額的時候。但對於盈餘，各關的情況就有不同，有歷來就有盈無絀，有間有虧損，也有歷屆均虧的。有鑒於此，道光十年，又對各關盈餘的考成作了調整，規定徵收超過正額，但低於盈餘定額的六成，六成之內短少的部分即要賠繳，並照例議處；沒達到盈餘定額但已超過盈餘定額的六成，短少部分，著落賠補，但免其處分。〔註111〕

鴉片戰爭以後，中外貿易格局發生變化。先是《江寧條約》的簽訂，五口通商，常洋兩稅開始分列，洋稅侵及常稅，常稅定額無法完成成爲各關普遍現象。五十年代以後，太平天國運動爆發並向長江一帶發展，清政府的財賦重區，

〔註108〕光緒三十四年十二月初十日會議政務處覆奏度支部清理財政辦法摺，《清末籌備立憲檔案史料》（下），中華書局，1979年，第1025頁。

〔註109〕〔清〕梁廷枏著、袁鍾仁校：《粵海關志》（奏課一），廣東人民出版社，2002年，第281頁。

〔註110〕《皇朝政典類纂》（卷89，征榷7），文海出版社印行，近代中國史料叢刊續輯（881），第148頁。

〔註111〕席裕福、沈師徐輯：《皇朝政典類纂》卷89征榷7，第152頁。

轉眼成為戰場。長江中下游一帶的榷關均受影響，如龍江、揚州兩關已為太平軍所佔據，實際上已經停征，蕪湖、九江，據江寧上游，商賈稀少，稅收環境惡化，鳳陽、蕪湖兩關相繼一度停征，其他附近榷關多多少少受到影響，原有的稅收定額沒有辦法完成。滸墅、淮安、九江、蕪湖、鳳陽等關監督為逃避追賠稅額的責任，紛紛要求盡徵盡解。繼而崇文門、臨清關亦援案奏請，其他常關也紛紛效尤，額徵制面臨危機。這一現象引起了戶部的憂慮，戶部認為：

> 臣部辦理關稅，原以額定稅數為考覈，今不論額定稅數，而第曰盡徵盡解，則十成內收至九成者謂之盡收盡解，即十成內僅收至一二成者，亦謂之盡收盡解。是徵收關稅可以任意虧短，而臣部亦無憑考覈。其名雖若無弊，而其實最易滋弊矣。夫當經費支絀之際，正賴該管關巡撫及監督等設法招徠，實力稽查，庶足以裕稅課而佐度支，若概以盡收盡解為詞，在管關之員不免稽查之偶疎，而各關吏役人等更將包庇賣放，弊端百出，實於稅務大有關係。

因此建議：

> 除龍江、揚州未經奏報開徵，蕪湖、九江江面尚未肅清，應暫准其盡徵盡解外，其餘滸墅、淮安等關，不得概以盡徵盡解為詞，任意虧欠。至崇文門、臨清關，道路通暢，商賈輻輳，尤宜設法整頓，力復舊額。以上各關擬請仍遵額定稅數，照常徵收，以杜取巧之弊。〔註112〕

但是戶部在隨後的附片中透漏了自己的真實想法：

> 各關情形今昔究竟不同，將來虧短之數亦必不可少。應俟一年期滿，各該關奏報到時，再由臣部酌量情形，分別應賠應豁之處奏明，請旨辦理，庶該監督等認真徵收，可無因循偷漏之虞，而於關稅賠項亦昭平允。〔註113〕

這裡可以看出，戶部之所以明知關稅定額無法完成，仍強調定額的重要性，其用意是力圖將稅收的控制權掌握在自己手裡，而不想讓各關監督用以自便。為繼續加強對常關稅收的控制，使考成制度繼續發揮它的效力，消除洋

〔註112〕咸豐三年八月十七日戶部奏，蔣廷黻編：《籌辦夷務始末補遺》（咸豐朝）（第一冊），北京大學出版社，1988年，第212～215頁。

〔註113〕咸豐三年八月十七日戶部片，蔣廷黻編：《籌辦夷務始末補遺》（咸豐朝）（第一冊），第215～216頁。

稅侵奪常稅對額徵制的破壞影響，清政府不得不對額徵制加以變通，其辦法主要有：

1. 酌減定額。粵海關稅額幾經調整，至嘉慶九年基本穩定爲正額銅斤水腳 43564 兩，贏餘銀 855500 兩，合計 899064 兩。這一定額在五口通商時期仍在實行。〔註114〕咸豐十一年後通商口岸增多，貨源分流，加上洋稅分出，粵海關常稅漸具疲態，原定定額更無法完成。自咸豐十一年度到同治五年度，粵海關竟無一年完成常稅課徵任務。同治六年，議准「粵海關常稅正額銀五萬六千五百十一兩九錢四分一釐，贏餘銀十萬兩。〔註115〕自此，粵海常稅的考成即以新定十五萬六千五百餘兩爲基準。浙海關常稅額本爲 79908 餘兩，太平天國期間，所屬乍浦、頭圍二分口由於戰火而停征，虧欠關稅定額達萬餘兩，咸豐十一年經海關當局咨請中央戶部，獲准在常稅總額之中，除去以上二口額徵銀 28615 兩。〔註116〕1901（光緒二十七）年 11 月溫州、瑞平等三口又從浙海關分出，在已調整定額的基礎上再減去額徵銀 10570 兩，這樣浙海關所剩寧紹臺各口額徵數僅爲 40722 兩。〔註117〕

2. 以洋稅來彌補常稅之不足。道光二十八年開始，閩海關即獲准每年從夷稅中撥補閩海常稅 25000 兩，以彌補常稅定額。〔註118〕浙海關於咸豐十年開始也要求仿照閩海關成案，每年從洋稅項下撥補二萬兩〔註119〕，不過必須要由海關每年提出奏請。但到光緒十年後閩、浙兩關的以上請求不再得到戶部的允准。〔註120〕江海關於光緒十三年奉文，在洋關洋藥釐金項下撥補四萬兩給常關，名曰「出海常稅」〔註121〕，但從現存檔案來看，這一規定實際上至光緒二十二年

〔註114〕《清史稿》卷一百二五稱：「先是粵海關額徵，常洋不分」。粵海關嘉慶九年的稅收定額中包括夷稅，至咸豐十一年粵海關夷（洋）稅才從常稅中分出，這一點與其他海關略有不同。

〔註115〕光緒朝《清會典事例》（卷238），中華書局影印，第 812 頁。

〔註116〕中國第一歷史檔案館藏：《錄副奏摺》，檔號：3－128－6352－16。

〔註117〕國家圖書館藏：《浙江清理財政局說明書》（刻本），上編歲入，第五款關稅，無頁碼。

〔註118〕咸豐八年十二月十二日翁心存奏，《內閣全宗》，檔號：02－01－02－2705－002；蔣廷黻輯：《籌辦夷務始末補遺》（道光朝）（第四冊），北京大學出版社，1988 年，第 632 頁。

〔註119〕蔣廷黻輯：《籌辦夷務始末補遺》（同治朝）（第二冊），北京大學出版社，1988 年，第 303～306 頁。

〔註120〕中國第一歷史檔案館藏：《錄副奏摺》，檔號：3－129－6386－12。

〔註121〕江蘇省蘇屬清理財政局：《蘇屬財政說明書》（刻本），光緒三十三年，第 23

之後才正式實行。〔註122〕道光五年清政府在上海設海運總局，開始籌劃漕糧海運，規定運載漕糧的民船僅載八成，其餘二成可由船商載貨且免稅；自同治十二年始，招商局輪船也參與漕運，同樣參照民船例酌帶二成免稅貨物。二成貨物免稅直接或間接影響常稅，因此，江海關從同治五年開始有「海運漕船搭裝二成貨稅免稅銀」〔註123〕、同治十二年開始有「招商局輪船轉運漕米搭載二成貨物新關免稅銀」〔註124〕兩項抵補常稅，正常年頭，前項每年恒常有七、八千兩左右，後者每年大致也在二、三萬兩之間徘徊。光緒二十九年以後，粵海關五十里內常關被稅務司兼管，五十里外常關稅源萎縮，每年也要從五十里內常稅項下撥還 3 萬兩併入五十里外常稅奏銷。〔註125〕

即便如此，大部分常關仍然有完不成定額的情況。對於完不成定額的海關，照理應參照會典適用議處賠補的處分。不過，太平軍興以來，晚清常關虧欠定額的情況極為普遍，這些規定大多已成具文，不能得到切實的執行，雖然不盡如翁同龢所說的「歷年以來，未嘗指參一人，著賠一款」〔註126〕，但懲處力度的減弱當是不爭的事實。同治二年度閩海常關徵收稅銀 104879兩，除從洋稅項下撥補 25000 外，仍少徵贏餘銀 56669 餘兩，海關監督英桂要求也像前歷任監督文清、耆齡一樣，免於賠補；〔註127〕九江常關同治二年度短收銀兩，經戶部議定減免九成，但該關堅持要求全免，戶部認為這與定例不符，礙難覈准，但最後還是同意盡徵盡解。〔註128〕當然，免於賠補只是戰時特殊情況，戰事結束後，如何誘使欠稅各關交出欠款，著實費去中樞大員不少腦筋。同治年間內務府因三海工程無款興修，曾令欠交關稅各關交一免三，以濟要需，結果賠繳銀數甚多；光緒年間內務府又借修理圍牆工程名目，再次奏准援前案令欠稅各關交一免三。兩次「交一免三」的豁免之舉，

頁。

〔註122〕中國第一歷史檔案館編：《光緒朝朱批奏摺》（財政類）（七三），中華書局，1995 年，第 651 頁。

〔註123〕中國第一歷史檔案館藏：《錄副奏摺》，檔號：03－4875－033。

〔註124〕中國第一歷史檔案館藏：《錄副奏摺》，檔號：3－128－6328－15。

〔註125〕廣東清理財政局：《廣東財政說明書》（卷五），宣統二年編訂，第 4 頁。

〔註126〕〔清〕翁同龢：《翁同龢集》（奏疏），中華書局，2005 年，第 39 頁。

〔註127〕蔣廷黻輯：《籌辦夷務始末補遺》（同治朝）（第二冊），北京大學出版社，1988年，第 363 頁。

〔註128〕蔣廷黻輯：《籌辦夷務始末補遺》（同治朝）（第二冊），北京大學出版社，1988年，第 401～403 頁。

使欠稅各關「既省其所免之三，內務府又侵其所交之一」，兩相情願，但對於清戶部來說，「竟不獲一錢之用」。〔註129〕同治十年奏准：「現在餉項支絀，擬自本年九月十六日以前，凡應賠關稅各員，無論多寡，悉按原欠數目，減免五成，著賠五成，統限至十一年九月十六日為止，如依限將五成交清，下短五成，悉予寬免。在外各員，照此次定限定數交納，由藩司專批解部，不准移作別用」。〔註130〕對於新近完不成定額的海關，清政府又相繼推出了免二賠八、免三賠七、免五賠五等豁免方案。

闓海關自洋關設立後，常稅歷年不振，有的年份所短徵之銀竟達八萬餘兩，均奉戶部議奏援案撥補。穆圖善於光緒六年三月抵任後，設法整頓，稅收頗有成效，隨後兩年短徵減少到不過數百兩。但到光緒九年度，一年竟短徵額外盈餘銀3660餘兩，戶部要求全額賠補。穆圖善拿出前任監督前幾年的數據來作比較，要求免於賠補。戶部作出讓步，答應在應賠基礎上給予減免三成，以示體恤。但穆圖善卻不以為然，「此屆所短三千六百餘兩，較之奴才經徵上屆雖多寡懸殊，然較諸文煜等所短以萬計者，似屬有別。今既邀恩減免三成，所有減剩七成銀兩，合無仰懇天恩，飭部一視同仁，查照歷年各任辦理短徵議奏撥補成案，仍准援案免賠」。〔註131〕穆圖善的辯解沒有被採納，最終，按他自己的話說，只得以自己「所得廉俸完解」。光緒十年中法戰爭爆發，基隆、馬尾相繼失守，闓海關一下短徵二萬八千餘兩，經討價還價，最終以免五賠五完案。〔註132〕光緒六年浙海關稅不足額，要求參照闓海關從輕處理，減免三成，其餘七成照數賠繳。〔註133〕

同治三年江蘇起運漕米開始由海運，獲得每船載貨二成免稅的特權。〔註134〕由於有「海運漕船搭裝二成貨稅免稅銀」、「招商局輪船轉運漕米搭載二成貨物新關免稅銀」等項的抵補，江海關常稅勉強達到定額要求，但戶部規定江海關從光緒十五年起不再由輪船運漕免稅銀兩作抵稅額，這樣，江海常關當年即短收額外盈餘銀20708頁，減免二成，尚欠16567兩，著落前關道龔照瑗賠

〔註129〕中國第一歷史檔案館藏：《錄副奏摺》，檔號：3－128－6350－1。
〔註130〕光緒朝《清會典事例》（卷239），中華書局影印，第814頁。
〔註131〕中國第一歷史檔案館編：《光緒朝朱批奏摺》（財政類）（七一），中華書局，1995年，第910頁。
〔註132〕中國第一歷史檔案館編：《光緒朝朱批奏摺》（財政類）（七一），中華書局，1995年，第937頁。
〔註133〕中國第一歷史檔案館藏：《錄副奏摺》，檔號：3－128－6352－16。
〔註134〕同治二年十二月十四日崇厚片，《錄副奏摺》，檔號：3－86－4872－8。

補；光緒十六年度又短收額外盈餘銀 30611 兩，比較上屆還多短銀 9900 餘兩，結果減免一成三釐五毫，餘剩八成六釐五毫，爲銀 26478 兩，著落前、後任關道攤賠；〔註135〕光緒十七年度又短收 21625 兩零，因較上年多收 6900 餘兩，奏請減免一成九釐一毫，其餘減剩銀兩 17495 餘兩，均著落即任關道賠繳；〔註136〕光緒十八年度江海關徵收常稅合計短收盈餘銀 24692 兩零，減免一成七釐七毫，餘剩銀 20568 兩零，著落即任關道賠繳。但江海關這些短款是否眞的著實賠補，不得而知。因爲從光緒十九年十一月戶部的奏摺來判斷，江海關關稅抵補政策似未完全取締，而是將「招商局輪船轉運漕米搭載二成貨物新關免稅銀」換成每年由洋關洋藥稅項下撥補 25000 兩，以示體恤。如果這一政策得以實施，隨後的光緒十七、十八兩個年度江海關即能完成徵課任務。但戶部顯然是不想將這筆 25000 兩的抵補銀每年都補貼下去，該奏摺稱：閩浙兩關均於光緒十年停止撥補，江海關自不得復由洋稅撥補，致啓各關效尤。況閩海關近年所徵常稅均有溢額，可知常稅尙可照額徵收，江海關何至獨不能力加整頓？況且津海關也存在此項商局二成免稅，但它並未將此項免稅銀作抵正額，江海關即未便辦理兩歧。因此該關奏請每年於洋稅項下撥補銀二萬五千兩抵除常稅之處，仍難照辦。〔註137〕而作爲江海關一方，則希望將這筆抵補銀款作爲制度性補貼每年堅持下去，因此江海關道奎俊極力申辯，奏：

> 從前徵不足額之關道，則賴局漕免稅抵額獲免置議。在後該關
> 循案辦理，酌請撥補，奉部駁飭，責令賠補，未免向隅。竊念江海
> 常關之額稅，既爲新關所佔，而請撥華稅一款又未奉准，無論以後
> 稽徵起色難期，責賠亦無底止……仍請照案仍在新關華稅項下照數
> 撥補。〔註138〕

江海關強調縱向比較，要求制度必有連續性，既然以前可以撥補，那麼現在又爲何不可？而戶部則強調橫向比較：閩、浙等關常稅短收，已經不允許以洋稅撥補，江海關不應例外。〔註139〕這樣，就關稅的抵補與否，江海關與戶

〔註135〕中國第一歷史檔案館藏：《錄副奏摺》，檔號：3－128－6378－56。

〔註136〕中國第一歷史檔案館藏：《錄副奏摺》，檔號：3－129－6386－12。

〔註137〕中國第一歷史檔案館藏：《錄副奏摺》，檔號：3－129－6386－12。

〔註138〕中國第一歷史檔案館編：《光緒朝朱批奏摺》（財政類）（七三），中華書局，1995 年，第 49～50 頁。

〔註139〕中國第一歷史檔案館編：《光緒朝朱批奏摺》（財政類）（七三），中華書局，1995 年，第 185 頁。

部各執己見，僵持不下。最後還是戶部讓步，同意將光緒十三年就已奉文但一直沒有執行的「出海常稅」一項，每年由洋關洋藥釐金項下撥出四萬兩，列入江海常關正項收入造報〔註140〕，作爲取消包括「海運漕船搭裝二成貨稅免稅銀」、「招商局輪船轉運漕米搭載二成貨物新關免稅銀」等在內的各項抵補銀的補償，江海關關稅賠補問題至此才告平息。

第四節　稅務司系統的稅收冊報制度

一、海關稅收統計

　　與海關監督奏銷制度並行的是稅務司系統的統計冊報制度。稅務司系統的統計報告內容大致可分爲貿易統計、貿易報告和收支清摺三種。貿易統計又分爲船舶統計、商品統計和稅收統計，貿易報告內容駁雜，但也包括關於稅收的統計分析，因此我們在討論稅收統計時不能不涉及貿易統計和貿易報告制度。

1. 統計流程和方法

　　晚清海關實行二級統計組織模式，即各關統計與全國海關綜合統計。同治五年以前，只有各關統計，各關統計開始年份如下：上海、廣州，自咸豐九年開始，汕頭自咸豐十年開始，天津、寧波、福州自咸豐十一年開始，廈門自同治元年開始，煙臺、九江、鎮江、漢口自同治二年開始，牛莊自同治三年。其他各關皆設有統計室（Returns office），獨江海關設有統計處。同治六年以後，始設副總稅務司（Deputy Commissioner）一員總轄其事。同治十二年鑒於統計之重要，將江海關印書房及統計處兩部門與江海關分離，單獨成立一部門名曰「造冊處」（Statistical Department，1932 年後改稱統計科），由一位海關稅務司主管，稱爲「造冊處稅務司」，負責辦理統計冊檔的印製出版事務。此後各關季度與年度貿易報冊均徑送造冊處稅務司以供出版，造冊處附設之印書房按照各關稅務司申請供應各關辦公表格與單據。造冊處稅務司須遵照指示安排各關使用統一之表格，並使海關單據外觀保持一致。〔註141〕

〔註140〕中國第一歷史檔案館編：《光緒朝朱批奏摺》（財政類）（七三），中華書局，1995 年，第 651 頁。
〔註141〕《通令選編》（第一卷），北京：中國海關出版社，2003 年，第 179～180 頁。

從這種組織安排來看，各海關統計課負責關冊數據的填製和造報，而造冊處則是彙集綜合兼負業務指導職能的機構。由於造冊處的數據均來源於基層海關，數據的登錄、整理、分組、彙總、分析等工作大部分都在基層各關完成，因此基層各關統計實較綜合統計更爲繁瑣、重要，因此本書將討論的重點放在各關統計上。

各關統計的基本流程大致可分三個階段，即登錄憑證——分組整理——編表彙報。

登錄憑證：海關統計數據來源於各種海關單證，因此可以說各海關統計工作建立在各種貿易單證的基礎之上。因此登錄憑證可以說是海關統計的起點。晚清時期海關貿易單證的設置，前文已有述及，其中最爲重要者爲報單和稅單等，前者爲貿易統計和貿易報告的數據來源，後者爲稅收統計的數據來源。報關單是進出口商船所載貨物的明細清單，一般以船隻爲呈報單位，上面羅列船貨的各種信息，如品名、產地、重量、價值等。商人執報關單赴海關請驗，經海關人員估驗無誤後，即簽發驗單，赴銀號納稅，換取海關制發的與驗單相符的號收，報單即留在銀號，再由銀號轉送海關，留給海關統計辦公室，構成貿易統計的根據。海關統計室即以船隻爲單位，將每一船隻所有各報單中各貨細目，逐一摘錄於進出口「總記簿」（Summary book）中。總記簿即是流水清冊，下一步即是按照某一結算期間，根據總記簿中的內容進行分組整理。

分組整理：海關總記簿對於相同的貨物並不歸併，至月末或季滿，各關乃將總記簿中的貨物，歸類謄入「摘要簿」（Posting book）中。歸類的過程其實就是對於統計對象進行分組整理。分組的關鍵是確定分組標誌作爲分組的依據。海關貿易統計的分組標誌主要有：a. 商品種類，即按不同商品貨目進行分類。以江海關而言，對外貿易貨目進口計三百三四十目，出口達一百五十目左右，埠際貿易進口計四百餘目，出口三百餘目。〔註142〕這些貨目大多根據稅則設置的，非常詳細，如 Plain shirtings 項下按照不同顏色再加細分爲 Gray，White，Dyed 三類，其他商品也是如此；b. 國別，即貨源，按貨物來自不同國家、地區進行分類。海關統計初期，只有簡單的貨源分類，如江海關開始只將貨物分爲 British，American，Sundry 三類，後隨著貿易形勢的發展，又分類有 British，American，North-German，French，Dutch，Danish，

〔註142〕鄭友揆：《中國的對外貿易和工業發展》，上海社會科學院出版社，1984 年，第 300 頁。

Spanish，Russian，Austrian，Sweden&Norway，Belgian，Non-treaty powers，Chinese 等。〔註143〕同治十二年維也納博覽會海關展品參展，各關須提供來自非洲、亞洲及南太平洋諸島各類商品樣品。這樣，每件樣品必須標上生產地、消費地的標記。〔註 144〕自此更促使海關對貨源地統計的重視，分類愈加詳細；c. 進口出口，即按貨物運行的方向進行分類。當然，海關統計分組整理大多採用復合分組和並列分組相結合的方法。這從各關主要摘要簿的分類可以看出：

沿長江及無直接對外貿易各關

　　　　（1）洋貨進口及復出口（Foreign Imports and Re-exports）

　　　　（2）士貨進口及復出口（Native Imports and Re-exports）

　　　　（3）土貨出口（Exports）

沿海各關

洋貨：（1）由外洋進口（Impmts From Foreign Countries）

　　　　（2）由通商口岸進口（Imports From Narive Ports）

　　　　（3）復出口至外洋（Re-exports to Foreign Countries）

　　　　（4）復出口至通商口岸（Re-exports to Native Ports）

土貨：（1）由通商口岸進口（Imports From Native Ports）

　　　　（2）出口至外洋（Exports to Foreign Countries）

　　　　（3）出口至通商口岸及香港（Exports to Native Ports and Hongkong）

　　　　（4）復出口至外洋（Re-exports to Foreign Countries）

　　　　（5）復出口至通商口岸（Re-exports to Native Ports）

轉入內地貿易錄（Inward Transit Register）

內地轉出貿易錄（Outward Transit Register）

對外貿易總錄（Summary Book：Foreign Trade）〔註 145〕

　　摘要簿只是對數據進行初步的整理，下一個工作流程則轉入製表彙報階段，即根據表式的需要，按照填製表格的期限，從摘要簿上結纂、歸併所需要的數據，填製各種報表，這在下文敘述。

〔註143〕中國第二歷史檔案館：《中國舊海關史料：1859～1948》，京華出版社，2001年，第4～498頁。

〔註144〕《通令選編》（第一卷），北京：中國海關出版社，2003年，第151頁。

〔註145〕鄭友揆：《中國的對外貿易和工業發展》，上海社會科學院出版社，1984年，第309頁。

2. 貿易統計與報告

海關貿易統計，按照報告周期的不同，分為日報（Daily Returns）、月報（Monthly Returns）、季報（Quarterly Returns）、半年報（Half-year Returns）、年報（Annual Reports）、十年報告（Decennial Reports）。大體而言，日報、月報、季報以統計表格為主，年報既有統計，也有文字報告，而十年報告則以文字報告為主，統計為副。日報所載內容簡單，僅有逐日進出口之船隻數及所載各貨之噸賬，數據大多來自各關每日統計臺賬，由各關自印出版。〔註146〕月報僅載進口及出口各貨統計二表，同治五年海關總署開始彙總出版「Monthly Returns on Trade at the ports in China open by Treaty to Foreign Trade」（各通商口岸貿易月報），同治七年改為季報。季報，在晚清時期稱海關公報（Customs Gazette），各關關稅季度收入狀況在 PII：Report of Dues and Duties 用表格形式反映。〔註147〕年報最為繁雜。稅務司制度設立後，各關即開始編製年度貿易統計，但開始大多海關採用上下兩個半年刊的形式。在半年刊中，貿易統計報表大致有三種，即「Return of the Import Trade」（進口表）、「Return of the Export Trade」（出口表）、「Return of Goods Re-exported from the port of X」（復出口表）。稅收統計報表即「Summary of duties paid」，採取矩陣式復合表，橫欄列示進口稅、出口稅、船鈔、總計等列，豎欄列示國別。〔註148〕同治二年後越來越多的海關開始採用全年刊來取代上下半年刊。同治六年總稅務司署統一年報統計表式，設計出較為簡便的各關報表體系，並開始編製年度統計全國彙總報表，彙總表分 PI：Abstract of Trade and Customs Revenue（全國貿易和稅收輯要）和 PII：Statistics of the Trade at Each Port（各關貿易統計）兩部分。其中 PI 內載有全國關稅統計情況，PII 則包括有各口稅收、船鈔的專項統計。另外從同治三年開始，各海關在編製年度統計的基礎上，增加以文字為表現形式的年度貿易報告即「Trade Report」，總論部分論述本埠貿易進出口情形及稅收情況的統計分析；光緒元年總稅務司署也開始編寫全國貿易報告。光緒八年全國貿易統計冊和貿易報告冊合併，分為第一部分：「Report on

---

〔註146〕鄭友揆：《中國近代海關貿易統計的編製方法及其內容之沿革考》，《社會科學雜誌》，第 5 卷第 3 期（1934 年 9 月）。

〔註147〕吳松弟、方書生：《一座尚未充分利用的近代史資料寶庫——中國舊海關係列出版物評述》，《史學月刊》，2005 年第 3 期。

〔註148〕中國第二歷史檔案館：《中國舊海關史料：1859～1948》第 1 冊，京華出版社 2001 年版，第 58 頁。

the Trade of China and Abstract of Statistics」（全國貿易報告和統計輯要），和第二部分：「Report and Statistics for Each Port」（各關貿易報告和貿易統計），兩部分均有稅收統計的內容。需要指出的是，上述各項報表或報告，均是以英文編寫，從光緒元年開始，各關貿易統計開始翻譯成中文出版，名為《通商各關華洋貿易總冊》，光緒十五年各關貿易報告中文譯本出現後，與前者合併，名稱依前不變。《通商各關華洋貿易總冊》與英文貿易年冊和貿易報告相比，內容略有簡化，其中有反映稅鈔、貨價的專表，分別統計全國以及各關的稅鈔、進出口貨值等其他統計資料。〔註149〕民國二年海關年報開始中英合璧，中文版貿易總冊即不再單獨出版。海關十年報告，始於光緒八年，以十年爲一期。十年報告在晚清時期出過三輯，報告以各關爲單位，詳述各該關所在省內十年來社會、經濟之變遷情形，內容所涉廣泛，其中專關一節對本岸稅收增減情況進行分析。

3. 收支統計

在編製貿易統計、貿易報告的同時，各關稅務司統計課還有一項重要的統計彙報工作，那就是每季度都必須向總理衙門、戶部（後改向稅務處）報告洋稅及經費收支情況。1861（咸豐十一）年 6 月總理衙門任命費士來與赫德會同署理總稅務司，規定二人職責之一爲按季報告稅收與船鈔以及徵收中之開支。報告須眞實、明白、準確，並應一式二份，一份送戶部，另一份送總理衙門。〔註150〕1862（同治元）年 5 月 12 日海關總稅務司署通令各關稅務司：重申海關季度收支清摺務必按附樣，用漢、英文填寫，由稅務司簽名蓋章，於每季度結束後三日內封送江海關稅務司轉交總稅務司。另呈海關監督副本一份以供參考，但無須海關監督簽轉總稅務司。〔註151〕1863（同治二）年 2 月 16 日海關總稅務司署發佈通令第 9 號，季度收支清摺在前表的基礎上進行修改，啓用英、漢文本新格式，按季度編製稅收、辦公經費及沒收貨款清摺，報表須漢文本三份及英文本一份。呈報總理衙門及戶部之漢文本，稅務司應在指定處蓋章，呈報前應呈海關監督漢文本抄件一份。英文本新格式

〔註149〕吳松弟、方書生：《一座尚未充分利用的近代史資料寶庫──中國舊海關係列出版物評述》，《史學月刊》，2005 年第 3 期。

〔註150〕《舊中國海關總稅務司署通令選編：1861～1910 年》（第一卷），中國海關出版社 2003 年版，第 1 頁。

〔註151〕《舊中國海關總稅務司署通令選編：1861～1910 年》（第一卷），中國海關出版社 2003 年版，第 9～10 頁。

分 A. 稅收、賠款、經費收入；B. 經費支出；C. 理船廳；D. 沒收貨款四部分。除理船廳僅列本季開支一項外，其它部分均列有多種細項，如經費支出項共有 12 個細目，沒收貨款部分除承上、結餘項外，還有 6 個細目。漢文新本格式分收款、支款、另款三部分。〔註152〕比較英、漢文本可以看出，英文本詳細列出經費、罰沒開支細數，而漢文本僅列出總數，說明稅務司海關經費的管理愈益內部化，其細節海關監督難以與聞。英、漢文本稅收部分均詳細羅列本季正、半各項稅收情況，只是英文本還詳細列出了付給某國上季賠款，本季應付某國賠款多少，而中文本只在正稅收款項下得出合計數，並注明「所有支付英、法兩國扣款每國五分之一即照此數羼扣」字眼。

新格式如下：

1. 英文本格式

　　.........................關

　　本季度報表截至.................止

　　A. 稅收：賠款：經費

　　1.〔隻數〕洋船〔若干〕噸：本季進口

　　　〔隻數〕洋船〔若干〕噸：本季結關

　　2. 進口正稅，「洋藥」除外　　　　　　　　　　　　　　銀......兩

　　　出口正稅　　　　　　　　　　　　　　　　　　　　銀......兩

　　　土貨復進口半稅　　　　　本季結關船付訖　　　　銀......兩

　　　船鈔　　　　　　　　　　　　　　　　　　　　　銀......兩

　　3.〔　　〕........擔，進口洋藥，憑免重徵執照　　　　銀......兩

　　　〔　　〕........擔，進口洋藥，付稅　　　　　　　　銀......兩

　　　〔　　〕........擔，進口洋藥熟膏，付稅　　　　　　銀......兩

　　4. 稅務司徵收中國船載商品稅：

　　　進口銀......兩　　　　　出口銀......兩　　　　船鈔銀......兩

　　5.〔日期〕付給英國上季賠款....................

　　　〔日期〕付給法國上季賠款....................

　　　〔日期〕付給美國上季賠款....................

　　　本季應付英國賠款....................

〔註152〕《舊中國海關總稅務司署通令選編：1861～1910 年》（第一卷），中國海關出版社 2003 年版，第 17～22 頁。

本季應付法國賠款.................................

本季應付美國賠款.................................

6. 稅務司經費：

上季結餘.............銀.............兩

收海關監督銀.........................兩

本季支出銀.........................兩

結餘銀.........................兩

7. 海關監督公署經費

B 經費

1. 薪俸：〔　　〕稅務司及〔　　〕副稅務司.................

2. 薪俸：幫辦.................................

3. 薪俸：洋班鈐字手.................................

4. 薪俸：華員通事.................................

5. 薪俸：書辦及文案.................................

6. 薪俸：驗貨、司秤、巡役.................................

7. 工餉：差役、腳夫及水手等.................................

8. 辦公經費：文具等.................................

9. 雜項支出.................................

10. 緝私費用.................................

11. 房屋租金〔　　〕.................................

12. 額外支出

合計關平銀.................................兩

C. 理船廳

本季度開支.........................計關平銀.................兩

D. 沒收貨款

1. 上季結餘.................................

2. 沒收貨物變價收入.................................

3. 罰款.................................

4. 付線人.................................

5. 賞金.................................

6. 雜物購置費.................................

7. 上繳海關監督 ....

8. 稅務司結餘 ....

.............................關

.............................日期

2. 漢文本格式

海關第　結　自同治　　年　月　　日即外國　　月　　日起

至同治　　年　月　　日即外國　　月　　日起　　收支各數清摺

計開

本結　洋船進口...............隻

洋船出口.........................隻

收款

——收進口正稅關平銀 ....

——收洋藥正稅關平銀 ....

——收出口只是關平銀 ....

以上共計關平銀.........所有支付英、法兩國扣款每國五分之一即照此數核扣

——收船鈔關平銀 ....

——收復進口半稅關平銀 ....

——收出、入內地子口稅共關平銀 ....

——收關照船進出口正稅、復進口半稅、船鈔共關平銀 ....

以上共收各項關平銀 ....

支款

——應付英國扣款關平銀 ....

——應付法國扣款關平銀 ....

以上兩國共扣關平銀

——支本關薪俸費用等項關平銀 ....

——寄交總稅務司月款關平銀 ....

另款

——收罰款關平銀 ....

——收關照船照費關平銀 ....

同治　　年　月　日　海關稅務司呈報

1904（光緒三十）年 6 月，五十里內常關爲稅務司兼理，爲規定常關收

支報告如何造報及賬務處理辦法，使常關賬目與洋關賬目盡量趨於一致，總稅務司署特頒通令，規定自該年 8 月 11 日開始，五十里內常關稅收清單按新頒表式填報，英文一份，漢文三份。〔註 153〕新頒五十里內常稅收支清單漢文本的格式，也分爲入款、支款、提款三部分 23。

新頒常稅收支清單的格式，茲以光緒三十一年第四季度五十里內粵海常關的收支清摺爲例〔註 154〕：

粵海常關
自光緒三拾壹年拾月初壹日起
第拾柒期華船稅鈔數目清摺
至光緒三拾壹年拾貳月三拾日止

華船稅鈔
入款
—— 拾　月分徵收各稅　　　共關平銀三萬陸仟貳拾貳兩捌錢陸釐
—— 拾壹月分徵收各稅　　　共關平銀貳萬捌仟陸佰肆拾捌兩三錢壹分壹釐
—— 拾貳月分徵收各稅　　　共關平銀貳萬陸仟伍佰柒拾兩三錢貳分壹釐
—— 　　月分徵收各稅　　共　　銀
以上三個月共徵各稅　計關平銀玖萬壹仟貳佰肆拾壹兩肆錢三分捌釐
　　查本期內擔頭一款共收庫平銀壹萬貳仟貳佰三拾五兩貳錢三分玖釐　折核關平銀壹萬三佰陸拾陸兩柒錢伍分壹釐　並未歸入總收數內經已解交
　　兩廣總督部堂查收合併聲明
支款
—— 拾　月分支出各　　　共關平銀壹仟陸佰玖拾貳兩三分
—— 拾壹月分支出各數　　共關平銀壹仟柒佰三兩玖錢
—— 拾貳月分支出各數　　共關平銀貳仟壹佰兩壹錢玖分
—— 　　月分支出各數　　共　　銀
以上三個月共支各數　計關平銀伍仟肆佰玖拾陸兩壹錢貳分
提款
—— 拾　月分提交總稅務司之一成　計關平銀三仟陸佰貳兩貳錢捌分

〔註 153〕《舊中國海關總稅務司署通令選編：1861～1910 年》（第一卷），中國海關出版社，2003 年，第 521 頁。
〔註 154〕第一歷史檔案館藏：《稅務處檔案》，案卷號 24。

―― 拾壹月分提交總稅務司之一成　　計關平銀貳仟捌佰陸拾肆兩捌錢三分
―― 拾貳月分提交總稅務司之一成　　計關平銀貳仟陸佰伍拾柒兩三分
――　　　月分提交總稅務司之一成　　計　　　銀
以上三個月共提交　　　　　　　　計關平銀玖仟壹佰貳拾肆兩壹錢肆分
超等幫辦穆厚敦　經辦
光緒三十一年二月初五日署理粵海關稅務司梅爾士　呈報
隨申文第陸拾柒號

覈對

光緒三十二年三月十六日太子少保銜 總稅務司赫德轉呈
隨申文第三百三十號

其他各關的格式基本相同。只是筆者在查閱檔案中發現，各關收支清摺均爲紅底黑字，唯九龍關是綠底黑字，不知何因。

二、奏銷與冊報的比較

無論是海關監督的關稅奏銷還是稅務司的稅收統計和收支清摺，都是通過一定格式的公文或表格形式將基層關稅徵收情況傳達到高層管理部門的行政行爲，起著下情上達的信息傳遞作用。但由於統計主體的不同，它們被置於兩種不同的制度環境中，發揮著兩種不同的信息功能。

1. 功能不同。稅務司系統所呈報的冊報資料，主要是從服務於西方利益的角度來設計的，具有明顯的功利性，其功能主要體現在：

（1）覈查海關關稅數額，作爲每一結期償還賠款額度的參考。這是冊報承擔的一個重要任務，那就是按結向英、法兩國領事提供各口岸的稅收情況，使各口領事得以據此與海關監督所提供的關稅數據進行對照比較。而且各領事還可不定期地查看各口岸的稅收憑證，以確保明白無誤。四成洋稅償清後，關稅不久又成爲外債的擔保，冊報的這一功能仍繼續發揮。

（2）查考現行稅率與貿易之影響，及修改下屆稅則時之參考。《南京條約》附件規定協定稅則每十二年修訂一次。那麼，現行稅則實行的效果怎樣，貿易商品價格的變動情況，稅率是否反映了物價的變動等等問題，都應是稅則修改的依據。因此，加強這方面的統計尤爲必要。

（3）作爲任命總稅務司的根據。1898（光緒二十四）年 2 月 13 日總理衙門在答英國公使之覆文中，曾規定總稅務司繼任問題以英國對華貿易總額

超過任何國家為條件〔註155〕，即總稅務司的人選應落實在對華貿易最大的國家，這樣按國別記載的海關貿易統計數字，遂成為中國政府任命總稅務司的重要根據。

（4）搜羅地方情報。海關貿易統計和報告，包羅萬象，不僅有各關歷年貿易總值及關稅收入資料，而且涵括地方政情、經濟、文化、自然狀況諸多方面，內容繁富。這些第一手經濟情報，為外國人瞭解中國市場提供了便利，為外國商品打開中國市場提供了充分的信息。在中外交涉中，關冊也成為西方列強制定對華戰略的必要參考，總稅務司由於熟諳中國政情，也往往成為西方列強的參謀，甚至每次付多少賠款，都要由外國領事和總稅務司商定。〔註156〕

監督奏銷冊的主要功能是如實反映地方海關的稅收規模以及稅款的使用、存留情況，便於中央即時瞭解地方財政資源的確數，隨時指撥，防止地方官員侵吞舞弊，並據此對海關監督進行考成。為此，監督在造報奏銷清冊時，將稅收完成情況作為最為重要的事件彙報，而中央政府也只注意奏銷冊中的四柱是否銜接，支放是否違例，與前幾期數據比較稅額是否有大幅度的增減，至於地方貿易實況，以及稅收所形成的經濟效應和社會效應則奏銷冊無從反映，朝野上下也較少有人關注。

2. 統計範圍不一致。統計範圍與統計單位的行政層級有關。海關作為一個統計單位，其統計範圍應是它的行政行為所及之區域。由於晚清海關行政體制的獨特性，監督奏銷與稅務司冊報的統計範圍並不一致。監督作為海關名義上的統轄者，其行政範圍往往較稅務司要廣，如粵海關監督，即下轄七總口六十餘分口，廣東沿海數千里包括潮海、瓊海等在內的所有稅口常、洋兩稅的奏銷均歸入粵海關監督造報。而各通商口岸的稅務司，其冊報僅限於本口岸的貿易、稅收情況，粵海關稅務司負責彙報廣州口岸（粵海洋關所轄範圍）的貿易、稅收情況，潮海關稅務司只負責彙報汕頭口岸（潮海洋關所轄範圍）的情況，瓊海關稅務司僅彙報海口口岸（瓊海洋關所轄範圍）的情況。其他海關也有類似的情況。當然，洋關勢力是不斷拓展的，光緒二十七年 50 里內常關劃歸稅務司管理，當年五十里內常關完稅情況即開始在稅務司

〔註155〕鄭友揆：《中國近代海關貿易統計的編製方法及其內容之沿革考》，《社會科學雜誌》，第 5 卷第 3 期（1934 年 9 月）。

〔註156〕湯象龍：《中國近代海關稅收和分配統計：1861～1910》，中華書局，1992 年，第 24 頁。

冊報「雜論」裏申述，光緒三十年各海關稅務司開始報告五十里內常稅收支清摺，光緒三十三年開始編製五十里內常關貿易統計。

3. 反映的經濟內容不同。關冊有海關統計和海關報告兩種。前者呈報貿易實物量、貿易價值量統計和稅收統計，後者內容更爲豐富，帶有統計分析意味，資料駁雜，如十年報告，總稅務司規定內容可擴展至三十頁。除各關稅務司可以當地見聞編入外，還應包括下列諸項：本口重大事件，貿易方面之變化，稅收之增減，洋藥貿易形勢，貨幣行情，貿易平衡情況，本口岸華洋人口方面的變化，所轄口岸之本國船舶總數，民船有多少種，每種民船之中文名稱及民船從事貿易之性質，貿易口岸，其所持執照詳情，船員人數，擁有之資本，航行之收益等，甚至各省可考選多少秀才與舉人，文盲人數及其所佔百分比，是否有受過一些教育之婦女等內容也在報告之列。〔註157〕另外，稅務司也呈報收支清冊，反映稅款、經費的支放情況。而監督的奏銷清冊僅反映海關稅收的收支、存留，側重於會計，但又不涵括稅務司經費的收支內容。

4. 傳播的廣泛程度不一樣。海關報告公開發行，並設有專門的經銷點定價銷售，在全球許多地方均可購買到，同時還針對個人或單位免費贈發，光緒八年當年即贈送各關報告 1533 份，贈送單位和個人 404 個。〔註158〕而海關監督的奏銷檔冊，無論是先前的題本還是後來的奏摺，均具有一定的保密性，朱批奏摺還有嚴格的繳回制度，很少公開。除有些奏摺後來在《申報》間有轉載外，基本上僅限於皇帝、軍機大臣和具奏人之間的互相傳閱，流傳面不大。

5. 報告周期不一致。

稅務司系統的冊報體系，主要有日報、月報、季報、半年報、年報、十年報，但以年報內容最爲豐富和完整。而監督系統所造報的奏銷清冊，又有常、洋兩稅之分。常稅主要是年報，及一個關期，以年度爲一個報告期間，這主要是與考成制度有關；洋稅主要是季報，即按結奏聞，以結期作爲一個報告期間，這主要是與按結付款的償款制度有關。關期與結期並不重合，前者爲中國傳統的陰曆，後者則以西曆計算。

〔註157〕《舊中國海關總稅務司署通令選編：1861～1910》（第一卷），中國海關出版社，2003 年，第 38 頁。

〔註158〕詹慶華：《中國近代海關貿易報告述論》，《中國社會經濟史研究》，2003 年第 2 期。

　　儘管監督的奏銷和稅務司的冊報兩者在形式上、內容上和制度的運作上
涇渭兩分，判然有別，但仍然有著或多或少的聯繫和共同之處。體現在：

　　1. 真實性。無論是監督的奏銷清冊，還是稅務司的統計報告，真實性都
是其必要的準則，兩者都要求真實、明白、準確。戶部在稽考監督的奏銷清
冊時，特別強調「四柱」格式，原因是四柱有較爲嚴密的上下勾稽關係，明
瞭直觀，易於覈對，監督也不易造假（當然這也許只是賬面上的真實）。稅務
司的報告，更要求準確、客觀、嚴肅，總稅務司署也屢有告誡。每份貿易報
告交付印刷前，造冊處均應負責仔細閱讀，並有權對違背告誡之任何段、句、
字予以刪除。

　　2. 定期性。各關奏銷與冊報在報送時間和程序上都要遵守一個既定的程
序。奏銷清冊的主要功能之一是考成，而考成必須有一個時間期限。《清會典》
中對各關奏銷檔冊的報送時間都有明確的規定。稅務司系統對海關報告期限
也有嚴格的制度規定。1865（同治四）年 1 月 6 日第 3 號通令要求各稅務司
呈遞本口岸年度貿易報告日期爲每年 1 月 31 日。〔註 159〕

　　3. 互補性。清中樞機構接納稅務司制度的重要原因之一，就在於企圖借
助洋人來監督海關稅收以償付賠款，「以扣款之多寡，覈稅餉之盈絀」，相信
自此洋稅「自宜徹底澄清，不致侵蝕中飽」。〔註 160〕銀號收到任何稅款以後，
就發給與海關機構簽發的驗單相符的號收。稅務司雖然不經管現金，對銀號
無從干涉，但手中留存的號收底簿構成稅收憑據，從而對稅款擁有監督之權。
海關稅務司根據號收底簿編製每季收支清摺，分送總稅務司、總理衙門以及
戶部查覈。這樣，「蓋以稅司之報告，覈監督之賬目，有如石驗金之妙，兩相
對照，無可假借」。〔註 161〕同治元年，總理衙門將署江蘇巡撫李鴻章所轉呈的
江海關奏銷清冊與稅務司呈報的數據相互覈對，發現江海關第六結、第七結
期內徵收洋稅及扣款等數目，兩者相符；但稅務司所報第六結期內尚有關照
船鈔銀 4419 兩零，第七結期內尚有關照船鈔銀 2868 兩零，李鴻章摺內則沒
有填載；其土貨復進口半稅，稅務司報第六結實徵銀 32147 兩零，第七結實
徵銀 60165 兩零，而李摺則稱第六結實徵半稅銀 26813 兩零，第七結實徵半

〔註 159〕《舊中國海關總稅務司署通令選編：1861～1910 年》（第一卷），中國海關出
　　　　版社，2003 年，第 329～331 頁。
〔註 160〕賈楨等：《籌辦夷務始末》（咸豐朝）（八），中華書局，1979 年，第 2723 頁。
〔註 161〕（美）魏爾特著、陶樂均譯：《民國以來關稅紀實》，商務印書館，1927 年，
　　　　第 3 頁。

稅銀 59267 兩零，與稅務司所報數目多寡懸殊。結果江海關的奏案遭到駁查。
〔註 162〕粵海關洋藥稅銀一項，計自 97 結起至 128 結止，該關送到清冊內列收
華洋商洋藥稅與稅務司送清冊，計 8 年之內共少列銀 160 餘萬有奇。戶部要
求粵海關覆查，限期回覆。〔註 163〕這些實例說明，在制度運行的初期，兩種
報告制度具有明顯的互補、互覈的功用。

〔註 162〕蔣廷黻輯：《籌辦夷務始末補遺》（同治朝）（第一冊），北京大學出版社，1988
年，第 225～226 頁。
〔註 163〕光緒二十三年十二月二十七日文珮奏，《錄副奏摺》，檔號：03－6401－014。

第四章 指撥與解款

第一節 撥解款制度的形成

　　清代財政支配權集中於中央，地方只有徵稅的權力。中央財政依賴地方政府來徵收錢糧，並通過京餉、協餉等方式實現對地方稅收款項的調節劃撥，而地方稅收單位應在規定的時間內將稅款按時上解中央，或按中央的指示解送到指定的地點。因此，錢糧的撥解就成為維繫中央與地方之間的財政紐帶。

　　每一財政年度結束，各省布政使司在彙總本省賦稅收入後，除按預先算好（即冬估）並經戶部覈准的數額留下本省開支所需錢糧外，其餘均需按規定上解戶部或協濟財政收入不足的鄰近省份，是為預撥制。留作本省支用的叫存留，解運部分叫起運，存留、起運的比例，視各省財政的贏絀情況以定。其中起運到戶部的叫京餉，起運它省的叫協餉。

　　撥解款制度的形成，跟戶部作為錢糧總彙地位的確立密切相關。清初對於錢糧的徵解與管理，制度紛更，並不健全。順治元年規定錢糧報解的歸口歸併戶部，七年復令各部、寺分管。康熙二年給事中吳國龍疏言：地丁錢糧通解戶部，至各部、寺應用錢糧，於戶部支給題銷，「於是收解之制定於一」。〔註1〕至此，戶部作為國家錢糧總彙的地位得以確立，開始履行「經天下之財，以足邦用」的財政功能。雍正三年奏准：

　　　　直省於春秋二季，將實在存庫幣銀，造具清冊，⋯⋯由部據各

─────────────
〔註1〕 〔清〕王慶雲：《石渠餘紀》，北京古籍出版社，1985 年，136〜137 頁。

省所報現存實數，酌定數目，奏明撥解。除僅敷本省需用之福建、
廣東、廣西等省，及不敷本省需用之陝西、甘肅、雲南、貴州等省，
存留本省，不解至京。餘省春秋二季冊報實存銀數，酌量存留本省，
以備協濟鄰省兵餉，並別有所需請撥用外，其餘銀悉令解部。〔註2〕

這段話闡明撥解款制度的三個原則：1. 戶部握有撥款實權；2. 戶部的撥款計
劃是根據各省財政情況分別制定的；3. 撥款是根據春秋二季冊報上的實有銀
數酌撥，所撥之款是實款。

撥解款制度維持了一個「出入有常，支放有節」的靜態財政平衡。彭雨
新將這種制度比喻爲一盤棋局，「任隨天才的棋手前後左右移動周圍的棋子，
無不得心應手，這只能是大一統國家的財政統籌，是起運、存留體制的活用。
在這一點上，我們將理財看作是一種藝術當是可以的」。〔註3〕但這種棋局在
承平年份尚能運轉自如，一旦遇有重大戰爭或災難，支絀情形立現，靜態平
衡的脆弱基礎將會被摧毀，從而導致撥解款制度的紊亂甚至瓦解。

道咸之前，清政府雖然遭受幾次大的危難，財政狀況一度困難，但朝廷
屬行節儉，同時借助於捐輸或附加稅的方式進行補救，財政基礎尚爲穩固。
如乾隆年間，河工屢起，邊役迭興，爲供不時之用，乾隆政府開始在體制外
尋求對策，如開行捐例、商人報效、發商生息、公攤養廉、關稅加盈餘、鹽
斤加價等，一度使乾隆時期的財政赤字得以彌補。〔註4〕第一次鴉片戰爭，道
光政府爲應付鉅額戰爭費用和戰爭賠款，財政就顯得捉襟見肘，難於應付，
脆弱的財政基礎開始出現危險的徵兆，道光二十七年的一份上諭即道出了其
中底蘊：

各直省錢糧出入，歲有定額，以額相準，定爲請留、留備、留協
之分，其贏餘銀兩，仍於春秋二撥案內，悉數撥解部庫，以備支用，
法至善也。乃近年留協省份，屢有咨請改撥之事，部庫待用孔殷，而
每次各省改撥之款，皆例應解部之銀，非以蠲緩爲詞，即以留支藉口，
殊不思水旱偏災，事所難免。各省支款無歲無之，何以從前改撥之案
尚少，近則日多一日。前數年軍務河工需用緊急，不得不權其輕重，

〔註2〕 光緒朝《大清會典事例》，卷169，第4頁。
〔註3〕 彭雨新：《清代田賦起運存留制度的演進》，《中國經濟史研究》，1992年第4
期。
〔註4〕 吳廷燮：《清財政考略》，四存月刊排印本，1922年，第7～8頁。

量爲改撥。而各該省恃有成案可循，幾至年年瀆請，若不及早示以限制，於京餉大有關係。且恐各該省於應徵應解之款，易啓挪移虧空等弊。嗣後著留協省份各督撫於戶部例撥及因案指撥各款，務須激發天良，認眞籌辦，不得因向有改撥成案，率行援引瀆請。〔註5〕

太平軍興以後，「戶部之權日輕，疆臣之權日重」，各省紛紛將京餉截留，或將協餉「提借」，中央財政來源失去保證，靜態平衡的財政基礎已經動搖，圖謀改革便提上中樞機構的議事日程，清政府不得不對這種預撥制進行變通。咸豐三年，咸豐帝發佈上諭：

> 向來戶部歲需京餉，例於各省春秋撥冊內，隨時奏撥解部。近年以來，各省經部指撥之款，每因起解不時，以致部庫時形支絀，自應先期籌畫，以濟要需。所有該部歲撥京餉，著准其自本年爲始，歸入冬撥案內，與各直省協撥兵餉一律酌撥。〔註6〕

春秋撥改爲冬撥，冬估這一環節就被忽略了。冬估應被視爲地方政府對本地來年財政狀況的一個預算。冬估環節的捨棄，意味著戶部撥款時可以不再考慮地方財政實際狀況，而主要根據中央的財政需要或者戶部自己對地方財政狀況的主觀揣度。據此，論者認爲，咸豐三年撥解款制度的這一變通有兩個重要轉變：一是由稅收入庫後各省報部候撥，改爲稅收入庫前戶部向各省指撥，二是由戶部指撥各省留支留儲後之剩餘部分，改爲不管各省留支留儲外有無剩餘，戶部均定額指撥。京餉協撥制度的這一變通，顯示了中央政府積極介入地方財政資源分配的強烈意願，這既是「中央集權財政體制陷於瓦解」的表現〔註7〕，也顯露出清中央集權財政體制在瀕臨崩解的邊緣而力求振拔的傾向。

關稅是軍國度支的重要來源，也是戶部指撥款餉的重要款源。關稅的撥款之權歸戶部主政，軍機處、總理衙門可奏明撥用。關稅的報解也不經布政使司之手，而是由海關監督來完成。除奏准酌留之外，原則上關稅並沒有起運、存留的規定，而是年清年款，「除本省扣充兵餉及部議准其動撥外，餘具解交部庫，以供京營兵餉及一切經費」，〔註8〕關庫不得私自留貯。具體去向

〔註5〕 席裕福、沈師徐輯：《皇朝政典類纂》卷159，國用六，文海出版社印行，近代中國史料叢刊續輯，第2278頁。

〔註6〕 《清實錄·文宗實錄》（四一）卷113，中華書局影印，1987年，第772頁。

〔註7〕 魏光奇：《清代後期中央集權財政體制的瓦解》，《近代史研究》1986年第1期。

〔註8〕 〔清〕劉錦藻：《清朝續文獻通考》（卷69國用七），商務印書館，1936年，第8257頁。

大致是：1. 各關動支。這項支出由戶部核定，有一定的額度，即所謂的「動有額支」，且經年不變。一般來說，這些支出往往在正項收入項下支用，如粵海關每年支付粵省藩庫的兵餉銀和銅斤水腳銀，在關稅上解之前就已扣除。2. 上解部庫或內務府庫。上解部庫的款項，爲各種京餉，上解內務府庫的爲中央專項經費。3. 協撥他省。協撥的原因主要有軍需、軍事活動後的善後處置、河工、災賑以及某些需協省份的特殊用度（如撥往雲南的「銅本銀」，撥往貴州的「鉛本銀」等）。協餉一般是臨時性的撥款，但也有從臨時撥款發展到常例指撥的餉項。各項解款均需加平，但解往各省的協餉可不必附解鞘內加平。不過，這些節省下來的「加平節存銀」，仍須全數解到戶部查收。因此，對於協出各關來說，京餉與協撥並無什麼區別，只是解款方向的不同罷了。凡海關報解某結應解某年分第某批京餉，某年某月分協餉以及各項經費，除解部庫之款不計外，凡解往他省者，必須取得實收憑證，奏銷時實收送到戶部。戶部堂官即在該關第某結堂標簿上覈對支數，覈對相符黏連簿內，以備考查將來受協省份報銷之案。〔註9〕

　　由於關稅的徵取具有歷時性，因此，關稅的報解也有一定的批次和時間。《清會典》規定：徵收稅銀，崇文門、左右翼、殺虎口、湆墅關、揚州關、九江關四季報解；淮安關、西新關、蕪湖關兩季報解；江海關、閩海關、太平關四季咨報，一年彙解；天津關、粵海關等一年報解。凡銅斤銀彙入正課解部，水腳銀於額解盈餘之外，照額按季解部。〔註10〕

第二節　洋稅分成與專款指撥

一、洋稅分成

　　清季中央政府對海關常、洋兩稅實行兩種不同的支配管理方式。常稅實行額徵額撥，洋稅則實行盡徵盡解。額徵額撥，即中央制定一個固定的收入、支放的定額，並通過京餉、協撥的方式進行款項的調節劃撥。由此，額徵額撥實現了中央對地方財政收支進行限制和監控的意圖；而對於洋稅來說，因爲由外籍稅務司管理，晚清政府自覺放心，認爲至少在稅款的徵管上，並不

〔註 9〕 國家圖書館藏：《各海關華洋各稅收支考覈簿》（抄本），清光緒年間，無頁碼。
〔註10〕 《欽定大清會典》（嘉慶朝），臺灣：文海出版社，中國近代史料叢刊三編（64輯），第 813 頁。

存在常稅普遍存在的侵蝕之弊，因此一直未給各關洋稅確定一個年徵收額度，而是盡徵盡解；在洋稅的支放上，則採取分成徵解的辦法。

　　洋稅分成最先開始於美商賠款案。所謂美商賠款，係指美國政府藉口兩次鴉片戰爭期間因戰火使在華美僑遭受損失而向中國提出的賠償要求。1858年 11 月中美兩國在上海簽訂《賠償美商民損失專條》，中方認還美國商虧銀50 萬兩，自咸豐九年正月初一日即 1859 年 2 月 3 日起在美國商人應付關稅中扣抵，粵海關共扣 30 萬兩，閩、江二關各扣 10 萬兩。每期扣成的基數是美國商人交納的出入口關稅總數，包括貨稅和船鈔兩項，扣款的比例是二成，即五分之一。美國商人在以上三關如交納稅銀 500 兩，以 400 兩實銀完納，100 兩用認還銀票扣抵。〔註 11〕這種方法行之便利，於是又應用於第二次鴉片戰爭英法兩國賠款的償付。這次是將每結洋稅分成四、六成，四成分別扣歸英法兩國。與美商賠款不同的是，後者扣成的基數是洋稅總額（包括鴉片稅，但不包括船鈔）。「分成扣歸」的主張是欽差大臣桂良首先提出的。桂良的本意是「就稅課之盈絀，抵賠項之多寡，既非現銀，又無定限，較之寬期按付，似更活動。」桂良的建議，得到英使額爾金的同意，並在咸豐十年九月《續增條約》草案中得到落實。但續增條約並未就賠款的扣成基數等細節性問題界定明確。其時江、粵、閩海關承擔的美商賠款尚未償清，閩海關希望將美商所交之稅從稅收總額中提出，專門扣歸美商賠款，等美商賠款清償以後，再爲英法兩國賠款統計起扣。但英、法兩國不同意「將現收美國之稅僅作美國扣款」，堅持英法賠款應是各關所納稅收總數內分扣二成。〔註 12〕而在賠付過程中上海英領事密迪樂又對條約中的「正納總數」一語產生歧議，他理解爲「海關總數內各扣二成，除洋商按貨完稅外，尚有外國商船所納船鈔，及海關所收罰充入官等款，亦應一併核扣。」上海道臺吳煦等地方官認爲，船鈔已歸入海關關務經費，有條約明確規定，不應納入二成賠款計算的基數之中；而罰沒之款，係由稅務司分給在關辦事查拿偷漏出力人員，尤非徵收入庫之款，亦與稅餉有別。雙方往來辯駁，最後英使卜魯斯出面發出照會，承認船鈔、罰沒不在扣成之列，方才罷休這場爭執。〔註 13〕另外，子口稅被認

〔註 11〕　王鐵崖：《中外舊約章彙編》（第一冊），三聯書店，1957 年，第 142 頁。
〔註 12〕　蔣廷黻編：《籌辦夷務始末補遺》（咸豐朝）（第二冊），北京大學出版社，1988年，第 377 頁。
〔註 13〕　蔣廷黻編：《籌辦夷務始末補遺》（咸豐朝）（第二冊），北京大學出版社，1988年，第 361 頁。

爲是釐金和常關稅等內地稅捐的替代，不參與扣成；而復進口稅初定時，中外雙方協商：交一正稅准扣二成，如交一半稅，則不扣二成，而最終以後種方式達成協議。〔註 14〕因此，子口半稅、復進口半稅雖同屬洋稅，並不在扣成之列。至此，分成扣款的大體模式確定下來。扣成的基數被界定爲洋稅正稅，即洋商船隻各稅項下正稅部分，包括洋貨進口正稅、土貨出口正稅、土貨進口正稅、洋藥土膏各稅出口正稅四項之和。

四成洋稅賠款由英、法兩國領事插手，各口領事就稅務司呈報的繳稅數目，按月覈查，確定每一期的應繳賠款數。因涉及到賠款的多少，各口領事對於海關稅收情況盤查尤嚴，往往銖緇必較，而且又有外籍稅務司的大力襄助，因此，四成洋稅的數據是相當準確的。而四成洋稅既定，剩下的六成洋稅也就能準確推算，清政府就是根據這一邏輯來實現對洋稅的控制的。同治五年上半年賠款即將完案，爲不讓這筆鉅款爲地方政府所染指，總理衙門做了這樣的安排：所有停付扣款各關，仍按結酌提四成洋稅，委員解交部庫，另款存儲，以備要需。〔註 15〕這樣，賠款雖清，四成洋稅名目卻長期保留下來，遂成爲戶部庫儲的穩定進項之一。

洋稅分成將洋稅正稅分成兩個部分，即四成洋稅和六成洋稅。四成洋稅作爲解部專款分出，再扣除火耗、關用經費和出使經費，餘下的六成稅款夥同子口半稅、復進口半稅等其他稅項，被存留各關，但清廷顯然無意將這筆稅款置於地方之手任其自由支配，戶部仍可通過專款指撥的形式要求海關監督按照中央的意志予以處置，京餉、協餉及其他一切支銷均落實到餘剩的六成洋稅。當然，六成洋稅如有不敷，又由常稅盈餘、洋藥釐金和其他各稅項添補。隨著中央苛取力度的加大，四成洋稅完全不爲地方政府所動用也不可能，因此戶部有時也同意某些地方開支可從四成洋稅項下動用，因此，我們從後文可以看出，有些專項經費或協餉就有部分出自四成洋稅項下。

中央政府指撥各海關六成洋稅等款，按解款方向的不同，可分爲京餉、協餉以及帶有京餉性質的專項經費等形式。京餉名目有京餉正額、續撥京餉、抵閩京餉（後改稱加放俸餉）、京官津貼（後改稱加復俸餉）等；協餉名目有淮軍協餉、直隸協餉、甘肅協餉、陝西協餉、貴州協餉等；專項經費主要有內務府經費、輪船製造經費、軍備製造經費、海防經費、邊防經費、籌備餉

〔註 14〕齊思和等編：《第二次鴉片戰爭》（五），第 495～496 頁。
〔註 15〕《籌辦夷務始末》（同治朝，卷 38），續修四庫（419），第 676～677 頁。

需以及總稅務司經費等。〔註16〕款項的劃出，在中央曰指撥，在海關則曰支出，根據指撥頻度的不同，六成洋稅等款的支出細目又可分爲額支和活支兩種。所謂額支項目，即常例支出，每年海關支出的數額或提解比例基本不變；活支項目，無固定額度，爲每年添撥之款，以應中央或地方政府的臨時需索。

二、京餉的衍化與擴張

從字面上來看，京餉即解京之餉，這裡將其理解爲解戶部專款（在這個意義上四成洋稅也可算京餉）。京餉指撥本是戶部通過確定一個固定額度，來劃撥地方稅款的行爲。自咸豐三年京餉撥解制度發生變革以後，京餉開始發生衍化，由京餉正項衍化出其他諸多名目，如抵閩京餉、京官津貼、邊防經費、籌邊餉需等，同時其性質也發生改變，京餉指撥轉化成專款指撥，即不再過問各省、關庫有沒有的款，都要按數照解，具有一定的強制性。下文就這些專款名目的沿革一一介紹。

1. 京餉正額，爲京餉的本源。京餉起源於雍正三年，專供駐京八旗兵餉和在京官吏的俸餉，向係預撥各省地丁、鹽課、關稅、雜賦，以備次年支放之用。京餉開始並無固定額度，道光四年上諭：「各省關稅銀兩，除本省扣充兵餉及部議准其動撥外，餘俱解交部庫，以供京營兵餉及一切經費」。〔註17〕可見京餉只是各關扣除常例開支及中央准其動撥後的餘款。雖然各關關稅都有一個固定的徵收額度，而各省扣充兵餉部分各年情況也沒有太大的變動，在沒有協濟他省款項的情況下，這樣盈餘實質上就構成各關上解京餉的主要部分。但各關實收稅額每年都有變動，在大部分年份都會溢出定額，也有部分年份低於定額，因此作爲盈餘部分的京餉也是遞年變化，並無固定的解交額度。有的海關，供應本省兵餉，本身都不敷撥解，因此也就無京餉可解，如閩海關，「閩省歲入各項不敷供支營餉，向無解京之款。自啓徵洋稅、釐金，始奉撥解京餉，與他省情形不同」〔註18〕。自太平軍興以後，情況逐漸發生改變，地方政府以

〔註16〕 可參湯象龍：《中國近代海關稅收和分配統計》（中華書局1992年版，第25～47頁）。以上有些款目也有既從四成洋稅項下支出，又從六成洋稅項下支出者（如海防經費、輪船製造經費等）。

〔註17〕 〔清〕劉錦藻：《清朝續文獻通考》（卷69，國用七），商務印書館，1936年，第8257頁。

〔註18〕 光緒十年正月二十八日閩浙總督何璟等奏摺，黃鑒暉等編：《山西票號史料》（增訂本），山西經濟出版社，2002年，第180頁。

軍務緊張、軍費竭蹶為由，拒不聽撥或要求改撥京餉，致使京餉欠收。咸豐三年，清政府對京餉制度實行變通，由無定額開始定額化。咸豐三年定額化以後到 1859 年，戶部京餉每年額定總數為 400 萬兩，咸豐十年改為 500 萬兩，咸豐十一年後增為 700 萬兩。同治六年六月起增添 100 萬兩，共為 800 萬兩，以後直至清末即歲以為常。各海關承擔上繳京餉的任務也有定額，如同治三年為 70 萬兩，同治七年為 169 萬兩，光緒五年為 238 萬兩，光緒二十年以後每年指撥 121 萬兩。〔註19〕但實際上太平軍興以後，清政府財權旁落，全國稅收銳減，各方面承擔的京餉任務多不能按指定數字完成，海關也不例外。

2. 解部專款。有四成洋稅、解部五成二釐華商稅、洋藥稅釐、抵閩京餉、固本京餉、籌邊餉需、京官津貼、東北邊防經費等。

四成洋稅。四成洋稅如何銷算提出，前文已有詳述。這裡須強調的是，作為解部專款的四成洋稅，在同治五年以前，是作為償付英法賠款的專款，光緒元年後，則作為海防經費，只有鎮江、九江、江漢三關四成洋稅解往戶部。即便是在同治五年至光緒元年之間四成洋稅作為解部專款，也並不是全部海關都這樣執行。如江海關只有四成洋稅中的二成解部，津海關四成則截留另存，專備天津機器局經費；山海、東海、粵海、江漢、淡水等關四成中均有部分款項改解他處。後文將會涉及。

解部五成二釐華商稅。同治十三年三月總理衙門採納總稅務司的建議，同意華商輪船與洋船於通商口岸劃一辦理，即華輪與洋船在納稅環節上同等待遇，均由洋關報納。〔註20〕華商輪船關稅自然也被納入洋稅系列。由於華商輪船關稅的主要徵收對象是輪船招商局，因此清代文獻中多稱招商局稅、局稅或華稅。戶部指定海關徵收的華輪進出口稅自 68 結起，以二成專解部庫，其餘八成再按十成計算，仿照洋稅分成辦法，以其中的四成解部，六成留為撥解京、協各餉〔註21〕，這樣連前面二成，實際上解部共為五成二釐，所以

〔註19〕 湯象龍編著：《中國近代海關稅收和分配統計：1861～1910》，北京：中華書局，1992 年，第 26 頁；彭澤益：《十九世紀後期的中國財政與經濟》，人民出版社，1983 年，第 144 頁。黃鑒暉也作了統計，但得出的數字與湯、彭二先生略有不同，可參黃鑒暉：《山西票號史》（修訂本），山西經濟出版社，2002 年，第 242 頁。

〔註20〕 1874 年 3 月 24 日海關總稅務司署通令第 7 號，《通令選編》（第一卷），中國海關出版社，2003 年，第 233 頁。

〔註21〕 津海、東海除外，見《李鴻章全集》（奏稿，卷 32），海南出版社，1997 年，第 1031 頁。

叫「解部五成二釐」，也稱五成二釐華商稅。光緒二年十一月朝廷授權以部分洋關稅款撥供中國駐外使團經費。爲此，由餘下爲各省自用之華輪稅款之六成中提出一成，自第 65 結開始，定期於季末滙與上海道臺。光緒四年六月，總理衙門及戶部要求，此項撥款自一成增至一成半。〔註 22〕光緒六年正月起，徵收招商局輪船的稅收統按洋稅作四成六成劃分，四成解部，六成留貯備解〔註 23〕，大多海關解部五成二釐這一名稱便不存在。

　　洋藥稅釐。咸豐八年十月中英《通商章程善後條約》規定鴉片貿易合法化，開始對進口洋藥徵稅。洋藥稅和洋藥釐金雖屬同一稅源，卻歸屬不同。洋藥稅由洋關徵收，自然歸入洋稅系列，亦參與四六分成。洋藥稅的徵課對象是一種特殊商品，因此與一般洋稅略有區別：1. 洋藥稅只有進口稅，而沒有子口稅。2. 洋藥稅執行特別稅率（每箱三十兩，還不包括釐金），比他稅要重。3. 洋藥稅的報解與別稅另爲一款，一月造報一次，每屆三個月委解進京（四成中已有指定用途的除外），比他稅管理更爲愼重。〔註 24〕洋藥釐金則由地方釐金局掌控，除上解中央「京員津貼」一款外，所徵實數中央難得與聞。光緒十三年二月，實行稅釐並徵，洋藥進口稅和內地釐金改由海關一併徵收，除原規定的「京員津貼」仍如數支解外，其餘全部洋藥稅釐一律經由海關作爲專款解送戶部（當然也有返還各省之款），留爲彌補庫儲之用。洋藥釐金的使用去向，爲河工、防賑〔註 25〕，海軍衙門經費〔註 26〕，稅務司經費。

　　抵閩京餉。同治十三年福建省因籌辦臺灣海防，海防大臣沈葆楨等向英滙豐銀行借款 200 萬兩，「於各海關所收四成洋稅及六成洋稅內，按照三個月結期，分年扣還」。各海關攤額度爲：粵海、閩海、九江三關四成洋稅項下，每結提還各 6 千兩，江海、浙海、鎮江三關四成洋稅項下，每結提還各 5 千兩，江漢關四成洋稅項下，每結撥還 4 千兩，山海關四成洋稅項下，每結提

〔註 22〕1878 年 7 月 9 日海關總稅務司署通令第 52 號，《通令選編》（第一卷），中國海關出版社，第 233 頁。

〔註 23〕李鴻章：《請撥海防經費摺》（光緒六年三月初一日），《李鴻章全集》（奏稿，卷 36），海南出版社，1997 年，第 1138 頁。

〔註 24〕廷寄：地方官侵吞洋藥稅著據實參奏，太平天國歷史博物館編：《吳煦檔案選編》（第六輯），江蘇人民出版社，1983 年，第 23 頁。

〔註 25〕〔清〕翁同龢：《翁同龢集》，中華書局，2005 年，第 69 頁。

〔註 26〕〔清〕翁同龢：《翁同龢集》，中華書局，2005 年，第 80～81 頁；張俠等編：《清末海軍史料》（下），北京：海洋出版社，1982 年，第 684 頁。

還 3 千兩，津海、東海兩關六成洋稅項下，每結提還各 5 千兩，應付利息統於閩海關四成洋稅項下按期撥還。〔註 27〕光緒二年正月起，除閩關以外的其他各關應年撥銀 17.6 萬兩，按結提解部庫，以抵閩省應解京餉，而將閩海關奉撥京餉，按數湊還洋款，故稱爲抵閩京餉〔註 28〕，每年 20 萬兩。光緒十一年滙豐借款還清，戶部即將抵閩京餉仍要求按結解部，於次年移作加放俸餉的一部分。〔註 29〕

固本京餉。又稱直隸練餉或直隸協餉。原由各省關徑解直隸藩庫，同治五年戶部奏准，各省關應解固本京餉，作爲直隸練軍餉項，改解部庫，直隸按月赴部請領。〔註 30〕原定由戶部年撥銀 48 萬兩，同治十一年增爲 60 萬兩，其中江海關撥銀 36 萬兩。中日戰爭以後額定每年 90 萬兩，其中江海關承擔 30 萬兩。同時從同治七年起戶部還准許動支東海關洋稅 5 萬兩作爲直隸協餉。到光緒七年增爲 6.5 萬兩。〔註 31〕另外，津海關、杭州關也有解項。〔註 32〕總計同治七年到宣統二年以上各關共解直隸協餉 16228466 兩，但主要是江海關所撥，僅它一個關歷年就解撥了 13978466 兩。〔註 33〕

籌邊軍餉。光緒十年因近畿各省辦理防務，戶部奏准將節省西征軍餉撥作次年近畿防餉。嗣因沿邊沿海各省辦防，截留劃撥京餉、邊防經費等項未能彌補，放款不敷，自光緒十二年起又將近畿防餉改爲籌邊軍餉，每年由各省關撥解 200 萬兩，規定四月前解到一半，十月內解清。其中由海關解撥的爲 86 萬兩。各關每年分攤的數目是：閩海關四成洋稅項下撥 12 萬兩，粵海關四成洋稅項下撥 12 萬兩，粵海關六成洋稅項下撥 20 萬兩，江漢關四成洋稅項下撥 12 萬兩，

〔註 27〕 中國人民銀行參事室編著：《中國清代外債史資料》，中國金融出版社，1991 年，第 41 頁。

〔註 28〕 中國人民銀行參事室編著：《中國清代外債史資料》，中國金融出版社，1991 年，第 42 頁。

〔註 29〕 咸豐年間，因辦理軍務，需款甚巨，曾將王公及在京官員俸餉及京師旗綠各營兵丁餉銀核減，以濟軍需。光緒十二年軍事敉平以後，又照全數發放，故稱加放俸餉。

〔註 30〕 〔清〕翁同龢：《翁同龢集》，中華書局，2005 年，第 119 頁。

〔註 31〕 李鴻章：《東海關京餉分析核議摺》（光緒七年二月二十五日），《李鴻章全集》（奏稿，卷 40），海南出版社，1997 年，第 1240 頁。

〔註 32〕 李鴻章：《海防支應請銷摺》（光緒四年五月二十五日），《李鴻章全集》（奏稿，卷 31），海南出版社，1997 年，第 1024 頁。

〔註 33〕 湯象龍編著：《中國近代海關稅收和分配統計：1861～1910》，北京：中華書局，1992 年，第 31 頁。

六成洋稅項下撥 16 萬兩，江海關六成洋稅項下撥 14 萬兩。〔註34〕該款於光緒
十八年二月又改稱籌備餉需。光緒三十三年又加撥杭州關 2 萬兩，牛莊關 4 萬
兩。合計爲 100 萬兩。前後 25 年各海關共解撥籌備餉需 19160000 兩。〔註35〕

京官津貼。京官津貼又稱「京員津貼」，光緒九年始，由各省上解洋藥釐
金項下支解。洋藥稅釐並徵後，改爲海關所收洋藥釐金項下支解。光緒十三
年改稱加復俸餉，定額 26 萬兩。

東北邊防經費。〔註36〕光緒六年，東北邊界緊張，清政府爲籌辦東北邊
防，由戶部於各省地丁關鹽釐金項下指撥東北邊防專款 200 萬兩。按年批解，
於每年五月前解到一半，年內全數解清。在這 200 萬兩中，指撥各海關六成
洋稅 62 萬兩，各關分擔的數目是：粵海、江海、江漢三關分別 12 萬兩，閩
海關 8 萬兩，津海關 8 萬兩，九江關 5 萬兩，浙海關 5 萬兩。〔註37〕光緒二
十五年，戶部又以原撥經費不敷，再奏准每年加撥 50 萬兩。這增撥的 50 萬
兩由各海關在傾鎔折耗銀兩內提 10 萬兩（即將原定每百兩留支傾鎔折耗銀一
兩二錢改爲六錢，另一半作增撥邊防經費）；另按原撥邊防經費 200 萬兩之數，
各省關加撥五分之一，可得 40 萬兩，其中江海、江漢、閩海各關均加撥 2 萬
兩，粵海關加撥 2.4 萬兩。這筆增撥之數從光緒二十五年起分批解部。但是到
了光緒二十七年戶部又奏准從第二年起將增撥的 50 萬兩改抵庚子賠款。總
之，邊防經費自光緒六年到宣統二年三十一年中各海關應共解 19880000 兩，
而實際見於海關報銷的只有 15029520 兩，先後積欠多達四百餘萬兩。〔註38〕

3. 專項經費。有內務府經費、出使經費、海防經費、輪船經費、製造經
費、鐵路經費等。

內務府經費。內務府經費可分爲常年經費、續增經費、廣儲司公用銀、
造辦處經費、內府工程經費、貢金折價、變價銀及各類傳辦物件費等，後文

〔註34〕《翁同龢集》103 頁有誤，將粵海關四成洋稅項下撥十二萬兩作二十萬兩。
〔註35〕湯象龍編著：《中國近代海關稅收和分配統計：1861～1910》，北京：中華書
　　　局，1992 年，第 30 頁。
〔註36〕實質上是一種協餉，但各關均將稅款解交戶部，由戶部統籌，因此此處將其
　　　視爲京餉。
〔註37〕湯象龍編著：《中國近代海關稅收和分配統計：1861～1910》，北京：中華書
　　　局，1992 年，第 29 頁。湯書參軍檔。此處與《翁同龢集》第 84 頁所列數字
　　　有異。翁書作江海、江漢、閩海各關六成洋稅項下各撥十萬兩。
〔註38〕湯象龍編著：《中國近代海關稅收和分配統計：1861～1910》，北京：中華書
　　　局，1992 年，第 29 頁。

將有詳論。

出使經費。出使經費初無定額，亦無章程，酌量給發。同治六年志剛等出使各國，先由總稅務司赫德墊發，後動用三成船鈔及輪船變價銀兩，分別支銷。同治九年崇厚出使法國，動支津海關八分經費。光緒二年，使臣常駐各國，事屬經久，始奏准於各海關六成洋稅動用。〔註 39〕初定爲在各海關六成洋稅中扣除一成，光緒四年六月後增爲一成半，即 15%。出使經費解往上海，具有協餉形式，但實爲中央政費的一部分，只是江海關道代爲收存，其使用權實爲總理衙門。

海防經費。籌辦海軍建立海防是清代同光年間洋務運動的中心任務。光緒元年，總理衙門會同戶部奏准，將粵海、潮州、閩海、浙海、山海等五關並滬尾、打狗二口四成洋稅及江海關四成內之二成暨江浙等省釐金（鎮江、九江、江漢三關應提四成洋稅，仍全部解部，另款儲存），分撥南北洋各二百萬兩，作爲海防專款。但實際上，在光緒三年以前，海防經費盡解北洋。光緒三年八月以後，由於沈葆楨的奏請，才分撥一半於南洋。〔註 40〕光緒十一年設立海軍衙門，並首先加強李鴻章負責的北洋水師。同時海防經費不再分解南北洋大臣，而統一撥歸海軍衙門作爲常年餉需經費。由於各項款項不到位，光緒十三年海軍衙門要求戶部另行補撥，要求在洋藥稅釐並徵項下，每年籌撥庫平 100 萬兩。但戶部藉口鄭工未竣，僅同意補撥 65 萬兩。每年分派各關爲：閩海關 24 萬兩；鎮江關 20 萬兩；九江關 12 萬兩；宜昌關 12 萬兩；蕪湖關 3 萬兩。按季勻撥，解交海軍衙門兌收，以濟要需。〔註 41〕甲午戰後，海軍衙門撤銷，海軍經費又改歸戶部直接劃撥，所有各省關由釐金、洋稅、洋釐金等項撥作海軍經費的，統令從光緒二十一年起全數解交戶部。〔註 42〕

輪船製造經費。江南製造局和馬尾船政局爲造輪船裝備海軍投入了大量造船經費，各海關協餉是其重要的經費來源。江南製造局是由江蘇巡撫李鴻章和上海道丁日昌籌劃，於同治四年五月在上海成立，初期製造輪船，光緒十一年以後停造輪船，專修理南北洋各省兵輪船隻和製造槍炮子彈火藥等。

〔註 39〕〔清〕沈桐生：《光緒政要》卷 2，上海崇義堂印，宣統元年，第 20〜21 頁。

〔註 40〕〔清〕王延熙、王樹敏：《皇朝道咸同光奏議》卷 50 上，上海久敬齋石印本，光緒二十八年，第 15 頁。

〔註 41〕張俠等編：《清末海軍史料》（下），北京：海洋出版社，1982 年，第 637 頁。

〔註 42〕湯象龍編著：《中國近代海關稅收和分配統計：1861〜1910》，北京：中華書局，1992 年，第 28 頁。

江南製造局開始並無專項經費，所需在淮軍軍需項下籌撥，同治六年曾國藩
奏准酌留江海關解部四成洋的二成，以其中的一成劃作江南製造局製造輪
船。〔註43〕同治八年馬新貽奏准江海關酌留的二成洋稅全數撥充造船之用。〔註
44〕自此「局用有常款」。光緒二十一年，江南製造局添購機器物料，進行擴充
規模，原有二成洋稅不敷使用，要求在江海關六成洋稅項下添撥銀 20 萬兩，
以為常年工作之需。〔註 45〕但江海關撥款浩繁，收不敷放，此項常費欠解甚
巨，因此劉坤一要求「另籌的款，如數撥充」。〔註46〕光緒二十四年年續撥常
年經費 20 萬兩，改由江蘇省籌濟。從同治五年到宣統二年，江海關解撥江南
製造局的經費達 38402119 兩。〔註 47〕

　　福州船政局是由閩浙總督左宗棠於同治五年在福州馬尾地方開辦。造船
經費原定每月 4 萬兩，在閩海關六成洋稅內撥付，後又每月追加 1 萬兩，每
年共計 60 萬兩。又因六成洋稅不敷解撥，從光緒二年一月始改由閩海關六成
洋稅內月撥 3 萬兩，四成洋稅內月撥 2 萬兩。〔註48〕總計從同治六年到宣統
二年，閩海關解撥福建船政局的經費達 14970475 兩。〔註49〕

　　軍備製造經費。興辦軍事工業是清代洋務運動的一項重要措施。許多省
份相繼設立軍火工廠，這些軍火工廠中只有天津機器局和湖北槍炮廠的經費
由海關稅收撥付。同治六年五月北洋三口通商大臣崇厚在天津創辦天津機器
局，同治九年直隸總督李鴻章接辦。天津機器局的經費由關稅項下撥付，最
初只由津海、東海兩關的四成洋稅撥解，光緒六年戶部又月撥邊防餉銀一萬
兩接濟，光緒十五年以後江海關在洋藥釐金項下每年撥給十萬兩，以補機器
局經費的不足。光緒十六年湖廣總督張之洞奏准將他原任兩廣總督時所創辦
的廣東槍炮廠搬到湖北，開辦湖北槍炮廠，製造槍炮彈藥。這個廠的常年經

〔註43〕　〔清〕王延熙、王樹敏：《皇朝道咸同光奏議》卷 50 上，上海久敬齋石印本，
　　　　　光緒二十八年，第 12 頁。
〔註44〕　高尚舉編：《馬新貽文案集錄》，中央民族大學出版社，2001 年，第 214 頁。
〔註45〕　張之洞著，苑書義等主編：《張之洞全集》（二），石家莊：河北人民出版社，
　　　　　1998 年，第 986 頁。
〔註46〕　〔清〕王延熙、王樹敏：《皇朝道咸同光奏議》卷 50 下，上海久敬齋石印本，
　　　　　光緒二十八年，第 23 頁。
〔註47〕　湯象龍編著：《中國近代海關稅收和分配統計：1861～1910》，北京：中華書
　　　　　局，1992 年，第 284 頁。
〔註48〕　朱批 71：第 585 頁。
〔註49〕　湯象龍編著：《中國近代海關稅收和分配統計：1861～1910》，北京：中華書
　　　　　局，1992 年，第 429 頁。

費先是撥湖北土藥稅銀 20 萬兩，川鹽江防加抽銀十萬兩。光緒二十四年起加撥江漢、宜昌兩關稅銀各十萬兩。但宜昌關實際上每年只解 5 萬兩。從同治七年到宣統二年江海、津海、東海、江漢、宜昌五個關共撥解軍備製造經費18595313 兩，其中天津機器局占 15535563 兩，而天津機器局經費又以津海關解撥最多，歷年共解 10513061 兩。〔註50〕

三、協餉的演變

協餉，是戶部指撥各省、關協解他省的款餉，即互相籌濟之款。僅洋稅一項，從咸豐十一年到宣統二年由海關撥解的各項協餉共達 8500 餘萬兩，占歷年國用項下總數的 12%，是海關一筆很大的開支。海關解撥的協餉主要有以下幾項：

1. 淮軍協餉，簡稱淮餉。淮軍各營的軍餉主要靠蘇滬釐金，淮南鹽釐及江海、江漢兩關的稅收，其次是四川、湖北、浙江等省的協餉。戶部指撥各海關淮軍協餉的數目是：江海關 74.4 萬兩，江漢關 60 萬兩，鎮江關 6 千兩。以後改為江海關應解 44 萬兩，緩解 30.4 萬兩；江漢關應解 20 萬兩，緩解 40萬兩，鎮江關不變。從同治四年到宣統二年各海關共撥淮軍協餉 26546864 兩。是海關解撥協餉中數目最多的，而淮軍協餉中又以江漢關解撥最多，共達18373750 兩。

2. 甘新協餉，簡稱甘餉，又稱甘肅關內外軍餉，為西征軍餉的總稱。同治七年戶部指撥關稅 100 萬兩作為左宗棠西征軍餉，其中江海關攤撥 50 萬兩，閩海關 20 萬兩，江漢關 15 萬兩，粵海關 10 萬兩，浙海關 5 萬兩。另外又指定各海關解撥專餉，計閩海關 90 萬兩，江海關 13 萬兩，江漢關 10 萬兩，粵海關 5 萬兩。光緒十一年戶部又指撥各省、關協解甘肅關內外軍餉確數為每年 480 萬兩，其中閩海關每年協撥 20 萬兩，其餘四個關沒有指撥數。光緒三十年起將甘肅關內外軍餉減為 440 萬兩，閩海關協解的數目也減為 19 萬兩。

3. 陝西協餉。陝西協餉是清政府指撥各省、關協濟陝西的軍餉。起先用於鎮壓回民起義的軍餉，以後即作為協撥陝西省的軍餉。戶部指定粵海、閩海，江漢三個關從同治七年三月開始，在四成洋稅項下每月各協解陝西 1 萬兩，即每年各協 12 萬兩。粵海關從同治七年到光緒十二年 19 年中按指撥數

〔註50〕 湯象龍編著：《中國近代海關稅收和分配統計：1861～1910》，北京：中華書局，1992 年，28 頁。

共解 250 萬，是三個關中解撥最多的。閩海關從同治八年到光緒十一年共解
176 萬兩，其中除光緒八、九年兩年未解外，每年都解撥了 11 萬到 12 萬兩。
江漢關除光緒八年到九年平均每年約解撥 11 萬兩而外，光緒二十五、二十六
兩年又協解了共 36 萬餘兩。三個關在四十三年中共解撥陝西協餉 5859071
兩。〔註51〕

　　4. 貴州協餉。同治九年，「黔苗不靖」，李鴻章奉命率軍徵黔，請準增
撥援黔軍餉，於江海關除每月額餉 2 萬兩之外，另在四成洋稅項下每月加撥
2 萬兩，六成洋稅下每月加撥 1 萬兩，合共按月撥解 5 萬兩；江漢關於四成
洋稅下按月撥解 2 萬兩，六成洋稅 3 萬兩，每月共撥解 5 萬兩。〔註52〕到
這年三月清政府又改派李鴻章率軍援陝，鎮壓回民起義，於是原來李鴻章請
撥的江海、江漢兩關援黔軍餉，除江海關四成洋稅項下每月加撥的 2 萬兩仍
解貴州作貴州協餉外，其餘款項都解往李鴻章軍營，作爲淮軍協餉。綜計江
海關自同治十年至宣統二年每年撥解貴州協餉 24 萬兩，總共撥解了 9911500
兩。〔註53〕

　　5. 臨時指撥的協餉。臨時指撥的款項，多如牛毛，這裡只能掛一漏萬，
如同治年間的雲南協餉，於粵省關、運兩庫各湊銀 5 千兩，彙成 1 萬兩之數，
起解赴滇，以濟要需。〔註54〕榮工經費。同治七年奉上諭，撥餉 90 萬兩堵築
榮工，戶部先撥 40 萬，其中撥閩省洋稅 15 萬。〔註55〕同治六、七年間撥江
海關六成洋稅項下十萬兩。〔註56〕同治十二年夏，直隸雨水過多，永定河決
口，要求於東南各省釐金、關稅、鹽課項下合撥銀三、四十萬兩，以資賑濟，
其中各海關情況：江海關洋稅銀 5 萬兩，九江關常洋稅銀 3 萬兩，江漢關洋
稅銀 3 萬兩，浙海關洋稅銀 2 萬兩。〔註57〕

〔註51〕以上三條均參湯象龍編著：《中國近代海關稅收和分配統計》一書。
〔註52〕李鴻章：《援黔籌撥餉需片》（同治九年正月十三日），《李鴻章全集》（奏稿，
　　　　卷16），海南出版社，1997年，第545頁。
〔註53〕湯象龍編著：《中國近代海關稅收和分配統計：1861～1910》，北京：中華書
　　　　局，1992年，第30～32頁。
〔註54〕郭嵩燾著，楊堅補校：《籌解滇餉緣由片會銜》，《郭嵩燾奏稿》，長沙：嶽麓
　　　　書社，1983年，第250頁。
〔註55〕同治七年閩浙總督英桂奏，《宮中檔案全宗》，檔號：4－1－35－388－38。
〔註56〕高尚舉編：《馬新貽文案集錄》，中央民族大學出版社，2001年，第207～207
　　　　頁。
〔註57〕李鴻章：《酌定各省協賑摺》（同治十二年八月初三日），《李鴻章全集》（奏稿，
　　　　卷22），海南出版社，1997年，第778頁。

　　協餉雖與京餉一樣，同屬中央政費之一部。如果沒有協餉，中央政府也必須動用國庫撥付，因此協餉只不過是中央政府爲節省路費和時間，在各省之間互相調劑，就近劃撥，實質上協出之款仍是中央的款項。但作爲獨立財政單位的各海關，即與受協地方產生了款項支付關係，由此也產生了一系列的矛盾與糾葛。因爲海關與受協地方畢竟不相統屬（即使是同一地區，也很少有實質性的統屬關係），較京餉而言，協餉的執行帶有很大的隨意性和不確定性。而需協地區儘管嗷嗷待哺，也無可奈何，只能借助於中央的權威或其他壓力迫使協出單位積極配合。這樣，隨著情勢的推移，協餉的執行就出現了兩種趨勢，即外債化和京餉化。

　　1. 協餉的外債化。該名詞借用於馬陵合《晚清外債史研究》一書，言及受協地區在督催協款無望的情況下，不得不以海關關稅爲擔保來借用外債，將原來的受協地區與協出地區之間的款項劃撥關係轉變爲海關與外商之間的債務償還關係。

　　第二次鴉片戰爭結束後，中國西部又發生邊疆危機，先是陝甘寧青等省的回民起義，後又有新疆阿古柏之亂。這次邊疆危機從同治元年一直持續到光緒三年達十六年之久，清政府不僅動用事發各省的兵力，而且也調動了川、豫、湘、楚等外省的軍隊，耗資甚巨，據彭澤益的研究，所費不下 1.18 億兩白銀。〔註 58〕這筆鉅額軍費，除戰爭波及省份承擔一部分和戶部撥解一部分外，大多由各省關通過協款的形式進行協濟。

　　隨著地方財政實體的形成，地方政府對協款的解濟具有一定的決定權，協款解濟的準時與否，解款的數額多少，均要取決於督撫的態度。督撫可以以本省財政狀況困難爲由，延宕不解或少解，甚至乾脆拒絕不解，中央政府也無之奈何。因此，同治八年左宗棠入陝統轄各軍時，各省關協款不濟，統撥糧餉成爲頭痛問題。據光緒元年的上諭，山西、四川兩省應協左營餉銀爲每年 24 萬兩，而實解到僅 6.5 萬兩，江海、江漢、粵海三關每年應協 24 萬兩，實解到 19 萬兩。〔註59〕到同治九年十月止，各省關應協陝甘軍餉積欠 1030 餘萬兩〔註60〕，而各省一任函牘催促，率置不理，致使西征無款可籌。「各省協餉有遲有速，有

〔註 58〕彭澤益：《十九世紀後期的中國財政與經濟》，人民出版社，1983 年，第 133 頁。

〔註 59〕朱壽朋：《光緒朝東華錄》（一），中華書局，1958 年，第 87 頁。

〔註 60〕中國史學會主編：《回民起義》（四），上海人民出版社，2000 年，第 206 頁。

應有不應，有能匯兌有不能匯兌，有宜用牘催，有宜用緘懇，人地各殊，情事各異」。〔註61〕左宗棠在籌款無門的情況下，不得不大借外債。

左宗棠先後借外債六筆，其中有五筆是由關稅作爲擔保的。各關監督出付印票，並由督撫加蓋關防，給洋商收執，按期在各關關稅項下撥還洋商。而後各省藩司再將應協款項，按月撥還各關。在這裡，左宗棠是想用海關關稅作爲對各省督撫的一種壓力，因爲關稅屬於中央的款項，是各種京餉所繫，對於地方督撫來說，保證京餉的足額比完成協餉更爲重要。正如左宗棠所說：

> 似此設法籌借，在各省仍止按月應協之款，並未提前，在各關旋墊旋收，並無增損；在各督撫臣，止經手過目，並無煩勞；在陝甘費十餘萬兩息銀，先得百二十萬應手之現餉，相其緩急，通融撙節，集事可速，調度可靈。〔註62〕

2. 協餉的京餉化

由於協餉的不確定性，受協省份爲了確保地方軍政事業經費來源的穩妥可靠，情願直接面向中央，而盡量避免與同級的地方政府打交道。這就產生一種傾向，一些本由地方協款供應的國家工程，爲提高獲取經費的效率，地方政府開始直接向中央伸手要錢，而由中央出面督促協出省份，將該協餉解往中央。這樣，協餉即轉變爲京餉。福州船政經費就是這樣處理的。其經費來源本來自地方協款，它們是閩海關每月 2 萬（後又每月追加 1 萬兩），粵海 1 萬，浙海關 1 萬，從六成洋稅中提付。〔註63〕這種撥款體制運行不久，爲了防止各關撥款的不足或稽延，福州將軍英桂建議，解閩的粵、浙兩關各 1 萬兩改作西征協款，而將閩省應協西征款項 2 萬兩徑解船廠，這樣造船經費都在閩海一關六成洋稅內撥付，各省協濟的色彩開始淡化。但閩省六成洋稅收數有限，遞年拖欠，福州將軍文煜繼而又奏請從閩海關四成洋稅內月撥 2 萬兩作爲造船經費，而閩海關六成洋稅內只能月撥原定的 3 萬兩。這一要求得到了允准，於光緒二年一月始執行。〔註64〕四成洋稅爲解京專款，文煜的奏請「意味著所申請的是按規矩屬於北京的錢」。〔註65〕

〔註61〕中國史學會主編：《回民起義》（四），上海人民出版社，2000 年，第 201 頁。

〔註62〕同治六年三月二十五日左宗棠摺，〔清〕寶鋆等編：《籌辦夷務始末》（同治朝），卷 48，續修四庫（414），上海古籍出版社，2002 年，第 19 頁。

〔註63〕中國史學會編：《洋務運動》（5），上海人民出版社，1956 年，第 446 頁。

〔註64〕朱批 71：第 585 頁。

〔註65〕〔美〕龐百騰著、陳俱譯：《沈葆楨評傳——中國近代化的嘗試》，上海古籍

　　同治十三年福建省籌辦臺灣海防，海防大臣沈葆楨等向英滙豐銀行借款二百萬兩，奏准由各海關分償，這樣各海關每年應撥銀 17.6 萬兩協濟閩省還債。而同時閩省每年也有 20 萬兩的京餉上解北京。光緒二年一月起，除閩關以外的其他各關均將這筆協餉按結提解部庫，以抵閩省應解京餉，而將閩海關奉撥京餉，按數湊還洋款。〔註 66〕這就是抵閩京餉的來歷。抵閩京餉也是一個協餉京餉化的案例。當然，這種情況並非閩省獨有。有些地方的兵餉，都靠各省、關協餉度日，一旦協款不濟，嗷嗷待哺，中央只能從戶部國庫中暫爲墊發，再由各省、關將這些應協款項逕解中央。這種由協餉變爲京餉的款項，奏銷冊中稱爲「解部歸款」。如光緒六年各關協撥榮全月餉、添撥榮全月餉、景廉所部吉江馬隊月餉、金順接統景廉所部吉江馬隊月餉內勻撥烏里雅蘇臺月餉等，都作過這樣的處理。〔註 67〕

　　作爲邊疆省份的雲南省，是一個受協省份，但蒙自關四成洋稅卻是上解部庫的款項。由於各省協餉年年拖欠，雲南省就提出這樣一個請求，截留蒙自關四成洋稅，由欠解雲南協餉的省份劃解蒙自關應解部庫的款項。〔註 68〕儘管這一請求被戶部以與成案不符爲由而否決，但已顯露出邊遠地區也開始在協餉如何轉化爲京餉上打主意。

　　以上兩種趨勢，在各關雖然不帶有普遍性，但至少可以說明協餉的運作並非如清前期那樣令行禁止，執行無礙。各海關在自身難保的情況下，也就無暇救濟他處，縱使有中央的政令也屢催罔應。因此晚清後期，朝野就協餉的存廢展開過討論，浙江省提出過解決協餉的兩套方案：甲種，全行刪除。「蓋各省綠營均在淘汰，防營亦需改編，餉需可節，奚待他省之協助？如云撥充新軍經費，則此細流土壤，亦何裨於高深。矧新軍經費由陸軍部籌撥，有一定的款，始添練一鎮之兵」。刪除此款，似無得失。乙種：酌量減解。「蓋釐金既抵洋款，關稅又不如前，若不顧己力之難，堪而徒務乞醯與鄰之豪舉，其何能繼。亟宜擇其可以稍緩者暫行減解，藉紓餉力」。兩相權衡，認爲還是甲種即全行刪除爲優。宣統三年李經羲也奏裁協餉名目，要求飭協出省份，

出版社，2000 年，第 322 頁。
〔註 66〕中國人民銀行參事室編著：《中國清代外債史資料》，中國金融出版社，1991年，第 42 頁。
〔註 67〕光緒六年十月二十一日兩廣總督臣張樹聲等奏，《申報》，1880 年 12 月 6 日。
〔註 68〕光緒十九年九月十二日雲貴總督王文韶奏，《宮中檔案全宗》，檔號：04－01－35－0410－021。

將應協款目，及歷次協款一律解部；協入省份，將受協款目報部請領。不過度支部格於成案，認為此舉較現行辦法徒增周折，「不獨財政無統一之效，且於清理益多窒礙」，礙難照准。〔註69〕協餉名目，至民國初年仍然保留。

四、償款攤派

清季海關關稅的上解與支放，除京餉、協餉等名目之外，甲午之後還衍生出一種特殊形式，即償款攤派。償款攤派可以說是專款指撥的極至形態，它具有款巨期促、不容討價還價的特徵，京、協餉的上解尚有遊移的時間和空間，而償款攤派則必須克期必還，不折不扣，毫無推諉的餘地，否則，惹惱洋人，事關重大。海關承擔的攤派款項，主要源自四國借款和庚子賠款。

甲午之後，清政府為支付鉅額戰爭賠款，連續三次大借款，這三次大借款，債權國分別是英、法、俄、德四國，故又稱四國借款，總額三億兩。僅俄法、英德前兩次借款，即歲需償還本息 1200 萬兩，再將滙豐、克薩等款包括在內，清政府歲需不下 2000 萬兩的償款，傳統的「財政出入，皆有常經」的老辦法已行不通了，「此非各省關與臣部（按：指的是戶部）分任其難不可」，「萬不得已，計惟有先將俄法、英德二款本息，由臣部庫與各省及各海關分別認還，庶幾猶足集事」。分攤的結果是中央部庫每年分認 200 萬，各省司庫分認 500 萬，各海關分認 500 萬，「量其物力，定以等差」，「各照分認數目，按期解交江海關道匯兌，……該督撫等，公忠夙抱，自當分任其難，共維大局，不得推諉」。〔註70〕但實際上各海關分攤償還的數額遠不止 500 萬。我們將光緒年間初定的各海關分攤數與宣統元年（宣統元年）的實攤數相比較，發現兩者的差距很大，說明期間有所調整和追加，這主要是由於補償所謂「鎊虧」等方面的原因。光緒年間江、浙、閩、粵等 17 關初定俄法償款為 202 萬兩，而宣統元年實攤達 279 萬兩，增加了 77 萬兩；初定英德償款 295 萬兩，宣統元年實攤 390.875 萬兩，增加了近 100 萬兩；另外還有從光緒二十四年開始的續英德償款，初雖然沒讓海關擔保和攤還，但從宣統元年的各省解款清單來看，各關仍實攤 90 餘萬兩。

〔註69〕《清實錄：附宣統政紀》（六十），卷 59，中華書局影印，1987 年，第 1058 頁。

〔註70〕〔清〕沈桐生：《光緒政要》（卷 22），上海崇義堂印，宣統元年，第 15～17 頁。

表 4.1：四國借款各關分攤償款表　　　　　　　　　　單位：萬兩

海　關	俄法償款		英德償款		續英德償款
	初　定	宣統元年實攤	初　定	宣統元年實攤	宣統元年實攤
江海關	40	50	60	75	19.9【1】
閩海關	16	20	24	30	1
鎮江關	22	11.5	32	16	
江漢關	16	20	24	30	34.9【2】
重慶關	4	5	8	10	1
甌海關	4	5			2
東海關	4	3.75	5	6.25	
山海關		2.5	6	3.75	
粵海關	36	69	52	89	
浙海關	16	20	24	30	20
九江關	18	22.5	26	32.5	5.8
宜昌關	8	10	12	15	
蒙自關	4	5			
津海關	12	15	18	22.5	
蕪湖關	2	18.5	4	29	
梧州關					10
大連關		1.25		1.875	
合　計	202	279	295	390.875	94.6

資料來源：《光緒政要》卷 22，第 15～17 頁；清度支部編：《宣統元年各省應解京洋賠各款別除由鹽關項下撥解數目應解總數表暨分省清單》，民國財政部印刷局印行，無頁碼。【1】包括蘇屬新關百貨稅 5 萬兩。【2】其中常稅 1.4 萬兩。

　　庚子賠款，總數 4.5 億兩，三十九年還清，每年償還本息約在 2000 萬兩以上，「款目之巨，曠古罕聞」，加上之前尙未償清的四國借款的款項，就中國當時的財力而論，實屬不堪，除中央部庫節省開支「省出」約 300 餘萬兩用於償付外，餘 1800 萬兩即攤派各省、關。因此庚子賠款的償還，可以分成

四大塊，即各省認攤、戶部改撥部分、各海關攤款、鹽課攤款等幾部分。其中部款改撥部分即部庫「省出」款項，包括應解加放俸餉、應解加復俸餉、應解加增邊防經費、應解旗兵加餉等，這些款項裏年約有 40 餘萬兩是從四、六成洋稅中撥出的，然後經部庫「省出」轉而成為賠償基金，實際上仍出在海關頭上。〔註 71〕除此款不算，各海關攤還部分每年也在 300～400 萬兩之間。〔註 72〕由於正項收入已抵作四國外債或有明確用途，為償付庚子賠款的攤款，各海關已無款可籌、無款可派，只能在關餘、切實值百抽五增稅、五十里內二成常關稅、一半傾熔火耗、補關平等雜項款目中尋找款源。

庚子賠款的攤之各海關稅裏有五十里內二成常關稅、傾熔火耗、補關平等名目，頗為複雜，具體細目將在第六章討論，此處僅將各主要海關歷年實際攤還情況列表如下：

表 4.2：各海關歷年攤還庚款數 （單位：庫平兩）

年代	江海關	浙海關	閩海關	粵海關	津海關	其他各關	合計
1902	1017209	35941	311900	703840	560870	568607	3198367
1903	1028394	49401	320000	404655	294132	908786	3005368
1904	1037474	53881	480000	705996	418458	945975	3641784
1905	1063848	49455	480000	718432	357946	1087199	3756880
1906	1047775	58800	480000	721064	1141667	752777	4202083
1907	1515143	64782	480000	723387	518798	817046	4119156
1908	1568127	35001	480000	434682	377776	984217	3879803
1909	1566108	34636	486000	465257	343390	955885	3851276
1910	1567808	17574	474000	503049	434926	957761	3955118
合計	11411886	399471	3991900	5680362	4447963	7678253	33609835
年均	1267987	44385	443544	631151	494218	853139	3734424

資料來源：湯象龍：《中國近代財政經濟史論文選》，西南財經大學出版社，1987 年，第 90～93 頁。

〔註 71〕 中華民國財政部編：《宣統元年各省應解京洋賠各款別除由鹽關項下撥解數目應解總數表暨分省清單》，民國財政部印刷局印行，無頁碼。

〔註 72〕 湯象龍：《中國近代財政經濟史論文選》，西南財經大學出版社，1987 年，第 95 頁。

表 4.3：各省、關所攤賠款解期一覽表

省份	庚子賠款	克薩鎊款	滙豐銀款	滙豐鎊款	英德洋款	俄法洋款	續借英德洋款
直隸	每年分十二期解	每年下半年解			每年分四期解	每年分兩期解	——
奉天					每年分四期解	每年分兩期解	
山東	每年分四期解	每年下半年解			每年分四期解	每年分兩期解	
河南	每年分十二期解		每年下半年解	每年上半年解	每年分四期解	每年分兩期解	——
江蘇	每年分十二期解	每年分兩期解		每年上半年解	每年分四期解	每年分兩期解	——
安徽	每年分十二期解	每年上半年解		上、下半年分解	每年分四期解	每年分兩期解	
江西	每年分十二期解			上、下半年分解	每年分四期解	每年分兩期解	——
湖南	每年分十二期解				每年分四期解	每年分兩期解	——
湖北	每年分十二期解	每年上半年解			每年分四期解	每年分兩期解	——
福建	每年分十二期解	每年上半年解		每年上半年解	每年分四期解	每年分兩期解	——
浙江	每年分十二期解		每年下半年解	上、下半年分解	每年分兩期解	每年分兩期解	——
廣東	每年分十二期解	每年上半年解	每年上半年解	每年下半年解	每年分四期解	每年分兩期解	——
廣西	——			每年下半年解	每年分四期解	每年分兩期解	
山西	每年分十二期解	每年下半年解			每年分四期解	——	
陝西	每年分十二期解				每年分四期解	每年分兩期解	——
四川	每年分十二期解	每年上半年解	上半年解36萬，下半年解 8萬		每年分四期解	每年分兩期解	——

省份	庚子賠款	克薩鎊款	滙豐銀款	滙豐鎊款	英德洋款	俄法洋款	續借英德洋款
雲南	每年分十二期解	每年下半年解	每年下半年解			每年分兩期解	
貴州	每年分十二期解						——
甘肅	——	每年下半年解	每年下半年解	每年上半年解			
新疆	——						——

資料來源：清度支部編：《宣統元年各省應解京洋賠各款剔除由鹽關項下撥解數目應解總數表暨分省清單》，民國財政部印刷局印行，發行年代不詳。注：各關解期與所在省份同。

第三節　海關的解款困局及其應對

一、海關的解款困局

　　清季戶部對各海關稅款指撥制度存在著這樣一個癥結：分成提撥和專款指撥遵照傳統的「財政出入，皆有常經」的「的款」制度，即每一項支款總有確有入款與之對應，用以支付；但臨時派款，特別是償款攤派則明顯是一種硬性分攤，即不論海關有無的款，均需無條件支出。〔註73〕據湯象龍的統計，晚清各海關洋稅收入總數在光緒十三年突破 2000 萬兩，光緒二十九年突破 3000 萬兩，最多年份不超過 3500 萬兩〔註74〕，而如上述，清末僅每年兩項償款攤派即占去關稅 1000 多萬兩，這些均是必不可少之款，在四成洋稅等款按比例提出、償款攤派照派不誤的情況下，海關其他正常支款必將受到擠佔而失去來源，造成海關解款困難，甚至使海關陷入入不抵支的財政困境。從光緒三十二年開始到宣統二年，海關洋稅的支出總計就大於收入總計，少的年份短 100 餘萬兩，多的年份則短 400 餘萬兩。〔註75〕為完成戶部的撥款任務，窮於應付的海關當

〔註73〕學界習慣用「由撥改攤」一語來概括清季撥款制度的變化，這種概括略嫌簡化，實際情況要複雜得多。清末強制性的攤款、派款雖日漸增多，但傳統的「撥」的成分仍然存在。

〔註74〕湯象龍：《中國近代海關稅收和分配統計：1861～1910》，中華書局，1992 年，第 63～66 頁。

〔註75〕湯象龍：《中國近代海關稅收和分配統計：1861～1910》，中華書局，1992 年，

局不得不尋找別徑，移緩就急。那麼，各海關是如何施展騰挪之術的呢？大致有三條路子，一常稅濟補，一覓商號墊借，一挪新掩舊。

1. 常稅濟補。根據專款專用的財政原則，同一通商口岸常關與洋關稅款的收支是各不相混的，但在財政支絀的情況下，作爲海關常、洋兩稅總彙之處的海關監督也就無所顧及，不擇稅源了。洋稅在撥解不敷的情況下，往往靠常稅的補濟。如粵海關常稅歷年多有存銀，同治三年份粵海關常稅統共存銀 24534 餘兩，均盡數撥歸同治七年份洋稅項下彙數報解，以彌補洋稅之不足。〔註 76〕粵海常關同治十三年份大關各口應存銀兩 63246 兩，北海口應存銀兩 13189 兩，歸入光緒二年份洋稅項下，湊並不敷撥解之數，汲水門等處洋藥稅除支銷經費等銀外尚存銀 23397 兩，則撥入光緒元年份洋藥稅餉項下，湊並不敷撥解之數。〔註 77〕粵海關光緒二年份常稅應存銀兩 95042 餘兩，撥歸光緒四年份洋稅項下，以補不敷撥解之數。〔註 78〕崇光任期四年，按關期計算，光緒四年份粵海各口共徵常稅銀 481447 餘兩，除支解外，應存銀 114999 餘兩；五年份共徵 522196 餘兩，除支解外，應存銀 24095 餘兩；六年份共徵 503146 餘兩，除支解外，不敷銀 8334 餘兩；七年份共徵 408084 餘兩，除支解外，應存銀 93497 餘兩。〔註 79〕海緒任內，按關期計算，光緒七年份粵海各口共徵常稅 408084 餘兩，除支解外，不敷銀 262 餘兩；八年份共徵 361070 餘兩，除支解外，不敷銀 7903 餘兩；九年份共徵 481933 餘兩，除支解外，應存銀 97142 餘兩；十年份共徵 476374 餘兩，除支銷外，應存銀 167439 餘兩。〔註 80〕光緒十一年份常稅除支銷各項費用外，尚存銀 44167 餘兩；〔註 81〕光緒十二年份常稅除支銷外，尚存銀 45363 兩。〔註 82〕聯捷任內，按關期計算，十五年份各口共徵常稅銀 223722 餘兩，除支解外，應存銀 69479 餘兩；

第 66、128 頁。

〔註 76〕《粵海關監督師曾奏》（同治七年七月十三日），中國第一歷史檔案館藏：《朱批奏摺》（同治朝），膠片號：第 22～663 頁。

〔註 77〕中國第一歷史檔案館編：《光緒朝朱批奏摺》財政類 71 輯，北京：中華書局，1995 年，第 582 頁。

〔註 78〕中國第一歷史檔案館編：《光緒朝朱批奏摺》財政類 71 輯，第 568～569 頁。

〔註 79〕《光緒七年閏七月二十六日京報全錄》，《申報》1881 年 10 月 1 日。

〔註 80〕《光緒十年九月十七日京報全錄》，《申報》1884 年 11 月 12 日。

〔註 81〕中國第一歷史檔案館編：《光緒朝朱批奏摺》財政類 72 輯，北京：中華書局，1995 年，第 238 頁。

〔註 82〕中國第一歷史檔案館編：《光緒朝朱批奏摺》財政類 72 輯，第 390 頁。

十六年份共徵 223802 餘兩，除支解外，應存銀 39542 餘兩；十七年份共徵銀 216926 餘兩，除支解外，應存銀 62267 餘兩；十八年份共徵 217347 餘兩，除支解外，應存銀 63169 餘兩；〔註83〕光緒二十六年份，粵海關常稅除支銷外，應存銀 102090 餘兩。〔註84〕以上所考察的年份，除少數年份常稅支解略有不敷外，多數年份均略有剩餘，海關監督往往權衡處理，將其撥歸洋稅項下湊並不敷撥解之數。閩海關常稅項下，從光緒十年份到二十年份，除支解外也有所剩餘，多的年份達 6 萬餘兩，少的年份亦有 1 萬餘兩，均盡數撥歸洋稅項下湊解當年京餉。〔註85〕當然，以上情況只在少數海關出現，大部分海關則是常稅本身就完不成定額，更遑論接濟洋稅了。而且，常稅彌補洋稅是對稅收結構上的調整，這種調整幅度有限，對於關稅的虧缺來說可謂杯水車薪，無濟於事，海關監督仍得再覓財源。

2. 票號墊借。由於京、協等款的上解都有一定的期限，海關徵存不及，庫存又無別款，惟恐遲誤，只能設法騰挪，而最重要的途徑是向山西票商通融墊解，再由下年份徵收稅項內歸還。我們可以從表 4.5 中窺見粵海關依賴票商滙解京餉的情形：

表 4.4：粵海關歷年撥解京餉中票號墊借銀數統計（咸豐十年～光緒六年）

（單位：兩）

年月份	撥解京餉中由票號墊借	年月份	撥解京餉中由票號墊借
咸豐十年八月至十一年八月	575267	同治九年九月至十年八月	602065
咸豐十一年八月至同治元年閏八月	971469	同治十一年八月至十二年八月	467560
同治元年閏八月至二年八月	1304426	同治十二年八月至十三年八月	928121
同治二年八月至三年八月	337619	同治十三年八月至光緒元年九月	1330105

〔註83〕《光緒十八年十一月二十六日京報全錄》，《申報》1893 年 1 月 31 日。

〔註84〕《粵海關監督常恩奏》（光緒己巳年六月初七日），《諭摺彙存》，北京：擷華書局民國年間鉛印本，第 6～7 頁。

〔註85〕中國第一歷史檔案館編：《光緒朝朱批奏摺》財政類 86 輯，第 45、89、137、205、443、593、772 頁；《光緒朝朱批奏摺》財政類 87 輯，第 26、244、468、689 頁。

年月份	撥解京餉中由票號墊借	年月份	撥解京餉中由票號墊借
同治三年九月至四年八月	577504	光緒元年九月至二年八月	1582693
同治四年八月至五年八月	738999	光緒二年八月至三年八月	2003976
同治五年八月至六年八月	702085	光緒三年八月至四年九月	2191766
同治六年八月至七年八月	793287	光緒四年九月至五年八月	2615065
同治七年八月至八年八月	1049525	光緒五年八月至六年八月	3034315
同治八年八月至九年九月	1156998	光緒六年八月至七年八月	3491511

資料來源：張國輝《晚清錢莊和票號研究》，中華書局，2007 年，第 94～95 頁。

　　從上表可以看出，從咸豐十一年到光緒六年二十年時間內，粵海關幾乎每年都要向票商墊借，低者有四、五十萬，高者竟達 300 餘萬，且有逐年增加之勢，正如光緒十四年粵海關監督長有奏稱的那樣：「粵海關徵收有定，指撥無窮，通年合計撥款多於收款不啻一倍，以致入不敷出。歷屆籌解京外各餉，均向銀號先行借墊，候有稅收陸續歸還，是以現年所徵之稅，不能解現年所撥之餉，而現年應解之餉，又須復行借墊，欠新還舊，輾轉騰挪……蓋洋稅六成項下，一有微存，即須盡數歸還銀號借墊，無可開除」。〔註86〕其他海關也有如是處理的情況，如浙海關，第 60 結止，洋稅奏銷不敷銀 4483 餘兩，由號商胡通裕設法籌墊。至 64 結期滿，歸還號商借款後，又不敷銀 146020 餘兩，仍由號商設法湊解。〔註 87〕如此，年欠年借，虧困愈重。閩海關依賴票號墊款的情況也很嚴重，如閩浙總督何璟所稱：閩省撥款頻增，所入不敷所出，奉撥京協各餉，每遇稅課淡日，迫屆限期，都是由號商暫先墊解，以應要需。至光緒十年，核明六成洋稅不敷開報數目達 70 餘萬兩，若非匯兌通融墊解，京協各餉必致貽誤。〔註 88〕朝廷也關注到此事，先後四次下達「酌

〔註86〕中國第一歷史檔案館編：《光緒朝朱批奏摺》財政類 72 輯，第 324～325 頁。
〔註87〕《浙海關六十一至六十四結四柱清單》，《錄副奏摺》，檔號：3－128－6333－31。
〔註88〕《閩浙總督何璟等奏摺》（光緒十年正月二十八日），黃鑒暉等編：《山西票號

停匯兌」的禁令，無如地方政府反對甚力，動輒以「勢難起解現銀，恐誤要需」爲由，加以抵制。但票號墊借之款，總是要下屆稅款來償還，因此只能暫救於眉急，對於長遠，仍屬無補。

3. 挪新掩舊。在中央指撥無度、部款頻催而籌款無策的情況下，海關年清年款的正常收支秩序就會被打亂，而不得不推遲稅款上解與關稅奏銷的時間，將次年所收稅銀來彌補頭年撥款的不足，有時甚至將後面幾年的稅款來彌補頭年之虧欠。仍以粵海關爲例：咸豐元年粵海關就發生挪新掩舊的情況，該年所收夷稅 1636574 餘兩，應解戶部及水腳、部費、廣儲司等銀 1479289 兩，又暫撥廣東藩庫 20 萬兩，廣西軍需 138 萬兩，計 158 萬兩，不敷 101000 餘兩，經督臣商量，在咸豐二年份稅銀內湊撥。〔註 89〕二年份又不敷銀 32000 兩，在咸豐三年份湊撥。〔註 90〕但隨著虧空缺口的增加，上下兩年的挪移已難掩平稅款的鉅額虧空，光緒四年粵海關監督俊啓移交關庫各款時，盤查洋稅，發現已累計不敷銀 2191766 餘兩；繼任監督崇光任期兩年，不僅沒有彌補舊欠，相反進一步增加了新虧，光緒五年份所徵洋稅，除支解外，不敷銀 671495 餘兩，六年份不敷銀 537506 餘兩；〔註 91〕到海緒任內，自光緒七年八月初九日八十五結起至十年四月二十五日止，年來略有存銀，但虧空並未補夠，尚累計不敷銀 2918906 餘兩；〔註 92〕廣英任內不敷銀累計達 4159106 餘兩；聯捷任內，十四年份不敷銀 169776 餘兩，十五年份不敷銀 414691 餘兩，十六年份不敷銀 282778 餘兩；十七年份不敷銀 145963 餘兩。〔註 93〕至此，不敷銀累計已達 500 餘萬兩。

粵海關這種挪新掩舊的情況，在其他海關同樣存在，如表 4.6 所示九江關的情況。我們從湯象龍的統計資料中也可看出，從咸豐十一年～宣統二年五十年時間裏，江海關有 26 個年份關稅支出數大於收入數，粵海關有 31 個年份，浙海關有 21 個年份，九江關有 28 個年份，而閩海關則有 37 個年份。〔註

史料》（增訂本），太原：山西經濟出版社，2002 年，第 181 頁。
〔註 89〕《曾維奏關稅收支實數由》（咸豐二年四月初五日），蔣廷黻輯：《籌辦夷務始末補遺》咸豐朝第 1 冊，北京：北京大學出版社，1988 年，第 106 頁。
〔註 90〕《曾維奏關稅收支實數由》（咸豐三年四月初六日），蔣廷黻輯：《籌辦夷務始末補遺》咸豐朝第 1 冊，第 170 頁。
〔註 91〕《光緒七年閏七月二十六日京報全錄》，《申報》1881 年 10 月 1 日。
〔註 92〕《光緒十年九月十七日京報全錄》，《申報》1884 年 11 月 12 日。
〔註 93〕《光緒十八年十一月二十六日京報全錄》，《申報》1893 年 1 月 31 日。
〔註 94〕湯象龍：《中國近代海關稅收和分配統計》，第 269～472 頁。

94〕在無別項稅源彌補時，關稅支出大於收入的部分，則只能寅支卯款，靠前後有餘額的年份來加以彌補了。

表 4.5：九江關洋稅 134～154 結期內稅款融借情況表　　（單位：兩）

支款不敷結期	融借下結銀數	支款不敷結期	融借下結銀數
134 結	165140	143 結	179571
135 結	195731	144 結	224025
136 結	180841	146 結	202055
137 結	180490	149 結	153295
139 結	196175	152 結	122581
140 結	202240	154 結	115981

資料來源：中國第一歷史檔案館編：《光緒朝朱批奏摺》財政類 73 輯，北京：中華書局，1995 年，第 203、249、281、302、363、393、511、534、610、704、858、936 頁。

挪新掩舊所帶來的後果，首先表現在奏銷制度發生紊亂。因為關稅奏銷是按年進行，原則上只有等到該年指撥各款均上解完畢後，才能辦理奏銷。而關稅挪新掩舊，勢必使指撥之款上解延遲，關稅奏銷也就跟著拖延下來，有的甚至拖延到五、六年才能銷結。我們從戶部整理出的清單中發現，至光緒三十二年，粵海關奏銷才報到二十五年份，江海關也僅報到二十七年份，閩海和浙海均報到二十八年份〔註95〕，一些重要海關均未能按時奏銷。其次，考成制度失靈。海關監督的任期有一定的時限，一般是各清各任，即各監督在離任時，需將自己任內的稅款收支情況作一交代，辦理交代奏銷清冊。而關稅挪移，從上任挪到己任，再從己任挪到下任。幾任下來，也就不知道虧欠在何年何月，責任難以分清，考成制度也就無的放矢，轉為空設。

3. 海關的消極應對

清季中央竭澤而漁式地汲取政策，導致海關稅款的入不敷出，而一些移緩就急的騰挪之術只能稍紓眉急，在中央紛至沓來的指撥命令當中，海關監督再株守專款專用的支出原則已不可能，只能根據款項的緩急程度，區別對待。如

〔註95〕 戶部：《海關結期已滿未經奏報各案》，《錄副奏摺》，檔號：3－129－6442－41。

洋賠各款，馬虎不得，只能先其所急，優先償付；〔註96〕對於那些可急可緩的款項，往往拖延敷衍，採取消極的應對策略，如留抵、減解、免解、題留、截留、短欠乃至拖延不解等，這些應對措施往往得到地方大吏的支持，甚至由地方大吏直接主導，從而使中央與地方間的撥解關係由此受到程度不等的破壞。

1. 留抵。當本省海關有上解中央之款，而中央又有下撥或指令協濟地方之款，地方政府往往提出兩款相抵，免於款項互相解運的請求。這種辦法，本對中央、海關利益無損，但行之既久，易促成地方與所在地海關財政關係的強化。對於需款緊急的地方政府來說，款項來自本地海關，比撥自中央或他省協濟來得直接快當，所謂「以本省之銀撥本省之餉，較為妥便」〔註97〕，因此留抵本省關稅實對地方軍情有助，故在咸同年間戰事正酣的長江地區行之普遍。當時軍情緊張，中央撥款緩不濟急，地方大吏即從本地海關直接獲取關稅留充軍餉。同治元年，署江蘇巡撫李鴻章即奏請將江海關洋稅除扣除四成賠款外的餘款，盡數留充本省軍需〔註98〕，以抵中央撥款之不濟。次年，江西巡撫沈葆楨也奏請留抵九江關稅以濟兵餉。〔註99〕軍事敉平以後，清政府著手海防建設，籌辦船政，組建近代海軍，天津、上海、福州等地需款甚巨，中央撥款有限，各地也紛紛要求以本地關稅留充以抵中央撥款。同治六年兩江總督曾國藩提出酌留江海關解部的四成洋稅的二成，以一成製造輪船，作為上海機器局的局費，一成撥充淮軍軍餉。〔註100〕同治七年冬，淮軍部分裁撤，軍餉縮減，江海關酌留作為淮餉的一成洋稅剩出，但同治八年三月，兩江總督馬新貽又以輪船經費不敷使用為由，奏准將所留二成洋稅全數撥充上海造船之用。〔註101〕天津為京畿門戶，自通商以來，陸續練兵均就地籌餉，稱津防月餉。津海關應解京餉銀 15 萬兩，其中洋稅 10 萬兩，督臣曾

〔註96〕我們看到，海關在賠付外債過程中，幾乎沒有發生因債務延誤而招致重大國際爭議的情況。正如閩海關監督奏稱：「洋款還期緊迫，勢難失信洋人」，只得從權辦理，移緩就急（《光緒朝朱批奏摺》財政類 87 輯，第 584 頁）。

〔註97〕《劉韻珂奏》（道光二十五年六月二十八日），蔣廷黻輯：《籌辦夷務始末補遺》道光朝第 4 冊，北京：北京大學出版社，1988 年，第 96 頁。

〔註98〕李鴻章：《關稅留抵軍餉摺》（同治二年五月三十日），《李鴻章全集》奏稿卷 3，海口：海南出版社，1997 年，第 140 頁。

〔註99〕沈葆楨：《籲請洋稅以濟援師摺》，《沈文肅公政書》卷 2，臺灣：文海出版社，1967 年，第 285 頁。

〔註100〕王延熙、王樹敏輯：《皇朝道咸同光奏議》卷 50 上「兵政類·餉需」，上海久敬齋石印本，光緒二十八年，第 12 頁。

〔註101〕高尚舉編：《馬新貽文案集錄》，中央民族大學出版社，2001 年，第 214 頁。

國藩任上就被奏准留抵津防月餉。成林任內，因六成洋稅動用將盡，續請將指撥賠款撫恤等款抵除欠解京餉。同治九年李鴻章又奏請仿照成林原奏，欠解京餉在指撥賠款撫恤項下抵解開除。〔註 102〕此後到光緒十二年，津海關應解京餉或免撥、或免其補解，允准抵充本口海防練軍餉項。〔註 103〕同治四年起天津練軍洋槍隊奉調奉天，所需月餉一直由山海關應解北洋海防經費項下就近劃撥，光緒四年該關稅釐短收，李鴻章即將該關招商局四成華商稅暫行留抵該省客軍防餉。〔註 104〕

再看福建省的情況。同治十三年福建省因籌辦臺灣海防，海防大臣沈葆楨等向英滙豐銀行借款 200 萬兩，議定如下海關在所收四成及六成洋稅內，分年扣還：粵海、閩海、九江三關四成洋稅項下，每年提還各 2.4 萬兩；江海、浙海、鎮江三關四成洋稅項下，每年提還各 2 萬兩；江漢關四成洋稅項下，每年撥還 1.6 萬兩；山海關四成洋稅項下，每年提還 1.2 萬兩；津海、東海兩關六成洋稅項下，每年提還各 2 萬兩；應付利息統於閩海關四成洋稅項下按期撥還。〔註 105〕光緒二年正月起，各海關的攤還款統由閩海關一關支付，而除閩關以外的其他各關每年應撥還銀 17.6 萬兩，則按結提解部庫，以抵閩省每年 20 萬兩應解京餉（閩海關應解 2.4 萬兩京餉即被抵除），這筆京餉故稱爲抵閩京餉。〔註 106〕光緒十二年後洋款清償，抵閩京餉改作加放俸餉，按結解部。

2. 減解或免解或請予改撥。有些海關稅款積欠時間太久，數額太大，全額完解已不可能，戶部不得不允准地方政府所提出的減免稅額的請求，有時甚至爲激發地方解款的積極性，還相機推出免舊催新的舉措。同治二年四月止，江海關積欠津海關免單稅銀 30 餘萬兩，該年六月上諭督促李鴻章每月撥還欠銀 2 萬兩，按月解赴直隸軍營〔註 107〕，李鴻章即以江海關稅被納入地方軍用，隨收

〔註 102〕 李鴻章：《截留京餉片》（同治九年十二月初一日），《李鴻章全集》奏稿卷 17，第 602 頁。

〔註 103〕 李鴻章：《截留京餉片》（同治十一年十一月十五日），《李鴻章全集》奏稿卷 20，第 711 頁；《津海關欠解京餉請免解片》（光緒三年八月二十七日），《李鴻章全集》奏稿卷 29，第 973 頁。劉翠溶：《關稅與清季自強新政》，《清季自強運動研討會論文集》（1988 年），第 1028 頁。

〔註 104〕「光緒四年十二月初五日山海關局稅留抵防餉片」，《李鴻章全集》（奏稿，卷 33），1068 頁。

〔註 105〕 中國人民銀行參事室編著：《中國清代外債史資料》，北京：中國金融出版社，1991 年，第 41 頁。

〔註 106〕 中國人民銀行參事室編著：《中國清代外債史資料》，第 42 頁。

〔註 107〕《劉長祐奏》（同治二年六月初二日），蔣廷黻輯：《籌辦夷務始末補遺》同治

隨放並無絲毫存留為由,「懇求恩准免撥,以濟緊要軍餉」。〔註108〕同治四年四月戶部議准,將江海關現代徵內地半稅項下應撥北新、太平、贛關三關絲稅銀,自咸豐十年四月以後至同治四年四月一律免其補解,歸入蘇省軍需案內報銷。〔註109〕與此同時,粵海關應解京、協等餉累累積欠,戶部也曾免除了該關同治三年之前的所欠各處協餉。〔註110〕光緒二十年中日關係緊張,北洋吃緊,北洋大臣李鴻章為購船募勇,開始向華商息借內債,即奏准將每年津海關應解內務府經費 2 萬兩、加放俸餉 2 萬兩暫存免解,以便湊付華商本息。〔註111〕蒙自關所收關稅,除經費外,再提四成,殆無盈餘,考慮滇省支絀情形,免予提解四成,俾資救濟。〔註112〕臺灣巡撫邵友濂奏臺灣經費入不敷出,奏撥鐵路經費 5 萬兩,請自光緒十八年始不再撥解,得到允許。〔註113〕

　　鴉片稅釐並徵之前,鴉片釐金一項,除一部分作為京官津貼上解中央外,其餘留充本地經費。如粵海關每年進貢用品及一切善舉用度,均在此項開銷。鴉片稅釐並徵,這一稅源統歸稅務司徵收,作為專款全數上解中央,以上用度失去款源,經海關監督力爭,總理衙門與戶部反覆覈商,最終同意將九、拱兩關洋藥釐金免於報解,由海關監督留用,所有傳辦物件、洋債償還及一切用項,均在此款開銷。〔註114〕鑒於粵海關成例,光緒十三年福建將軍古尼音布等也奏:福廈二口每年約徵洋藥釐銀 50 餘萬兩,占閩省全年進款四分之一,臺灣月餉、籌邊軍餉及京協餉款一切要需,皆賴洋藥釐金解濟。應從每箱 110 兩中劃出洋藥釐 80 兩,撥還給閩省,以濟要需。〔註115〕江、浙兩關也紛紛援案實行,浙海關每年撥還洋藥釐金約 20 萬兩,江海關每年 15 萬兩。〔註

朝第 1 冊,北京大學出版社,1988 年,第 550～552 頁。

〔註108〕《李鴻章奏》(同治三年八月初六日),蔣廷黻輯:《籌辦夷務始末補遺》同治朝第 2 冊,北京大學出版社,1988 年,第 323～326 頁。

〔註109〕李鴻章:《海關應撥北新贛州太平三關絲稅請免補解片》(同治四年五月初六日),《李鴻章全集》奏稿卷 8,第 292 頁。

〔註110〕《清實錄》第 47 冊《穆宗實錄》卷 117,北京:中華書局,1987 年,第 586～587 頁。

〔註111〕李鴻章:《奏津海關息借華款擬定辦法摺》(光緒二十年十二月二十五日),戚其章等編:《中日戰爭》第 2 冊,北京:中華書局,1991 年,第 195 頁。

〔註112〕光緒十七年十二月十六日王文韶片,《錄副奏摺》,檔號:3－135－6629－75。

〔註113〕光緒十八年九月十八日希元片,《錄副奏摺》,檔號:03－6631－044。

〔註114〕粵海關監督增潤奏,《錄副奏摺》,檔號:3－128－6370－31。

〔註115〕中國第一歷史檔案館編:《光緒朝朱批奏摺》財政類 72 輯,第 43 頁。

〔註116〕羅玉東:《中國釐金史》上,香港:大東圖書公司,1977 年,第 174、243 頁。

116）而津海關，因地處京畿重地，所以李鴻章要求全額免解，用以支付津防兵餉、輪船經費、地方善舉和歸還神機營所借洋款息銀。〔註 117〕

杭州開埠使寧波口商貨分流，導致浙海關稅收虧短，光緒二十五年浙江巡撫劉樹棠奏請，將部撥浙海關常年撥款「暫予寬假，量爲改撥」。〔註 118〕只是沒有得到戶部的允許。〔註 119〕光緒二十六年九江關常洋兩稅項下共要撥出 170 萬兩，徵不敷解，請求戶部將所撥之款准予展緩，並將本年續撥京餉改撥的款及綠營兵餉陸軍經費酌量減撥。〔註 120〕宜昌關稅每年撥補江南鄂岸鹽釐 31000 兩，至光緒二十九年已欠款 11.5 萬兩。從光緒二十七年起，湖廣總督均年年奏請予以改撥，未准。〔註 121〕最終戶部同意，此項欠款可在四成洋稅項下撥解 5 萬兩。〔註 122〕

3. 題留或截留。海關稅只有戶部或戶部授權才能動撥，軍機處、總理衙門僅可奏明撥用，外省更不能自行動用或截留別用，是爲定例。但太平軍興以後，這一定例在兵戈擾攘中化爲具文，地方督撫往往藉口需款緊急，在事先不奏報中央的情況下，先提後奏甚至提而不奏，爲地方軍政所用。三成船鈔本作爲專款上解總理衙門的，同治元年江海關應解三成船鈔，累計 7.9 萬餘兩均被挪用墊放軍餉，結果無款可解，彌補無方，要求歸入本省軍需案中作爲正項開銷。〔註 123〕同治二年，浙江省也先斬後奏，將浙海關洋稅及洋藥等稅截留，解營充餉。〔註 124〕同治二年江西巡撫沈葆楨即提用九江關洋稅接濟由安慶調援江西的曾國藩部隊〔註 125〕；次年又將當年九江關所徵正稅及洋藥稅共銀 4.6 萬餘兩，提借解省，事後只在奏摺中做了個附片說明。

〔註 117〕李鴻章：《洋藥稅釐撥還洋息摺》（光緒十三年四月初七日），《李鴻章全集》奏稿卷 59，第 1742 頁。

〔註 118〕中國第一歷史檔案館編：《光緒朝朱批奏摺》財政類 73 輯，北京：中華書局，1995 年，第 853～854 頁。

〔註 119〕光緒二十五年五月十九日戶部奏，《錄副奏摺》，檔號：03－6694－046（新號）。

〔註 120〕光緒二十六年一月二十四日松壽奏，《錄副奏摺》，檔號：3－129－6411－39。

〔註 121〕光緒二十九年十月二十一日端方片，《錄副奏摺》，檔號：3－129－6422－14。

〔註 122〕光緒三十年一月十九日端方片，《錄副奏摺》，檔號：3－129－6423－12。

〔註 123〕《奕訢奏》（同治三年九月初十日），蔣廷黻輯：《籌辦夷務始末補遺》同治朝第 2 冊，第 350～353 頁。

〔註 124〕《左宗棠片》（同治二年四月二十三日），蔣廷黻輯：《籌辦夷務始末補遺》同治朝第 2 冊，第 229 頁。

〔註 125〕劉翠溶：《關稅與清季自強新政》，《清季自強運動研討會論文集》，1988 年，第 1028 頁。

〔註 126〕

　　截留關稅，在前敵需款急迫之時，尚有情可原，亦爲清廷所容忍，但軍事敉平以後，外省仍積習難除，應行解京之款，不時奏請留用，以供本省之需。光緒二年，李鴻章曾請求截留江海關二成洋稅一年，戶部議准爲六個月；〔註127〕光緒五年福建爲籌辦臺防，即將應解海防經費約四、五十萬兩洋稅、釐金，截留本省作爲臺防經費；〔註128〕滬尾、打狗二口歷年所徵洋稅也撥充臺防經費。〔註129〕光緒八年李鴻章將山海關加增盈餘銀 2.5 萬餘兩留存關庫，專備修築該口炮臺之用；〔註130〕光緒十四年，再次將山海關加增盈餘稅銀 8 萬兩留存關庫預備一切要需；光緒二十二年又將營口、山海關六成洋稅項下除解充奉餉外的 21 萬餘銀，扣除 10 萬兩爲置辦軍火添補月餉之需外，餘下的 11 萬兩被「全數留備不虞」。〔註131〕光緒五年廣東籌辦海防，兩廣總督劉坤一要求「准由廣東截留粵海關原解南、北洋四成洋稅改解本省司局」。〔註132〕此後，廣東省還先後對外進行了四次海防借款和一次寶源借款，總計達 600 餘萬兩，均「粵借粵還，不累各省各關」，從光緒十五年開始至光緒二十年，籌邊軍餉應撥粵海關四成洋稅銀 12 萬兩、六成洋稅銀 20 萬兩，均予截留，作爲廣東省歸還洋款之用。〔註133〕福州船政局開辦初期，其經費即奏准在閩海關稅內酌量提用，「如有不敷，准由該督提取本省釐稅使用」。同治五年，船政經費不敷，即於閩海關四成結款項下動撥 40 萬兩，並請將閩海關每月協餉 5 萬兩，概行撥充輪船經費，以

〔註126〕《沈葆楨片》(同治三年十月十六日)，蔣廷黻輯：《籌辦夷務始末補遺》同治朝第 2 冊，第 394 頁。

〔註127〕王延熙、王樹敏：《皇朝道咸同光奏議》卷 50 上「兵政類・餉需」，上海久敬齋石印本，光緒二十八年，第 16 頁。

〔註128〕李鴻章：《議購鐵甲船摺》(光緒六年二月十九日)，《李鴻章全集》奏稿卷 36，第 1128 頁。

〔註129〕中國第一歷史檔案館編：《光緒朝朱批奏摺》財政類 86 輯，北京：中華書局，1995 年，第 487 頁。

〔註130〕李鴻章：《山海關截留餘稅片》(光緒九年六月十四日)，《李鴻章全集》奏稿卷 46，第 1141 頁。

〔註131〕劉錦藻：《清朝續文獻通考》卷 31，北京：商務印書館，1936 年，第 7839 頁。

〔註132〕劉坤一：《籌辦海防事宜並請截留餉項摺》(光緒五年八月二十八日)，《劉坤一遺集》第 2 冊，北京：中華書局，1959，第 544 頁。不過有意思的是，一年後劉調補兩江總督，又責怪戶部同意粵省的截留，以致南洋「的款」短少(《劉坤一遺集》第 2 冊，第 576 頁)。

〔註133〕《光緒二十年五月二十一日京報全錄》，《申報》1894 年 7 月 3 日。

濟要需。〔註134〕光緒末年，各省爲舉辦新政或償還外債，廣西巡撫、東三省總督、閩浙總督都有公然截留關稅的舉措。〔註135〕閩海關 76 結四成洋稅應解南北洋經費共 83116 兩即被福建善後局截留。〔註136〕

　　4. 短欠或拖延不解。如沒有正當的理由而未能按時上解稅款或發生稅款的積欠，則只能被視爲短欠或拖延不解。京、協等餉的拖欠不解是清季普遍的現象，並非海關獨有，經統計，至同治八年，各省、關舊欠滇餉計 800 餘萬兩，自同治八年至同治十二年底，又新欠 500 餘萬兩，遷延三載，報解寥寥；〔註137〕從光緒六年開始的東北邊防經費，到光緒十三年時各省、關欠解達 120 餘萬兩。〔註138〕連京餉的報解也不樂觀，自光緒十一年起至光緒二十年止，各省、關欠解京餉等銀已達 495 萬餘兩〔註139〕，其中海關稅款的拖欠恐怕最爲嚴重。各關在面對中央指撥籌款無門的情況下，只能要求緩解加以敷衍。光緒五年津海關欠解光緒三、四年份抵閩京餉銀各 2 萬兩，要求緩解；〔註140〕光緒六年又提出每年指撥六成洋稅銀 8 萬兩的東北邊餉，給予緩解；〔註141〕海防經費一款，欠解尤多，僅粵海一關，光緒二年前已累計欠解 75000 兩，光緒二年正月起至光緒十一年 12 月止累計欠銀增加至 1429400 餘兩；〔註142〕出使經費的欠解情況也比較嚴重，根據光緒十四年總理衙門的奏片：粵海關 80～94 結，95～96 結找款，97～103 結各提存出使經費均未解到，僅從 103 結起至 108 結，即欠解銀 782059 餘兩；〔註143〕又根據光緒三十年外務部稱：

〔註134〕左宗棠：《開造輪船請暫動結款摺》（同治五年十月十五日），《左宗棠全集》奏稿 3，長沙：嶽麓書社，1989 年，第 197～198 頁。

〔註135〕彭雨新：《清末中央與各省財政關係》，《社會科學雜誌》第 9 卷第 1 期，1947 年，第 20 頁。

〔註136〕光緒五年十一月四日何璟奏，《錄副奏摺》，檔號：3－134－6601－86。

〔註137〕翁同龢：《遵議劉長祐等奏軍餉支絀請飭撥協滇新餉摺》（光緒二年七月二十五日），謝俊美編：《翁同龢集》上，北京：中華書局，2005 年，第 11 頁。

〔註138〕翁同龢：《各省欠解東北邊防經費請旨嚴催摺》（光緒十四年十二月初八日），《翁同龢集》上，第 84 頁。

〔註139〕《清實錄》第 57 冊《德宗實錄》卷 393，北京：中華書局，1987 年，第 121 頁。

〔註140〕李鴻章：《抵撥閩省京餉請緩解片》（光緒五年四月初二日），《李鴻章全集》奏稿卷 34，第 1087 頁。

〔註141〕李鴻章：《津海關邊餉請緩籌解摺》（光緒六年八月初三日），《李鴻章全集》奏稿卷 38，第 1183 頁。

〔註142〕光緒十二年六月十七日張之洞奏，《錄副奏摺》，檔號：3－128－6356－44。

〔註143〕光緒十四年總理衙門片，《錄副奏摺》，檔號：3－128－6366－19。

閩海關欠解出使經費 135～142 結、156～160 結，又 163～164 結；浙海關欠解 148 結找款，149～158 結，160～164 結。〔註 144〕

　　籌備餉需每年 200 萬兩，其中初派各海關 70 萬兩（如表 4.7 所示光緒二十二年份的年度定額）。光緒三十三年因閩浙兩省積欠獨多，戶部即將兩省數目酌減，允添到江漢等海關，總數雖維持在 200 萬兩不變，但各海關承擔的數目增加至 102 萬兩（如表 4.7 所示光緒三十四年份的年度定額）。戶部規定該款每年舊曆四月前解到一半，十月內解清，如依限全數完解，奏請獎敘；如藉詞延宕，嚴行奏參。〔註 145〕但從表 4.7 各海關報解情況來看，很不盡如人意，光緒二十二年份按時解到款項只有應解總額的 5% 左右，光緒三十四年份也只有 10% 左右。雖然戶部一再警示各海關要力顧大局，強調該款「與京餉事同一律，毋得視為故常，任意拖欠」，但各海關遷延不解已習以故常，戶部無如之何，也只能「從寬免議」。〔註 146〕

表 4.6：戶部（度支部）登記各海關籌備餉需解款情況表　（單位：萬兩）

款目	光緒二十二年份				光緒三十四年份			
	年度定額	按時解到	已報未解	未解	年度定額	按時解到	已報未解	未解
閩海四成洋稅	12	3	3	6	12		1.5	10.5
粵海四成洋稅	12		3（起程）	9	12	8		24
粵海六成洋稅	20			20	20			
江海六成洋稅	14		5（起程）	9	20		10	10
江漢四成洋稅	12		3	9	32	4	4	24
江漢六成洋稅	16			16				

〔註 144〕光緒三十年外務部片，《錄副奏摺》，檔號：3－129－6423－16。

〔註 145〕翁同龢：《奏指撥來年籌邊軍餉摺》（光緒十七年十一月十五日），《翁同龢集》上，第 102～103 頁。

〔註 146〕《度支部奏催本年籌備餉需片》，《政治官報》奏摺類第 652 號，宣統元年七月初六日。

款目	光緒二十二年份				光緒三十四年份			
	年度定額	按時解到	已報未解	未解	年度定額	按時解到	已報未解	未解
杭州關洋稅					2			2
山海關洋稅					4			4
合　計	70	3	14	53	102	12	15.5	74.5

資料來源：光緒二十二年七月二十一日戶部片，《軍機處錄副奏摺》，檔號：3－129－
　　　　　6397－39；《度支部奏催本年籌備餉需片》，《政治官報》奏摺類第272號，
　　　　　光緒三十四年七月初三日。

　　晚清時期，中央政府明顯加大了對海關稅收的汲取力度。這裡有兩個因素，一是晚清時期是個多事之秋，內憂外患，導致中央政事繁雜，這是財政支出規模擴大的現實需要；一是海關稅源拓展，在傳統的常海關之外，又不斷增關洋海關，而後者的稅收潛力遠遠大於前者，這爲財政支出規模擴大提供了可能的財力支持。需要與可能之間無疑存在一種張力，前者帶有剛性，後者則略顯彈性，它們構成了撥與解這一對矛盾。對於掌握撥款大權的戶部而言，爲滿足不斷增長的軍國度支的需要，確保每年撥款計劃不折不扣地完成是其既定的財政目標。爲實現這一目標，戶部往往根據中央用款的實際需要，「大凡舉一事興一政，動輒分派大省若干，小省若干」，〔註147〕而各省（關）是否有「的款」以供支用，則不予慮及。對於解款方的各海關來說，由於貿易量、政治局勢的變動，每年的稅收盈絀不定，各關地理位置各異，稅收情況也迥不相同。戶部缺乏彈性的催提攤派，勢必造成各海關的收支失衡和各關間的苦樂不均。爲抵制戶部這種壓榨式汲取，各關均抱持消極的應付態度，紛紛強調本關的財政困難，所謂「徵數大絀於前，指撥倍加於後，無論如何設法騰挪，萬無可以支持之理」；而這時，地方督撫也不失時機地與海關形成攻守同盟。根據清制，督撫對本地海關有督察之責，有的海關監督即由地方官兼任，海關稅款的奏銷要由督撫與監督會奏。當海關完不成解款任務時，戶部做的第一件事即是要求所在省的督撫進行督查，而督撫在一番「督查勸導」後，大多這樣回覆戶部：「此時督催非不嚴急，實窮於變通

〔註147〕國家圖書館藏：《浙江清理財政局說明書》刻本，下編「歲出，第一款」，無頁碼。

挪移之計」，〔註148〕督撫基本上是認可海關監督的解釋。在與戶部討價還價、扯皮周旋的過程中，海關與地方政府形成了一套行之有效地化解戶部指撥壓力的應對機制。這同時產生兩個相互關聯的結果：一方面，部臣與疆臣日漸隔閡，戶部的權威受到疆臣的藐視。光緒二年津海關欠解京餉，戶部擬將關道從重議處，直隸總督李鴻章則不以為然，為關道辯解：「至京餉報解遲延固應懲處，若無款可解，迭經聲明在先，其情事自不相同」，要求戶部「查明更正」。〔註149〕諸如此例，在疆臣看來，戶部亂開空頭支票，實是加重財政混亂的罪魁禍首。〔註150〕另一方面，大量派款和攤款，造成收支對應的「的款」原則被破壞，地方政府千方百計從經制外的款目中羅掘財源，於是外銷款大量出現。外銷款是「不能一一問所由來」的款項，「既有外銷之事，即有匿報之款」，戶部既無法知悉地方外銷款的實有規模，情急之下只能盲目加大對地方的攤派，而這反過來又助長了中央與地方間的扯皮推諉之風。

顯然，在這種財政局面下，撥與解的矛盾只能由於戶部的「通融」而消解。首先，戶部並非對各地財政困難一無所知〔註151〕，明知撥款指令難以切實貫徹，之所以仍循歲撥之舊例，按額催提，其目的也僅僅在於維持這種名義上的撥解關係，藉此顯示戶部對地方稅款仍有指撥之權；〔註152〕其次，戶部不再強調稅款的專款專用，除實在不能動用的之外，其餘不論何款，俱准海關酌量提劃，趕速解京，至於解到的是出自何項款目，無暇過問。再次，戶部不再斤斤計較於各海關是否足額解清，解到一點是一點，不時還推出免

〔註148〕郭嵩燾：《粵海關歲徵課銀不敷撥解疏》（同治三年），楊堅補校：《郭嵩燾奏稿》，長沙：嶽麓書社，1983 年，第 101～104 頁。

〔註149〕李鴻章：《津關免解京餉摺》（光緒二年四月二十七日），《李鴻章全集》奏稿卷 27，第 899 頁；〔日〕岩井茂樹著，付勇譯：《中國近代財政史研究》，北京：社會科學文獻出版社，2011 年，第 137 頁。

〔註150〕岩井茂樹：《中國近代財政史研究》，第 137 頁。

〔註151〕如翁同龢曾對光緒大婚經費表示擔憂，云：「籌備大婚典禮四百萬，半由部庫，半指外省，外省有何的款？所指撥者，除截留京餉，更無他法也。」（翁同龢：《覆譚鍾麟函》（光緒十三年六月二十一日），《翁同龢集》上，第 341 頁）可見部臣對地方財政竭蹶狀況也心知肚明。

〔註152〕正如郭嵩燾所云：戶部撥款雖無撥解實際，但仍指撥如舊，只在於「援守成案，猶存照例之具文」（郭嵩燾：《粵海關歲徵課銀不敷撥解疏》，《郭嵩燾奏稿》，第 101～104 頁）。岩井茂樹在考察清季協餉制度時，也得出這樣的認識：戶部指令的下達，通常僅被視作一種權力而已（岩井茂樹：《中國近代財政史研究》，第 133 頁）。

舊催新、分次解款的舉措，以激發海關解款的積極性。最後，懲處力度減輕，對於不能按時上解甚至屢催不應的海關，戶部的督飭雖言辭嚴厲，但結果大多「從寬免議」了之。願解與否，解多解少，實非戶部所能控制。舊的矛盾雖由於戶部的讓步而暫時消解，但新的矛盾又隨著下一個財政年度的到來重新開始。於是，在撥解矛盾激化——消解的循環往復中，戶部的權威性不斷地受到侵蝕，其動員和統配全國財政資源的能力也在逐漸下降。

第四節　從解現到商兌——解款方式的更張

　　解運中央的京餉和撥交它省的協餉，在咸豐以前，均解現銀。解現時應恪守現銀裝鞘制度，即在解款上路之前，將現銀放入特製的銀鞘中，這種銀鞘為木製，有鐵箍，兩端呈尖形，每鞘裝銀一千兩，上貼印花。裝有現銀的銀鞘必須委員押解，由驛站運送。所過州縣，地方官員須派兵護送，並加蓋印信。解員的經費視路程的遠近、鞘數的多少，各省不一。粵省省例規定：關餉每萬兩津貼銀三十兩，又給回粵盤費銀五十兩，均在海關移解水腳津貼項下支給；解各省餉銀、雲南俸餉，每萬兩津貼銀四十兩，貴州等省協餉並河工餉銀，每萬兩津貼銀三十兩，解雲南銅本銀，每萬兩津貼銀四十兩，貴州鉛本銀，每萬兩津貼銀三十兩。〔註153〕另外，解送現銀還需動支擡費、伏馬費、鞘箍費、布袋劈鞘費等。解運路線也是一定的，解員不得私自變更。同治元年三月，江西省協解曾國藩軍餉，按規定應沿陸路驛站行走，而解餉委員私自改行水路，當行到臨江口地方被竊，結果解員被革職勒賠。〔註154〕因此改路行走對於自作主張的解員或地方官來說，都要承擔無謂的責任。解員解銀交庫時，必須投遞文批，由管庫官員在三日內給發批回。〔註155〕文批上列示委解和搭加的銀數、解員職名、起程日期等信息。如委員在途中生病或其他變故，不能完成解送任務，應及時覓員換解。換解時，必須將原領文批滙單逐件繳回，換交文批，交該委員接解。如廣東運庫籌解光緒十三年分京餉，委員張國楨在途患病，未能前進，張國楨遂將原領咨批滙單逐件繳回，

〔註153〕《粵東省例新纂》，卷3，戶例下，解餉，第3頁。

〔註154〕同治元年二月初九日清《上諭檔》，轉引黃鑒暉：《山西票號史》（修訂本），山西經濟出版社，2002年，第231頁。

〔註155〕《總管內務府現行則例》，廣儲司卷一，民國二十六年國立北平故宮博物院文獻館校印，第76頁。

換交文批，另派委員張澤樹接解。〔註156〕解送的官員必須要有一定的品級，根據對粵海關歷次京餉解送人員的考察，以五品銜補用通判一職為多。解款到京還有時間的規定，如江西到京城路程限定在 75 天。光緒二年江西即用知縣曾載湘曾管解洋稅兩批，一次用了 48 天，一次用了 50 天，均比限定的時間縮短，受到清廷的嘉獎，照例加一級記錄兩次。〔註157〕當然，解員不能以任何藉口在路途中耽擱太久，否則也會受到程度不等的處分。

解運現銀，沿途有很多不可預料的外部風險。咸豐十一年十一月，法國領事官委託通商大臣崇厚代送洋銀六千餘兩解往京城，在通州碼頭附近遭到搶劫。〔註158〕同治六年湖南省上解京餉時，行至直隸定州城北過河時，適值山水爆發，一艘裝鞘載船沉沒，經打撈，丟失四鞘餉銀。〔註159〕查吏部處分則例載：「直省批解銀兩，該管司、道、府不委現任官解送，濫委廢員匪人，以致中途失誤者，將原委之員降一級調任。私罪。」又載：「若解官已請防護，又係經由大路而餉鞘被失者，所失餉鞘，地方大員分賠十分之五；簽差不慎之大員分賠十分之三；解官分賠十分之二，如解官係微末窮員，不能賠補，仍著落簽差之大員分賠」等語。〔註160〕海關解款押送所差人員大多是地方官，簽差大員即屬所在省督撫，因此督撫、監督均對解款的安全負有連帶責任。

清代前期，京、協餉解現制度均實行官解官交，嚴禁商人參預其事，即便到道咸之際，匯兌業務在全國各大城市都有所開展的情況下，清政府也恪守成規，仍不允許交商匯兌，違者要受懲處。道光二十八年，浙江藩庫向戶部顏料庫解送桐油、黃銅、茶葉時，順便搭解內務府參斤變價銀四千四百餘兩。因為根據地方的慣例，搭解銀兩不給裝鞘經費，所需鞘費在正解（即桐油等項）經費中自理。解員為節省費用，又「恐銀兩疏失，因慎重庫款起見，隨託交源泉銀局匯寄京城萬成和號，取得匯票齎帶印花起程」，在京城號商處取得銀兩後，赴內務府呈繳，途中被地面營訊查知，結果解餉委員張炳鍾和浙江布庫大使李芬均被交部分別議處，以示懲儆〔註161〕。十九世紀五十年代，太平天國起義爆

〔註156〕《申報》，1887 年 10 月 17 日。
〔註157〕光緒十三年二月二十八日署理吏部尚書崑岡奏，《內閣全宗》，檔號：2－156－12293－17。
〔註158〕咸豐十一年十月初七日崇厚奏，蔣廷黻編：《籌辦夷務始末補遺》（咸豐朝）（第二冊），北京大學出版社，1988 年，第 636 頁。
〔註159〕黃鑒暉：《山西票號史》（修訂本），山西經濟出版社，2002 年，第 266 頁。
〔註160〕朱壽朋：《光緒朝東華錄》（二），北京：中華書局，1958 年，第 1666～1667 頁。
〔註161〕張國輝：《晚清錢莊和票號研究》，中華書局，第 82 頁。

發，長江中下游一帶財源之地淪為戰場，「山東、河南土匪紛擾，安徽撚匪迄未撲滅」，南北交通受阻，戶部庫款來源受到威脅，京餉遲遲不見來款。在如此嚴峻的形勢之下，為使「京師無內顧之憂，兵餉獲飽騰之效」，清政府要恪守舊制，已不可能，不得不允准各省關相機行事，「設法辦理，或繞道行走，或由商人匯兌，或由輪船運津轉解，總期妥速解到，以應要需」。〔註162〕由是，解款制度發生兩個變化，一是由陸路改為海、陸俱可；一是由解現准為商兌。

咸豐五年，粵海關解現即由陸路試行海路。其時，江西吉安土匪滋擾，商旅戒嚴，不得不改道由廣州搭載海船解至上海，再由江蘇上陸路驛道遄行，解赴戶部投納。〔註163〕咸豐十一年粵海關例解廣儲司銀兩，因探聞湖北、河南道途通塞無定，乾脆由海道從廣州直接運至天津，再在天津登陸解京交納。閩海關也於同治二年仿照粵海關由海運趕解京餉至天津。〔註164〕就安全性而言，若雇用內地海船，風濤險惡，難保平安，只有用外國火輪船，較為安全。但火輪船運費不菲，由粵省運銀到天津，每銀一千兩應給運費加包裝費等項銀三十二兩八錢八分〔註165〕，費用不比陸運便宜。在海運未獲批准之前，這筆昂貴的費用不能在稅款中作正開銷，只能由各關自理。因此，地方官在不得已的時候，才選擇這種辦法。

至於解現變為商兌，一般的觀點認為閩海關最早實行。閩海關咸豐九、十、十一年分以及同治元年分的部分京餉，因道路梗塞，即是採取號商匯兌的辦法，於同治元年三月繞道進京一起赴部投納的。〔註166〕不過，從文獻來看，早在清政府允准閩海關之前的咸豐二年，有些地方的官款交由票號承匯，已獲得當地大吏的同意，而且咸豐二年還不是首次，〔註167〕閩海關只是「援照成案」罷了。

〔註162〕同治元年十月十一日戶部酌提各省關京餉奏片，黃鑒暉等編：《山西票號史料》（增訂本），山西經濟出版社，2002年，第75頁。

〔註163〕咸豐五年十二月二十二日葉名琛奏，蔣廷黻編：《籌辦夷務始末補遺》（咸豐朝）（第一冊），北京大學出版社，1988年，第441頁。

〔註164〕同治二年五月二十日文清奏，《錄副奏摺》，檔號：3－86－4871－60。

〔註165〕咸豐十一年八月二十日勞崇光、毓清片，蔣廷黻編：《籌辦夷務始末補遺》（咸豐朝）（第二冊），北京大學出版社，1988年，第625頁。

〔註166〕同治元年三月十五日福州將軍兼閩海關稅務文清奏，《錄副奏摺》，檔號：3－86－4871－52。

〔註167〕宋惠中：《票商與晚清財政》，中研院近史所編：《財政與近代歷史論文集》上冊，第389～446頁。

　　京餉由票號匯兌，一經清政府正式允准，江南各省關紛紛援照閩案，尋商匯兌。「相機行事」的飭令到達粵省後，廣東地方政府經過籌劃，認爲繞路行走恐緩不濟急，輪船運津運費過高，外商匯兌諸多周折，不如票號匯兌敏捷快速。粵海關「當即遵照部行，與殷實銀號籌商匯兌」，「設法匯兌，總期妥速」。〔註168〕同治五年，戶部咨撥浙海關常稅銀三萬兩，浙海關也要求發交號商元豐玖記，並稱：「是項常稅銀兩向由陸路解京，現因例限緊急，兼以戎馬堪虞，援引現解洋稅之案，發交號商滙解」。〔註169〕江海關奉撥六年分第一批京餉五萬兩，也「查照歷次匯兌成案，就近發交滬上妥便京莊號商匯兌，赴京解部交納，以期便速」。〔註170〕據不完全統計，自同治元年到光緒十九年三十一年時間中，經由票號匯兌到北京的京餉一項，即達 61587377 兩，平均每年達 190 餘萬兩〔註171〕。僅粵海一關，從同治三年到光緒十六年，先後由協成乾、志成信、謙吉升、元豐玖、新泰厚等山西票號（文獻中簡稱西商）借墊清廷指派的「西征」軍費、洋務軍費等款就達 142 萬兩。〔註172〕

　　匯兌的費用如何支銷，無案可稽，各關自行處理。閩海關每萬兩給發匯費 800 兩，每項批解京餉支銷路費 400 兩，均作正開銷；而浙省兵燹之後，大商巨賈均未復業，無妥商可滙，只得由寧波寄交上海，再由上海覓付殷實號商，輾轉滙解，幾經討價還價，議定每千兩給發匯費 48 兩，解員的解費，不論解員多寡，每次給發 360 兩。此項匯費於六成船鈔項下支給，再有不敷，在於子口稅款內支發，不開銷正款。〔註173〕

　　蒙自關地處邊遠，解運費用尤爲不菲。因爲蒙自本地沒有號商，所以蒙自關稅必須先起解現銀至省城昆明，再由昆明選定號商匯兌入京。蒙自到省城計程 11 站，每千兩支給解員夫價及鞘箍支銀 3 兩 6 錢 2 分，省城到京滙解費每千兩 80 兩，均照江海關成案在六成洋稅項下開支。〔註174〕

〔註168〕同治三年十月二十五日粵海關監督毓清奏摺附片，黃鑒暉等編：《山西票號史料》（增訂本），第 75 頁。

〔註169〕同治五年浙江巡撫馬新貽奏摺附片，黃鑒暉等編：《山西票號史料》（增訂本），第 77 頁。

〔註170〕江蘇巡撫郭柏蔭摺片，黃鑒暉等編：《山西票號史料》（增訂本），第 80 頁。

〔註171〕張國輝：《晚清錢莊和票號研究》，中華書局，第 84 頁。

〔註172〕董繼斌、景占魁主編：《晉商與中國近代金融》，山西經濟出版社，2002 年，第 215 頁。

〔註173〕同治五年四月十六日馬新貽片，《錄副奏摺》，檔號：3－86－4873－38。

〔註174〕光緒十九年九月十二日王文韶奏，《宮中檔案全宗》，檔號：04－01－35－0410

　　由於承滙京、協各餉，票號開始與官府有了合法的經濟往來，這一開始即一發不可收拾。由承兌自然而然發展到墊解或挪借，晚清地方政府與票號的關係開始加深。同治三年，粵海關年例解內務府廣儲司公用銀 30 萬兩，未能按限撥解，就向票號挪借銀 4 萬兩，滙兌入京。〔註 175〕同治四年一月，粵海關又與協乾成號借兌銀 5 萬兩，滙解京餉。〔註 176〕隨著粵海關稅銀的短絀和中央指撥稅款力度的加大，同治以來，粵海關年年發生支大於收的情況，同治二年不敷銀 3 餘萬兩，同治三年竟達 50.5 萬餘兩，同治四年達到 55.7 萬餘兩，到同治八年，每年仍有不敷銀 20 餘萬，只有依靠票號墊款解決。甚至發展到這樣的地步，粵海關如果離開了票號的墊款，就不能按額定數目解送京餉。時任兩廣總督的瑞麟說：「奉撥京餉及廣儲司公用定限綦嚴，協濟各省軍餉亦屬急需，籌解均不容緩而關稅入不敷支，惟賴與銀號商借，緩急通融」。〔註 177〕進入七十年代，粵海關對票號的依賴更爲嚴重，年復一年向票號「通融」。劉坤一在光緒三年的奏片中對這種情況作了坦白直觀的說明：「粵海關徵不敷解，遞年移後趕前，積虧甚鉅。所有現年應收之稅，早爲上年借解之款，是以連年籌解京餉，均向西商先行借墊，俟收有稅項，陸續歸還」，粵海關應解京餉之所以必須交票號滙兌，「非僅取其妥速，實則藉以周轉通融」。〔註 178〕根據粵海關監督各年報告，從咸豐十年到光緒六年，票號爲粵海關解送京餉中的墊款數額，年各不同，在六十年代大抵在六、七十萬兩左右，到七十年代後期，便經常超過了一百萬兩，其趨勢明顯地在上昇。〔註 179〕黃鑒暉的統計雖與以上數字略有出入（參看下表 4.8），但基本趨勢則是一致的。到了八十年代以後，發展到「監督欲不借而不能，號商欲不墊而不可」的地步，「舊欠未清，新欠又增，自非移後趕前，無以按期起解」。〔註 180〕可見粵海關對票號的依賴程度較前更爲加深。

　　　　－021。

〔註 175〕同治三年正月初八日總管內務府大臣摺，黃鑒暉等編：《山西票號史料》（增訂本），山西經濟出版社，2002 年，第 77 頁。

〔註 176〕同治三年十二月二十一日王鴻賓片，蔣廷黻編：《籌辦夷務始末補遺》（同治朝）（第二冊），北京大學出版社，1988 年，第 465～466 頁。

〔註 177〕同治八年十月十七日兩廣總督瑞麟等摺，黃鑒暉等編：《山西票號史料》（增訂本），第 169 頁。

〔註 178〕劉坤一：《粵海關應解京餉請仍交商兌片》（光緒三年四月二十一日），《劉忠誠公遺集》（奏疏，卷 12），臺灣：文海出版社，近代中國史料叢刊（252），第 1643～1644 頁。

〔註 179〕張國輝：《晚清錢莊和票號研究》，中華書局，第 94 頁。

〔註 180〕光緒二十五年五月十六日兩廣總督譚鍾麟奏摺，黃鑒暉等編：《山西票號史料》

表 4.7：同治三年～光緒二十九年粵、閩兩海關匯兌餉銀和票號墊解餉
　　　　款表（單位：兩）

年　度	粵海關			閩海關		
	滙餉總數	票號墊解	墊解占％	滙餉總數	票號墊解	墊解占％
1864	541567	100000	18.46			
1865	330479	92200	27.90			
1872	350000	350000	100			
1873	150800	150800	100			
1879	746820	676820	90.63			
1881	600950	539720	81.81	958963	270600	28.22
1885	665320	447200	67.22	75000	25000	33.33
1886	1649364	847012	51.35			
1890	679260	679260	100			
1892	1434560	756940	52.76			
1895	339635	339635	100			
1898	549270	30000	5.46	619000	80000	12.92
1899	1981190	761930	38.46	1305000	400000	30.65
1902	684329	197209	28.80			
1903	590990	197170	33.93			
合計	11284534	6165896	54.64	2957963	775600	26.22

資料來源：黃鑒暉：《山西票號史》（修訂本），山西經濟出版社，2002 年，第 245～
　　　　246 頁。孔祥毅的統計與此有些出入，他統計同治四年～光緒十九年票號
　　　　為各省關匯款情況是粵海關 6607553 兩，其中墊滙 4539947，占 68.71％，
　　　　閩海關 1033963 兩，其中墊滙：295600，占 28.59％；浙海關 125781 兩，
　　　　其中墊滙 50000，占 39.75％，見董繼斌、景占魁主編：《晉商與中國近代
　　　　金融》，山西經濟出版社，2002 年，第 323 頁。

　　當然，這種情況並非粵海關一家獨有，而是當時海關普遍現象。閩、浙
海關情形與粵海關大致相同，多年來也是移東補西。閩海關「每年解京一百
數十萬兩，其中隨時設法借墊，尤不能不向銀號通挪。若匯兌一停，則緩急

（增訂本），第 187 頁。

無可相通，即籌解難以應手」。〔註181〕同治八年浙江巡撫李翰章稱該省「常、洋兩稅逐日徵收之數，衰旺靡常。每年部撥京餉限於緊迫，勢難展緩。歷年均賴銀號借墊匯兌，陸續收拾洋票歸完墊款。遇有徵不敷解之時，亦賴移後趕前，籌措墊湊」。〔註182〕從六十年代後期以後，這種「移後趕前，籌措墊湊」的情形長期未能改變。以致到二十世紀初，浙江省財政「歲缺一百餘萬」，浙海關的收支也「歲短七八十萬」，每到撥解京餉、歸還洋債時節，都只有用「重息以借商款」。〔註183〕因此，從廣東、福建和浙江等省撥解京餉情況來看，票號對清地方政府在調度金融上確是起著非常重要作用的。

票號與海關的經濟聯繫是一種互相利用的關係。對於海關來說，票號匯兌不僅免去了解款過程中的不可預測的風險，而且，給海關提供了一個可以移緩就急、應付中央指撥的現金來源。對於票號來說，貸銀給海關，可以說並無太大的風險。據黃鑒暉的研究，票號給一些省關墊解餉款，實質是一種放款，這種墊款只是開出會票，並不是墊出實銀。從省關奏報，至在京師交款，少者一個多月，多者有三個月的時差。這樣，待到京師交款的時候，也可能稅收陸續已經歸還了或者歸還了一部分，所以這種墊款多數看不出支付利息；即使有的支付利息，又分兩種情況：一種是由海關出息，一種是由受協餉款的省份出息」。多數墊款不付利息，而票號卻給予墊匯，除了匯費優厚外，主要是一些票號還經營著海關官銀號。粵海、閩海、浙海、江海、江漢關官銀號，在一個時期就曾由志成信、阜康、源豐潤、義善源等票號經理。因此，在某些官方文件中，銀號和票號總是含混使用。海關官銀號，是個經收稅款銀兩的出納機關，不經營存放款業務。票號經理了海關官銀號，平時可利用收存的稅銀來牟利（一般規定，每月結賬向海關庫繳一次稅銀），另外銀號還付給熔煉足色紋銀的火耗和補水。有了這幾層利益，墊款不給利息它也是樂意的。票號既然經理海關官銀號，稅款從其手中過，當然也就不怕墊解款項有什麼風險了。這就是票號敢於對海關墊解餉款的緣由所在。〔註184〕

〔註181〕同治八年九月初七日福州將軍文煜等奏，黃鑒暉等編：《山西票號史料》（增訂本），第 170 頁。

〔註182〕同治八年九月二十八日浙江巡撫李瀚章奏，黃鑒暉等編：《山西票號史料》（增訂本），第 172 頁。

〔註183〕光緒三十二年三月初三日浙江巡撫張曾敭奏，黃鑒暉等編：《山西票號史料》（增訂本），第 106 頁。

〔註184〕黃鑒暉：《山西票號史》（修訂本），山西經濟出版社，2002 年，第 252～253 頁。

匯兌之於解現，具有便捷、安全、費用低的優點。如解現，地方不僅要支付製鞘費用，到戶部交銀還要繳擡槓費、開鞘費、庫吏飯食費等百餘兩，平均每百兩交庫需費就要六、七兩到十兩之多。陸路運送餉鞘要動用大量舟車、馬匹、役夫和護兵，沿驛站傳送，既浪費人力、物力，又增加驛站開銷。另外，解餉委員還領有一筆優惠的津貼和盤費。〔註185〕海運費用也不便宜，除運費外，照樣也要支付鞘箍、劈鞘等費。而匯兌的匯費，以匯兌京餉百兩為例，同治元年至同治二年粵海關4兩，福建8.5兩；同治九年，粵海關6.5兩，福建6.3兩，浙海關4.8兩，浙江省4兩；光緒六年，福建5.3兩，浙海關和浙江省4兩，四川省2.5兩；光緒十五年，福建5.3兩，廣東3兩到3.5兩，浙江4兩，四川2.5兩。〔註186〕由此可見，在費用方面，匯兌確比解現成本要低不少。

當然，解款方式由解現改為匯兌，其意義遠非如此。解款方式的更改，過去那種以現銀流動為主要內容的各省關庫與戶部各庫之間的雙向關係遂演變成以信用為基礎的各省關庫、票號、部庫之間的多向關係。由於票號的介入，傳統的中央與地方之間的解款制度發生了改變，從而引起票號與地方當局、與戶部關係的某些變化，票號成為地方省關的繳款中介人。同治年間票號匯兌各省關京餉，雖不再裝鞘現銀運送，但仍有押解委員押送文批，赴部親自投納。〔註187〕到光緒年間，一些省關認識到解員委派浪費路費和其他開支，乾脆不再委派解員，將解款的全過程全權託付於票商。〔註188〕這樣，票號不僅是銀兩的匯兌者，而且是地方當局上交銀兩、傳遞咨文和執回批覈銷的使者。一個可以預見的結果是官商之間的結合將進一步鞏固。御史謝膺禧就表達了這種擔心：「號商辦理既熟，難保不與庫中吏役、工匠交通舞弊，收時則平色含混，放時則攙兌彌縫」。〔註189〕《申報》也以「官商相維」為題對

〔註185〕黃鑒暉：《山西票號史》（修訂本），山西經濟出版社，2002年，第265～266頁。
〔註186〕黃鑒暉：《山西票號史》（修訂本），山西經濟出版社，2002年，第253～254頁。
〔註187〕同治二年三月十五日文清奏，《錄副奏摺》，檔號：3－86－4871－52。
〔註188〕《申報》載：袁昶自光緒二年蒞蕪湖關道任以來，凡権務中之法良意美者，無不蕭規曹隨。而獨於解餉一事，以為頗不合算，因詳請撫憲擬將本京關餉改交商號隨時匯兌，撫憲咨商大部，亦以為然。是以本年歲底，京餉數萬訂定交山西票商三晉源匯兌莊解京上納。此後，京餉亦不再派委員管解矣，此一舉也。其便利為何如，唯聽鼓諸君少去一種差使。（論變通解餉章程，《申報》1894年1月23日）
〔註189〕謝膺禧：《同治三年京餉宜解實銀疏》，《皇朝經世文編續編》（卷31，戶政三），

此有過評論：「無論交部庫，交內務府，督撫委員起解，皆改現銀爲匯票。到京之後，實銀上兌或嫌不便，或銀未備足，亦只以匯票交納，幾令商人掌庫藏之盈虧矣」。〔註190〕而且，票號與官吏的私交也會對匯兌官款的生意有極大的影響。〔註191〕另外經管之員還可在匯費上做點手腳。戶部早有察覺：「查各省關匯費報部開銷之數，非盡實在發給商號之數，其多餘銀兩，即歸經管人員提用，更有匯兌款項，經交商號滙解，並無庸發給匯費，而報銷到部仍例開匯費若干，尤屬顯歸中飽」。〔註192〕

票號的介入，打破了稅款「官收官解」的舊制，改變了中央與地方之間傳統的財政聯繫方式，所以晚清朝野曾經就稅款匯兌存廢問題展開過四次大規模的討論。

同治三年五月，御史謝膺禧以銀票大量進京，危及京師金融穩定爲由，請禁匯兌。他認爲，銀票進京，「在庫中視之已進百萬之帑，以京中計之未進一兩之銀。竊恐銀日少而價日昂，百物之價，無不因之以長，而民生以困，是用會票之弊，顯虧平色者小，隱虛京儲者大也」。〔註193〕謝膺禧的奏摺得到戶部的認同。戶部也認爲「以部庫多收一批匯兌，即京城少進一批實銀，奏請飭下各省應解京餉，非道路十分梗塞，不得率行匯兌」。〔註194〕同治三年十二月又明確規定「酌停匯兌，請各省將部撥銀兩依限籌解，委員裝鞘親齎交庫，不得率先匯兌」。〔註195〕

但廣東等省關堅持匯兌，同治三年十二月粵海關以「現在北路尙形阻滯，此項京餉攸關緊要，未便輾轉繞道，致有延誤」爲由，仍交殷實銀號匯兌入京〔註196〕。同治四年兩廣總督瑞麟對粵海關之所以仍由票號匯兌「萬不得已

文海出版社印行，近代中國史料叢刊（834），第3299頁。

〔註190〕「論官商相維之道」，《申報》，1883年12月13日。

〔註191〕宋惠中：《票商與晚清財政》，中研院近史所編：《財政與近代歷史論文集》上冊，第389～446頁。

〔註192〕中國人民銀行參事室編著：《中國清代外債史資料》，中國金融出版社，1991年，第245頁。

〔註193〕謝膺禧：《同治三年京餉宜解實銀疏》，《皇朝經世文編續編》（卷31，戶政三），文海出版社印行，第3300頁。

〔註194〕同治二年七月二十五日湖廣總督官文等摺片，黃鑒暉等編：《山西票號史料》（增訂本），山西經濟出版社，2002年，第167頁。

〔註195〕同治四年三月初五日福州將軍英桂摺，《山西票號史料》（增訂本），第167頁。

〔註196〕同治三年十一月十九日兩廣總督毛鴻賓奏摺附片，《山西票號史料》（增訂本），第168頁。

之苦衷」作了說明：「所有撥解銀兩，按照部行新例停止匯兌，原應裝鞘委員親齎交部。唯粵省距京遙遠，路途尚多阻滯，且此項借款內有由銀號先爲借墊之數，不能不仍由銀號匯兌，已另將實在情形附片詳細陳明，是以不敢拘泥，仍交協成乾等殷實銀號匯兌進京，議明以十足成色紋銀赴部交納，期於妥速」。〔註197〕是爲關於匯兌存廢的第一次討論。

　　第二次討論發生在光緒二年，該年十二月御史和寶將京城物價昂貴，歸因於錢賤銀貴，而錢賤銀貴的根源則在於「匯兌京餉之所致」，他認爲「自京餉一有匯兌而來，所來者多係空紙，而出京者仍係實銀，十餘年來，出入不敷，此京師財用所由虧也」，「入冬以來，即有匯兌京餉數十萬兩到京。銀號不能應付，遂專人於京城大小鋪戶搜求借貸，銀價又爲之大增」。因此請旨飭下各省關「務解實銀，以符定例」。〔註198〕和寶的建議得到給事中馬相如、崔穆之的支持。因爲當時各省已皆肅清，驛路均無阻滯，票號匯兌的藉口不再存在，爲平抑京師銀價，杜絕官商結合，報解實銀似乎有一舉兩得之效。

　　但地方政府不以爲然，福建等省關以「商賈率用番銀，不能解送紋銀」爲由依舊堅持匯兌。「就閩省地方情形而論，萬難停止匯兌，起解現銀」，要求中央「俯念閩省僻處海隅，紋銀稀少，免於起解現銀，仍准發商匯兌」。〔註199〕粵海關也以庫無實銀爲託詞，「粵海關稅徵不敷解，遞年移後趕前，積虧甚巨。所有現年應收之稅，早爲上年借解之款，是以連年籌解京餉均由西商先行借墊，俟收有稅項，陸續歸還……。若經解實銀，必俟庫有徵存，方能湊解，誠恐稽延時日，有違定限，貽誤要需。是粵海關之解京餉交商匯兌，誠爲萬不得已之舉，非謹取其妥速利便，實則藉以周轉通融」。〔註200〕浙海關堅持常稅解現，洋稅匯兌。「寧波碼頭買賣交易向係過賬，並無現銀。是以生意興旺。如欲現銀納稅，即須他處購運而來，途次恐有不虞。且完稅時或數千兩或萬兩·必須估看平色，難免爭執耽延，貨存不售，價有高低，勢必虧

〔註197〕同治四年三月二十一日署兩廣總督瑞麟摺，《山西票號史料》（增訂本），第168～169頁。
〔註198〕光緒二年十一月二十八日福建道監察御史和寶摺，《山西票號史料》（增訂本），第174頁。
〔註199〕光緒三年二月十九日閩浙總督兼署福州將軍何璟奏，《山西票號史料》（增訂本），第176頁。
〔註200〕光緒三年四月二十一日兩廣總督劉坤一等奏摺附片，《劉忠誠公遺集》（奏疏，卷12），臺灣：文海出版社，近代中國史料叢刊（252），第1643～1644頁。

本，商賈不便。恐有裹足改道他往者，寧波碼頭從此蕭索，亦非便商裕課之意，種種情形，殊多不便，請照常辦理」。在各海關陰相抵制的情況下，光緒三年九月軍機大臣只得奉旨：著照所請。〔註 201〕

第三次討論發生的誘因是光緒九年底上海阜康銀號的倒閉，該號一直經理江海關稅款業務，倒閉時已虧欠公私款項 1200 萬兩〔註 202〕，損及海關庫款。這正好爲戶部提供了藉口。光緒十年二月戶部奏准一律停滙，「飭令各省關，所有應解部庫銀兩，各衙門飯銀，京員津貼，以及各省協餉，概令委員親齎，不准再行匯兌」。如仍置若罔聞，藉口委解之難，仍行匯兌，「所有匯兌餉銀被失者，無論款項多寡，概著落匯兌不愼之員全數賠繳。似此嚴定處分，庶各省關知所儆懼，不敢視匯兌爲成例」。〔註 203〕

儘管有嚴旨在上，但地方官仍我行我素，福建等省關堅不停滙。閩省認爲：「京都市廛原不藉閩省紋銀以資周轉，匯兌餉項似亦無甚關係」，爲防號商倒欠，可先「由號商滙解，兌銀後再行由閩提款給領」，這樣可無倒欠之虞〔註 204〕。江海關「因上海市肆通用鷹洋，紋銀不多，若收解過多，市用短缺，稅項無銀可交，徵數必致愈絀」，要求「仍交號商滙解，以歸妥便」，〔註 205〕粵海關也以「勢難起解現銀」爲由，要求仍准匯兌。〔註 206〕

第四次爭議緣起於光緒二十五年正月的一封上諭，該上諭仍將「京師錢價日昂，現銀亦短，以致市肆蕭條，商民俱困」的原因歸因於「近來各省應解部庫各款，多由號商以銀票匯兌。京師現銀安得不日形虧短。嗣後著各省督撫，將應解部庫各款一律籌解實銀赴京交納，不得以款絀途遙藉詞搪塞」。〔註 207〕這時京官中也出現意見分歧，御史李灼華認爲：解餉擾累地方，要求京餉全行匯兌。〔註 208〕而給事中潘慶瀾則堅持交庫必須實銀〔註 209〕。度支部

〔註 201〕 光緒三年九月初一日浙撫梅啓照摺，《山西票號史料》（增訂本），山西經濟出版社，2002 年，第 179 頁。

〔註 202〕 《申報》，1883 年 12 月 30 日。

〔註 203〕 朱壽朋：《光緒朝東華錄》（二），北京：中華書局，1958 年，第 1666～1667 頁。

〔註 204〕 光緒十年正月二十八日閩浙總督何璟摺，《山西票號史料》（增訂本），第 181 頁。

〔註 205〕 光緒十年九月初五日江蘇巡撫衛榮光摺附片，《山西票號史料》（增訂本），第 182 頁。

〔註 206〕 光緒癸巳四月十六日兩廣總督李瀚章摺，《山西票號史料》（增訂本），第 186 頁。

〔註 207〕 光緒二十五年正月上諭，《山西票號史料》（增訂本），第 186 頁。

〔註 208〕 「京餉不准滙解」，《北京日報》，1906 年 4 月 30 日。

〔註 209〕 光緒二十九年七月十六日給事中潘慶瀾奏摺附片，《山西票號史料》（增訂本），第 186 頁。

的意見則折中其間，除奏明匯兌有案者外，不准再行匯兌，針對李灼華所陳匯兌之弊，將按站遞送之法量予更改，規定航軌可通之處，准以輪船、火車載運。〔註210〕度支部的態度留有餘地，即只要奏明批准，就仍行匯兌。因此，各省關紛紛上奏，陳請匯兌。廣東省和粵海關奏：近來撥款日增，解有定限，若待徵存再解，則稅收衰旺無常，必須貽誤要需。當此萬分竭蹶之時，再向號商籌借現銀起解，是強以所難，於事仍屬無濟。臣等晤商至再，唯有仰懇天恩俯准粵海關京餉照舊由商號墊匯，以免延誤。〔註211〕該年六月奉上諭：所奏尚屬實在情形，著准其仍交商號匯兌。〔註212〕閩省和閩海關也奏：京餉洋債均須按期批解，刻不容緩，多由號商先行墊匯。若令以實銀代解，號商既不願從，而閩省素乏現銀，倘輾轉籌措，則解款必多遲滯。誠恐有誤京餉，關係非輕〔註213〕。同年七月，朱批：著照所請。〔註214〕

晚清關於稅款匯兌問題的四次大討論，波及朝野，連媒體也介入進來，有解餉不宜號商匯兌論，號商匯兌便捷論，匯兌優於解餉論等，莫衷一是。但討論的結果總是中央無法違背地方意志，屢作退讓，以致中央禁兌指令難以下行。解款制度的更動，至少可以透露如下信息：1. 傳統的解款制度存在不合理性，解運現銀，不僅成本高，而且安全性低，勢必為快捷便利的匯兌制度所代替。2. 票號向地方墊款，其實就是向地方貸款。晚清中央殺雞取卵式的強徵苛取，造成地方稅收單位的收支出現不平衡。這種不平衡導致地方官與票商快速結合，形成利益共同體。這種一體化行為既成功化解了中央指撥壓力，又進一步促成其共生關係的鞏固。3. 在內憂外患的大格局下，中央與地方財政單位間的財政關係已出現微妙的變化，戶部那種令行禁止、上行下達的行政效能已成明日黃花。中央政令喪失其嚴肅性和權威性，而地方政府則開始為謀求填補本單位的收支缺口，化解地方債務危機而各自為計。

〔註210〕度支部奏請京餉籌解現銀摺，《大清光緒新法令》第十冊，第90頁，商務印書館第五版。
〔註211〕光緒二十五年五月十六日兩廣總督譚鍾麟等奏，《山西票號史料》（增訂本），第187頁。
〔註212〕光緒二十五年六月上諭，《山西票號史料》（增訂本），第188頁。
〔註213〕光緒二十五年三月二十九日閩浙總督許應騤摺，《山西票號史料》（增訂本），山西經濟出版社，2002年，第187頁。
〔註214〕光緒二十五年七月五日閩浙總督許應騤摺，《山西票號史料》（增訂本），第187頁。

表 4.8：各海關匯解京餉情況表

海 關	初期 （同治元～七年）	第一次爭議 （同治八～十三年）	第二次爭議 （光緒元～九年）	第三次爭議 （光緒十～十九年）	第四次爭議 （光緒二十五～ 三十四年）
閩海關	咸豐九年匯冊檔銀兩。同治元年匯，間有運現。	匯	匯	匯	匯
粵海關	同治二年匯	匯	匯	匯	匯
浙海關	同治四年匯	匯	光緒三年常稅運現，洋稅匯兌	洋稅匯	——
江海關	同治六年前匯	同治八年後只准凍間期匯	——	全部匯	暫准匯兌

資料來源：黃鑒暉等編：《山西票號史料》（增訂本），山西經濟出版社，2002 年，第 189 頁。